Roger Phillips
DER GROSSE
KOSMOS-NATURFÜHRER
BÄUME

Roger Phillips

DER GROSSE KOSMOS-NATURFÜHRER
BÄUME

Über 500 Wald- und Parkbäume
in 1625 Farbfotos

Deutsche Bearbeitung von E. Brünig

Kosmos

Aus dem Englischen übersetzt von Birgit Brünig
Bearbeitet von Eberhard Brünig, Aumühle
Titel der Originalausgabe „Trees in Britain,
Europe, and North America",
erschienen bei PAN BOOKS Ltd., London 1978, unter
ISBN 0 70063 5720 5. Eine gebundene Ausgabe ist bei
Ward Lock Ltd., London, erschienen.
© Text und Illustrationen: 1978,
Roger Phillips

Mit 1625 Farbfotos von Roger Phillips und 486
Umrißzeichnungen von John White
Unter Mitarbeit von Sheila Grant

Umschlag von Atelier Reichert, Stuttgart, unter
Verwendung von 6 Aufnahmen von A. Bärtels (1),
H. E. Laux (2), M. Pforr (1), E. Pott (1) und K. Wothe (1).
Die Bilder zeigen Stiel-Eiche (or), Weißdorn (ol, Ml),
Kastanie (ul), Lärche (uM) und Edelkastanie (ur).

Die Deutsche Bibliothek – CIP-Einheitsaufnahme

Phillips, Roger:
Der große Kosmos-Naturführer Bäume: über 500 Wald-
und Parkbäume / Roger Phillips. Dt. Bearb. von E. Brünig.
[Aus dem Eng. übers. von Birgit Brünig]. – 6. Aufl. –
Stuttgart: Franckh-Kosmos, 1998
   Einheitssacht.: Trees in Britain, Europe,
   and North America
   ISBN 3-440-07503-6
NE: Brünig, Eberhard F. [Bearb.]; HST

Die ersten vier Auflagen erschienen unter dem Titel
„Das Kosmosbuch der Bäume",
die 5. Auflage 1992 unter dem Titel „Kosmos-Atlas Bäume"

6. Auflage, 1998
Für die deutschsprachige Ausgabe:
© 1980, 1992, 1998 Franckh-Kosmos
Verlags-GmbH, Stuttgart
Alle Rechte vorbehalten
ISBN 3-440-07503-6
Printet in Singapore/ Imprimé en Singapore
Satz G. Müller, Heilbronn
Gesamtherstellung: Toppan Printing Co.
(Singapore) Pte. Ltd.

Inhalt

Einführung	6
Über den Gebrauch des Buches	7
Fachwörterverzeichnis	9
Blätterschlüssel	10
Abbildungen und Text	60
Rindenbilder	216
Namenverzeichnis	221

Einführung

Bäume sind die gewaltigste und eindrucksvollste Schöpfung der lebenden Natur. Sie bringen Abwechslung in die Landschaft und bieten anderen Pflanzen und zahlreichen Tieren vielfältigen Lebensraum. Bäume und Wälder spielen eine wichtige Rolle in der Stammesgeschichte und kulturellen Entwicklung des Menschen.

Der verstädterte Mensch unserer modernen Industriegesellschaft schätzt Bäume und Wälder immer mehr als Ausgleich gegen den Zwang seiner technisierten, nüchternen Lebenswelt und als Quell der Erholung. Er braucht die Natur und beschäftigt sich mit ihr; sein Interesse wächst dadurch, und er möchte sein Wissen erweitern.

Wie oft stehen wir beim Spazierengehen vor einem Baum, dessen Name und Lebensgeschichte wir nicht kennen! Wer, außer dem Fachmann, vermag schon die wenigen Hauptbaumarten unserer Wälder einwandfrei zu erkennen, die Linde von der Ulme sicher zu unterscheiden, geschweige denn die Sommerlinde von der Winterlinde?

Wissenschaftliche Fachliteratur und hochspezialisierte Bestimmungsschlüssel helfen dem Naturfreund wenig, und leicht verliert er durch sie Lust und Freude am Bestimmen. Was fehlt, ist daher ein Werk, das keine Kenntnisse der eigentümlichen botanischen Fachsprache und der Systematik voraussetzt und doch in klarer Weise auch dem Ungeübten zu einer raschen, sicheren Bestimmung verhilft.

Diese Forderung ist in dem vorliegenden Buch auf einmalige Art verwirklicht. Man vergleicht das Blatt eines Baumes mit den im Buch farbig abgebildeten Blättern. Stimmt dort eine Form mit dem lebenden Blatt weitgehend überein, so schlägt man die angegebene Seite auf und prüft weitere Merkmale: die Baumform, die Zweige, möglichst mit Blüten oder Früchten, und die Rinde. Stimmen auch sie überein, so hat man die richtige Baumart gefunden, und der fragliche Baum ist bestimmt. Wo aber Differenzen auftreten, muß man das Blatt erneut vergleichen und sehen, ob nicht ein anderes ebensogut oder besser paßt.

Der Text der englischen Ausgabe ist auf die besonderen Bedürfnisse der britischen Leser abgestimmt. Die Übersetzung ins Deutsche mußte unseren Verhältnissen angepaßt und daher in vielen Einzelheiten geändert und ergänzt werden.

Über den Gebrauch des Buches

Das Buch besteht in der Hauptsache aus einer Übersicht über die Formen der Nadeln und Blätter (Seiten 10–59) und einem Textteil, in dem die Baumarten nach den wissenschaftlichen Namen in alphabetischer Reihenfolge beschrieben und mit vielen Farbfotos versehen sind (Seiten 60–216). Dazu kommen die Farbbilder einiger Rindenformen (Seiten 216–220) sowie ein Verzeichnis der beschriebenen Arten und Sorten (Seiten 221–224).

Bestimmungsschlüssel für Nadeln und Blätter

Nadeln und Blätter sind in folgender Weise geordnet:

Nadelbäume Seiten 10–23
Schuppennadeln, einschl. Zypressen 10–11
Nadeln rings um den Zweig, einschl. Wacholder 11–12
Nadeln zweizeilig (Tanne, Fichte) 13–18
Kurztriebe mit 2 Nadeln; Kiefer 19–20
Kurztriebe mit 3 Nadeln; Kiefer 21
Kurztriebe mit 5 Nadeln; Kiefer 21–22
Kurztriebe mit über 5 Nadeln; Kiefer 23

Laubbäume mit einfachen Blättern 24–49
Schmale (Weide) bis breite (Magnolie)
und herzförmige (Linde) Blätter 24–42
Fiederspaltig gelappt; einschl. Eiche 43–47

Laubbäume mit zusammengesetzten Blättern 50–59
Dreiblättrig; einschl. Goldregen 50
Handförmig; einschl. Roßkastanie 51–52
Fiederblättrig; einschl. Esche 53–58
Doppelfiederblättrig; einschl. Aralie 59

Jedes Blatt ist mit dem deutschen und wissenschaftlichen Namen versehen. Die Blätter wurden von Mitte Juli bis Mitte August fotografiert. Der Maßstab ist auf jeder Seite angegeben; der Kreisdurchmesser entspricht 1 cm, die Querstrichlänge 1 Zoll (= 2,54 cm).
Wollen Sie irgendwo in der Natur einen Baum bestimmen, suchen Sie nach dem ähnlichsten Blatt im Bild-Bestimmungsschlüssel und vergleichen Sie anhand der Beschreibung Form, Höhe, Blüte, Frucht und Borke Ihres Baumes. Die Blätter können innerhalb einer Art sehr unterschiedlich sein; sie wachsen, altern und verfärben sich; an Stockausschlägen und Wurzelbrut sind sie oft sehr viel größer als in der Krone; auch innerhalb der Baumkrone, zwischen verschiedenen Bäumen eines Bestandes und zwischen verschiedenen Standorten können sie differieren.

Die Bilder

Die Fotos zu den Beschreibungen zeigen Zweige mit Blüten, meist früh in der Vegetationszeit, und Zweige mit Früchten und Blättern des Spätsommers oder Herbstes. Wo geeignete Bilder nicht verfügbar oder aussagekräftig genug waren, geben Bilder der Borke zusätzliche Bestimmungshilfen. Proben besonders typischer Herbstblätter sind auf den Seiten 76/77 und 188/189, Borken auf den Seiten 216–220 dargestellt.

Die Zeichnungen

Die Strichzeichnungen im Textteil geben nicht nur das Erscheinungsbild des Baumes wieder, sondern zeigen auch, ob die Art immergrün (vollbelaubte Krone), halb-immergrün (teilweise belaubt) oder laubabwerfend (winterkahl) ist. Die Zeichnungen stellen frei erwachsene, reife Bäume in ihrer charakteristischen Form dar. Bedenken Sie beim Vergleich zur Natur, daß die Baumform je nach Alter und Wuchsbedingungen verschieden sein kann. Die folgenden Beispiele zeigen den Einfluß von Alter (oben) und Umwelt (unten).

Europäische Rotkiefer, *Pinus sylvestris.* Links ein alter Baum, in der Mitte ein reifer, mittelalter und rechts ein junger Baum.

Eiche, *Quercus,* ein etwa 100jähriger Baum, links im normalen Waldbestand, hoch und schlank infolge Seitendrucks durch Nachbarn, in der Mitte ein frei erwachsener Baum in geschützter Lage, rechts ein ebenfalls frei erwachsener Baum auf einem stark windausgesetzten Standort.

Familien-Name

Bei großen oder besonders wichtigen Gattungen wie *Abies, Acer, Alnus* steht die Familienzugehörigkeit einer Gattung stets vor Beginn der Artenbeschreibung, sonst hinter dem wissenschaftlichen Artnamen.

Deutsche Namen

Die deutschen Namen entstammen folgenden Quellen:
Aichele/Schwegler, Welcher Baum ist das?
J. Bauch, Dendrologie der Nadelbäume und übrigen Gymnospermen
J. Fitschen, Gehölzflora.

Wissenschaftliche Namen

Die kursiv gedruckten Artnamen entstammen den gleichen Quellen und der Flora Europaea. Synonyme werden nur aufgeführt, wenn der Name kürzlich geändert wurde oder strittig ist.

Heimat der Baumarten

Die Beschreibung der Baumarten beginnt mit einem Hinweis auf das Herkunftsgebiet.

Baumhöhe

Die Höhenangaben beziehen sich auf normal und voll ausgebildete Bäume. Beim Vergleich beachte man, daß die Höhe eines Baumes vom Alter, Boden, Klima und Konkurrenzdruck beeinflußt wird.

Blütezeit

Die Zeit der Blüte schwankt mit dem Wetter, dem Breitengrad und der Höhenlage. Die angegebenen Zeiten sind Durchschnittswerte.

Zeit der Fruchtbildung

Bildung, Reife und Abfall der Früchte erstrecken sich über eine längere Zeitperiode als die Blüte – bei manchen Kiefern über mehrere Jahre. Die Angaben sind dementsprechend oft nur ungefähre Durchschnittswerte.

Größenmaßstab

Nur bei den Tafeln mit verschiedenen Blattformen ist zum besseren Vergleich der Größenverhältnisse ein Maßstab angegeben. Zahlen, die für die Bestimmung wichtiger Baumteile notwendig sind, werden im Text genannt.

Das Filmmaterial

Die Blätter wurden auf 9 × 12 cm Ektachrome E 6 Tageslichtfilm aufgenommen unter Verwendung einer De-Vere-Kamera, 210 mm Objektiv.
Bilder im Textteil mit gleichförmigem Hintergrund wurden im Studio mit einer Pentax und Weitwinkelobjektiv, Blende 22, auf 6×6-cm-Film, Kodak E.P. 120 (E-3-Entwicklung) oder E.P.R. 120 (E-6-Entwicklung) aufgenommen. Die Aufnahmen der Borke wurden mit einer Nickormat-Kamera auf Kodakfilm E.P.D. 135 gemacht. Im Studio wurde Kunstlicht mit 13000 Joule Leistung verwendet.

Fachwörterverzeichnis

Alternierende Blattstellung. Blätter beidseitig abwechselnd am Zweig oder Stamm, d. h. wechselständig (nicht gegenständig oder wirtelig).
Annuelle Pflanzen. Einjährige Pflanzen
Anthere. Staubbeutel, der den Pollen oder Blütenstaub produziert. Teil des Staubblatts.
Baum. Ausdauernde Pflanze mit durchgehendem, verholztem Stamm, in der Regel über 5 m hoch werdend.
Beere. Fleischige Frucht, meist mit mehreren Samen.
Behaartes Blatt. Oberfläche eines Blattes ein- oder beidseitig mit Härchen bedeckt.
Blütenboden. Stark verkürzte Blütenachse, an der die Blütenblätter schraubig oder wirtelig angeordnet sein können.
Chimäre. Durch Pfropfung entstandene sogenannte Pfropfbastarde, die äußerlich an Hybriden erinnern, genetisch aber nicht als solche bezeichnet werden können.
Doppeltgefiedertes Blatt. Zusammengesetztes Blatt mit zweifacher fiederartiger Unterteilung.
Einfaches Blatt. Im Gegensatz zum gefiederten Blatt mit einer zusammenhängenden Blattfläche.
Fruchtblätter. Abgewandelte Blätter, die zu einem Fruchtknoten verwachsen sind.
Fruchthäutchen. Dünne, trockene Haut bei manchen Früchten und Samen.
Ganzrandiges Blatt. Blattrand glatt, weder gelappt, gesägt noch gezähnt.
Gefiedertes Blatt. Zusammengesetzt aus paarigen oder unpaarigen Teilblättchen (Fiederblättchen) beidseitig des Blattstiels.
Gefingertes Blatt. Zusammengesetzt aus Teilblättchen, die am Blattgrund entspringen und fingerartig strahlig auseinandergehen.
Halb-immergrüne Bäume. Am Ende der Vegetationsperiode werfen sie nur einen Teil der Blätter ab.
Handförmges Blatt. Vom Blattgrund aus strahlenförmig gelapptes Blatt.
Heimische Baumart. Standortheimisch, nicht eingeführt.
Hermaphrodit. Zwitter mit Samenanlagen und Staubblättern in einer Blüte.
Hochblatt. In Form und Farbe sehr vereinfachtes Blatt, meist in der Blütenregion.
Hybride. Auch Bastard genannt, entsteht aus der Kreuzung zweier Arten.
Immergrüne Bäume. Sie sind ganzjährig belaubt.
Kätzchen. Hängender, ährenförmiger Blütenstand mit mehreren, meist winzigen Blüten.
Kapsel. Streufrucht, die sich öffnet und ihre Samen ausstreut.
Kern. Inneres (Same) einer hartschaligen Frucht; eßbarer Teil einer Nuß.
Klone. Pflanzen, die durch ungeschlechtliche Vermehrung aus einer Elternpflanze entstanden und genetisch identisch sind.
Konifere. Nadelbaum
Laubabwerfende Bäume. Bei uns sommergrüne Pflanzen, die im Winter alles Laub abwerfen.
Lenticellen. Kommen nur an der Rinde vor. Sie dienen dem Luftaustausch und sind als Ersatz für die Spaltöffnungen der Blätter zu betrachten.
Nuß. Harte, trockenhäutige Schließfrucht.
Propfhybride. Siehe Chimäre.
Pollen. In den Staubbeuteln entstandene männliche Zellen.
Rispe. Form eines verzweigten Blütenstandes.
Samenanlage. Enthält die weiblichen Eizellen.
Sorte. Vom Menschen durch Kreuzung gezüchtete Pflanzen mit besonderen Eigenschaften, die sich vererben.
Stempel. Weiblicher Blütenteil, aus Fruchtknoten, Griffel und Narbe bestehend.
Stockausschlag. Triebbildung von Baumstümpfen.
Strauch. Verholzte Pflanze, meist vom Boden an verzweigt ohne durchgehenden Stamm, im allgemeinen weniger als 5 m hoch.
Synonym. Name einer Art, der nach den Regeln der gültigen wissenschaftlichen Nomenklatur veraltet ist.
Teilblättchen. Teil eines zusammengesetzten Blattes (siehe gefiedertes Blatt).
Varietät. Natürliche Kreuzung zweier Arten im Gegensatz zu den Sorten.
Wechselständig. Siehe alternierend.
Wirtel. Quirlständige Anordnung von Blättern und Blüten am Stengel.
Wurzelbrut. Trieb aus einer Wurzel.
Zusammengesetztes Blatt. Aus mehreren Teil- oder Fiederblättchen bestehendes Blatt.

Abkürzungen im Text

var.   Varietät
x   bedeutet Hybride
+   bedeutet Pfropfhybride oder eine Hybride zwischen zwei Gattungen.

Weiterführende Literatur

AICHELE/SCHWEGLER: *Welcher Baum ist das?* Kosmos-Verlag, Stuttgart, 1987

AICHELE/SCHWEGLER: *Die Blütenpflanzen Mitteleuropas.* 5 Bände, Kosmos-Verlag, Stuttgart 1994–1996

BAUCH, J.: *Dendrologie der Nadelbäume und übrigen Gymnospermen.* Sammlung Göschen. Walter de Gruyter, Berlin und New York, 1975

FITSCHEN, J.: *Gehölzflora.* Quelle und Meyer, Heidelberg. 8. Aufl. 1987, 391 S., bearbeitet von F. Boerner

KRÜSSMANN, G.: Die Nadelgehölze. 3. Aufl., Verlag Paul Parey, Berlin und Hamburg, 1979

– *Die Bäume Europas.* 2. Aufl., Verlag Paul Parey, Berlin und Hamburg, 1979

– *Handbuch der Nadelgehölze.* 2. Aufl., Verlag Paul Parey, Berlin und Hamburg, 1983

– *Handbuch der Laubgehölze,* 2. Aufl., Verlag Paul Parey, Berlin und Hamburg, 1976/78

Muskatnußartige, Sequoien und andere

Eiben und Schierlingstannen

Gemeine Eibe
Taxus baccata (S. 204)

Goldene Irische Eibe
Taxus baccata 'Fastigiata Aureomarginata' (S. 204)

Pazifische Eibe
Taxus brevifolia (S. 204)

Chinesische Eibe
Taxus celebica (S. 204)

Japanische Eibe
Taxus cuspidata (S. 204)

Östliche Hemlock, Schierlingstanne
Tsuga canadensis (S. 209)

Carolina-Hemlock
Tsuga caroliniana (S. 210)

Chinesische Hemlock
Tsuga chinensis (S. 210)

Nördliche Japanische Hemlock
Tsuga diversifolia (S. 210)

Westliche Hemlock
Tsuga heterophylla (S. 211)

Berg-Hemlock
Tsuga mertensiana (S. 211)

Südliche Japanische Hemlock
Tsuga sieboldii (S. 211)

Tannen und Douglasien

Fichten und Schirmtanne

20 Zweinadelige Kiefern

Seestrandkiefer, Bordeaux-Kiefer
Pinus pinaster (S. 160)

Pinie
Pinus pinea (S. 160)

Amerikanische Rotkiefer
Pinus resinosa (S. 161)

Chinesische Tafelkiefer
Pinus tabuliformis (S. 163)

Gemeine Kiefer, Föhre, Forche
Pinus sylvestris (S. 162)

Japanische Schwarzkiefer, Kuro-matsu
Pinus thunbergii (S. 163)

Bergkiefer, Spirke
Pinus uncinata (S. 163)

Virginia-Kiefer
Pinus virginiana (S. 164)

Zedern und Lärchen

Sehr schmale Blätter

Linden

42

Herzförmige Blätter und leicht gelappte Blätter

Blauglockenbaum
Paulownia tomentosa (S. 144)

Gelber Trompetenbaum, Gelbe Catalpa
Catalpa ovata (S. 96)

Chinesische Halsbandpappel
Populus lasiocarpa (S. 168)

Mississippi-Catalpa
Catalpa speciosa (S. 97)

Hybridcatalpa
Catalpa x *erubescens* (S. 96)

Gemeiner Trompetenbaum
Catalpa bignonioides (S. 96)

Sporenblattbaum
Tetracentron sinense (S. 205)

Drei- und fünflappige Blätter

Fünf- und viellappige Blätter (Ahorn, Platane)

Mehrlappige Blätter

Eichen

Eichen

Roßkastanien

Gelbe Roßkastanie
Aesculus flava (S. 80)

Kalifornische Roßkastanie
Aesculus californica (S. 79)

Haarroßkastanie
Aesculus glabra (S. 80)

Rote Roßkastanie
Aesculus x *carnea* (S. 80)

Roßkastanien

Gemeine Roßkastanie
Aesculus hippocastanum (S. 81)

Indische Roßkastanie
Aesculus indica (S. 81)

Japanische Roßkastanie
Aesculus turbinata (S. 82)

Rote Stielroßkastanie
Aesculus pavia (S. 81)

Unpaarig gefiederte Blätter

Unpaarig gefiederte Blätter

Unpaarig gefiederte Blätter

Unpaarig gefiederte Blätter

Japanische Vogelbeere
Sorbus commixta
(S. 198)

Chinesische Scharlach-Vogelbeere
Sorbus 'Embley'
(S. 199)

Speierling
Sorbus domestica
(S. 198)

Vogelbeere
Sorbus 'Joseph Rock' (S. 200)

Christusdorn, Lederhülsenbaum
Gleditsia triacanthos (S. 121)

Hupeh-Vogelbeere
Sorbus hupehensis (S. 199)

Amerikanische Bergvogelbeere
Sorbus americana
(S. 197)

Vogelbeere
Sorbus aucuparia
(S. 198)

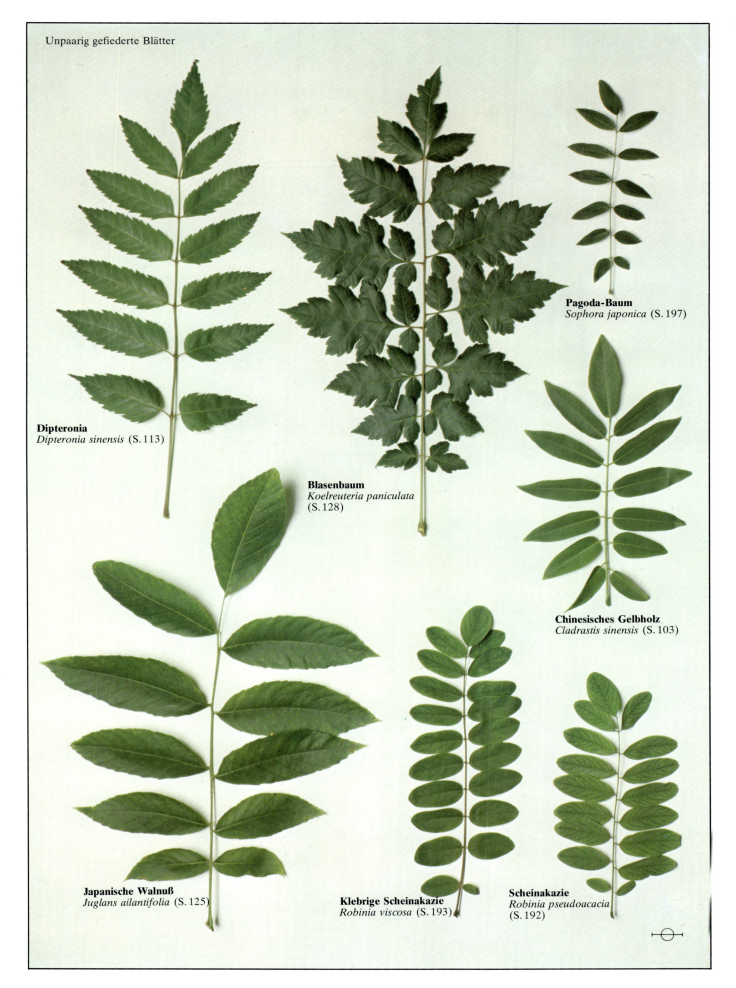

Unpaarig und paarig gefiederte Blätter

Chinesische Zeder
Cedrela sinensis
(S. 97)

Hirschkolben-Sumach Essigbaum
Rhus typhina (S. 192)

Lack-Essigbaum
Rhus verniciflua
(S. 192)

Götterbaum
Ailanthus altissima (S. 82)

Amerikanische Walnuß
Juglans cinerea (S. 125)

Schwarznuß
Juglans nigra (S. 125)

Doppeltgefiederte Blätter

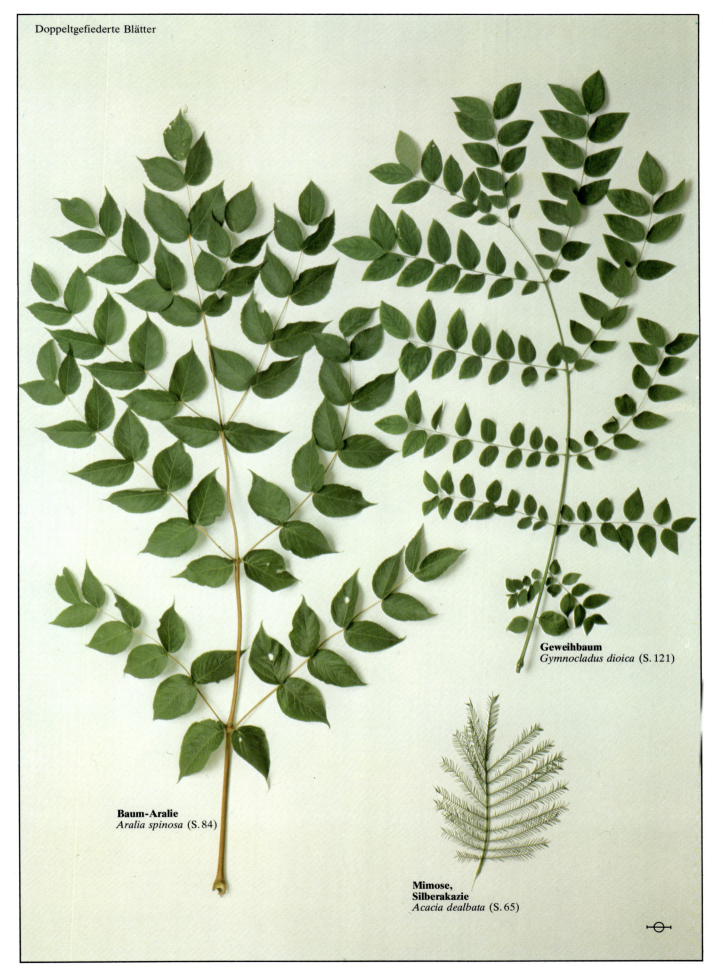

Geweihbaum
Gymnocladus dioica (S. 121)

Baum-Aralie
Aralia spinosa (S. 84)

**Mimose,
Silberakazie**
Acacia dealbata (S. 65)

Abies, **Tanne**; Familie Pinaceae. Eine Gruppe immergrüner Koniferen mit einzelstehenden Nadeln, einhäusig, d.h. männliche und weibliche Blüten auf einem Baum zusammen vorkommend. Kompakte, aufrechte zylindrische Zapfen auf den Wipfelzweigen, bei Reife zerfallend, oft von Eichhörnchen zerkleinert, die Zapfenspindel bleibt auf dem Zweig sitzen.

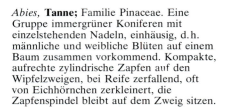

Weißtanne
Edeltanne

Abies alba
Heimisch in den mitteleuropäischen Gebirgen (Thüringer Wald bis 800 m, Schwarzwald bis 1200 m, Pyrenäen bis 2000 m). Empfindlich gegen Frühfrost und Tannenlaus. In der frühen Jugend langsam, später rasch wachsend, größte Höhe bis 70 m, Durchmesser bis 2 m, Alter bis 800 Jahre. Männliche Kätzchenblüten auf der Unterseite der Vorjahrestriebe, Pollenflug im Frühjahr. Weibliche Zapfen erst grün, dann rotbraun, 3 × 12 cm, mit abwärts gebogenen Deckschuppen (links außen). Nadeln (S. 15) mit weißen Streifen unterseits, an der Spitze gekerbt. Borke (links) dunkelgrau mit ungefähr rechteckigen Schuppen.

Purpurtanne
Pazifische Weißtanne

Abies amabilis
Heimisch in den Bergen von Südostalaska bis Vancouver, Island, Oregon und Washington. Außerhalb des natürlichen Vorkommens gelegentlich als Zierbaum gepflanzt, meist aber nur in Arboreten. Die Baumhöhe kann im nördlichen Verbreitungsgebiet 75 m erreichen, ist im allgemeinen aber niedriger. Zahlreiche, kugelige männliche Blüten an der Unterseite der Triebe, Pollenausschüttung im April. Weibliche Zapfen erst rot, später dunkelviolett, 10–15 cm lang und 5–6 cm breit (links außen). Beim Zerreiben geben die Nadeln (S. 15) einen starken Geruch nach Mandarinen ab. Die Borke (links) ist grau mit weißen Flecken.

Santa-Lucia-Tanne

Abies bracteata
Heimisch auf Felsen in Schluchten und auf Gipfeln der Santa-Lucia-Berge, Kalifornien, in Höhenlagen um 900 m. Angebaut als Zierbaum, vor allem in Italien. Höhe bis 45 m. Die 2–3 cm langen männlichen Zapfen stehen in Büscheln an der Unterseite von Trieben (links außen, unten), die Pollenausschüttung erfolgt Ende Mai. Die einzeln stehenden weiblichen Zapfen (links außen, oben) sind unverwechselbar, sie werden etwa 10 cm lang (links). Die Art läßt sich an den 5 cm langen, stechenden Nadeln (S. 15) und an den kastanienbraunen spitzen, buchenähnlichen Knospen erkennen und unterscheiden.

Griechische Tanne

Abies cephalonica
In den Bergen und auf einigen Inseln Süd-Griechenlands heimisch, als Zierbaum in Parks angebaut. Höhe bis 50 m, meist aber nur bis 25–30 m. Blüte im April; männliche Blüten sind erst rot (links unten), werden dann gelb; die weiblichen Blüten sind grün und etwa 2,5 cm lang (links oben). Die weiblichen Zapfen werden bis 10 cm lang (links innen). Die stechend spitzen Nadeln stehen allseitig, vor allem nach oben, ab. Knospen und Deckschuppen der Zapfen harzig. Die Borke (S. 216) ist dunkelbraun und kleinschuppig.

Coloradotanne
Amerikanische Weißtanne

Abies concolor
Heimisch in Colorado, Arizona, Süd-Kalifornien, Utah und Mexiko. Zahlreiche Standortrassen, die sich in der Wuchsform unterscheiden. Anbau in Arboreten, Parks und im Wald. Baumhöhe bis 50 m. Blüten (links außen) öffnen sich Ende April, die männlichen sind rundlich und gelb, die weiblichen Blüten gelbgrün, die blühenden Zapfen ungefähr 2–5 cm lang, bei Reife 7,5–12,5 cm lang und dunkelviolett bis hell-gelbgrün (links). Nadeln (S. 15) 4–8 cm lang, beidseitig mattgrün, riechen zerrieben stark nach Zitronen.
A. concolor var. **lowiana Lows Tanne**
Raschwüchsiger und häufiger angebaut, heimisch in der Sierra Nevada und an einigen Stellen in Küstennähe in Oregon. Nördliche Form mit flach zweireihigen Nadeln und südliche Form mit säbelförmig nach oben gebogenen Nadeln.

Delavays Tanne

Abies delavayi
Heimisch in Westchina, selten angebaut. Blüten und Zapfen ähneln var. *georgii* (s. unten), jedoch haben die dunkelvioletten Zapfen kleinere dornähnliche Deckschuppen. Nadelenden rund und gewöhnlich gekerbt.

A. delavayi var. *forrestii* **Forrests Tanne**
Heimisch in Yünnan und Szechuan, ist sie wahrscheinlich die am meisten angepflanzte Varietät. Ähnlich der var. *georgii*, aber mit längeren und tief eingekerbten Nadeln und kürzeren und schmaleren Zapfenschuppen (links außen, oben, Baumzeichnung links).
A. delavayi var. *georgii*
Die Blüten (links außen, unten) öffnen sich Ende April, die dunkelvioletten weiblichen Zapfen (links) werden etwa 6–10 cm lang und haben auffällig lange Schuppen. Die Nadeln (S. 15) sind gekerbt, Unterseite mit zwei weißen Streifen, im ersten Jahr gewöhnlich bläulich (Baumzeichnung rechts).

**Momi-Tanne
Japanische Tanne**

Abies firma
Heimisch im subtropischen Kastanienklima Süd-Japans; angebaut zur Holzzucht, in Arboreten und als Zierbaum in Parks. Höhe in Japan bis zu 50 m, sonst meist 20–30 m. Pollenflug Ende April, die weiblichen Blüten, bis 2,5 cm lang (links außen, unten), entwickeln sich zu 8 cm langen Zapfen (links). Die ledrig-steifen, lanzettlichen Nadeln (S. 15) sind zweigescheitelt, tief zweispitzig, dunkelgrün und auf der Unterseite silbrig. Die Farbe der Rinde ist rötlich-grau.

Große Küstentanne

Abies grandis
Weite Verbreitung im Nordwesten der USA und im Westen Kanadas, im Süden bis Süd-Kalifornien, von der Küste weit in das Landesinnere vordringend, forstwirtschaftlich wichtig, raschwüchsig und anspruchslos. Höhe bis 90 m im Urwald, hohe Biomassenerzeugung. Die männlichen Blüten (links außen, unten) in der Wipfelregion sind kleiner als bei anderen Tannen, Pollenflug im April. Weibliche Zapfen 7–8 cm lang, zuerst hellgrün, im reifen Zustand im Oktober dunkelbraun (links), Deckschuppen nicht sichtbar. Nadeln sehr unterschiedlich lang, riechen zerrieben nach Mandarinen, zwei weiße Streifen auf der Unterseite, lichte Benadelung, meist deutlich gescheitelt.

Nikko-Tanne

Abies homolepis
Heimisch in der Eichenwaldzone Zentral-Japans, als Zierbaum in Parks. Höhe bis 30 m, relativ empfindlich gegen Luftverschmutzung. Leuchtend hellgrüne männliche Blüten, 2,5 cm lang, Pollenflug Ende April; die weiblichen Zapfen (links außen) werden 3–7 cm lang, färben sich während des Sommers dunkel violett-blau und sind im Oktober im reifen Zustand dunkel violett-braun (links). Die 1,5–3,7 cm langen Nadeln (S. 15) sind oben grün, unterseits zwei weiße Spaltöffnungsstreifen. Die kleinschuppige Borke (S. 216) ist rötlich-grau bis violett-grau.

Koreanische Tanne

Abies koreana
Heimisch in Bergwäldern Koreas, wegen ihres frühen Fruchtens und langsamen Wuchses gern als Zierbaum in Gärten angebaut, Höhe bis 20 m, in Gärten geringer, Blütezeit im Mai. Die männlichen Blüten sind über die ganze Krone verteilt, die weiblichen auf die oberen Zweige begrenzt (links außen). Die reifen Zapfen (links) werden 5–7,5 cm lang und sind gewöhnlich mit weißem Harz überzogen. Die Nadeln sind nur 1–2,5 cm lang mit stumpfen, gekerbten Spitzen und leuchtend weißer Unterseite. Die dunkle Rinde ist mit Lenticellen bedeckt.

Felsengebirgstanne

Abies lasiocarpa
Heimisch in den Hochlagen der Gebirge von Alaska bis Arizona, schlanker, langsamer Wuchs, daher gelegentlich als Zierbaum in Gärten angebaut. Erreicht im Heimatgebiet Höhen von 40 m, in den Hochlagen weniger. Pollenflug im April, die weiblichen Blüten (links außen, unten) entwickeln sich zu dunkelvioletten, später braunen Zapfen mit Harzflecken (links), die im Oktober zerfallen. Die 2,5–4 cm langen, wachsigen blau-grünen Nadeln (S. 16) sind oft aufwärts gekrümmt und geben beim Zerreiben einen starken Balsamgeruch ab.

Prachttanne

Abies magnifica
Heimisch in Oregon und Kalifornien in Höhenlagen von 1500–3000 m, als Zierbaum in Amerika und seltener in Europa angepflanzt. Langsamwüchsig, etagenförmig angeordnete waagerechte Zweige, Baumhöhen bis 70 m. Die Blüten (links außen) öffnen sich im Mai, weibliche Zapfen bis 20 cm lang und zylindrisch, von goldgrün oder violett bis im Reifezustand braun. Die aufwärts gebogenen 2–3 cm langen Nadeln (S. 16) werden im Alter fast vierkantig. Die Borke ist braun und korkig, bei alten Bäumen in Kalifornien rot.

Nordmannstanne

Abies nordmanniana
Heimisch im Kaukasus und Gebirgen Kleinasiens bis 2000 m ü.d.M., beliebter Zierbaum in Gärten, aber anfällig gegen Trieblaus. Baumhöhe bis 50–60 m, meist geringer. Die Blüten (links außen) öffnen sich Ende April, die männlichen (unten) an Zweigen der ganzen Krone, die weiblichen (oben) im Wipfel vorkommend. Die anfangs grünen Zapfen (links) werden im Reifezustand 15 cm lang und braun. Nadeln (S. 16) im Schatten zweizeilig, im Licht kürzer und bürstenartig nach oben gerichtet. Die Borke ist grau und glatt, im Alter rechteckig-plattig.

Algier-Tanne
Numidische Tanne

Abies numidica
Heimisch in den Gebirgen Algeriens bis 2000 m ü.d.M., als harter Zierbaum viel in Gärten angepflanzt. In der Jugend schnellwachsend bis zu 25 m, blüht im April (links außen), die weiblichen Blüten (oben) entwickeln schmale, zylindrische, bis 17 cm lange Zapfen (links), im reifen Zustand braun und harzig, Deckschuppen verdeckt. Die auffallend kurzen und breiten, abgerundeten Nadeln (S. 16) sind bürstig nach oben gebogen, Oberseite dunkel bläulich-grün, Unterseite mit zwei weißen Streifen. Die Borke ist blaß rötlich-grau bis orange, bricht plattig auf.

Pazifische Edeltanne

Abies procera
Heimisch in den Kaskaden in Washington und Oregon in 600–1700 m ü.d.M., raschwüchsige Nutzholzart, bis über 60 m Baumhöhe, beliebter Zierbaum, aber in Europa nicht sehr winterhart. Die schon früh gebildeten Blüten (links außen) öffnen sich im Mai. Die weiblichen Zapfen (links) werden 20–25 cm lang und haben gezähnte, nach unten umgeklappte Deckschuppen. Die Nadeln (S. 16) sind blau-grün, an der Triebunterseite stark gescheitelt und nach oben gekrümmt, obere Nadeln kürzer. Die Rinde ist hellgrau bis violett-grau, im Alter mit tiefen Rissen.

Veitchs Tanne

Abies veitchii
Heimisch in Zentral-Japan in 2000 m
ü. d. M., winter- und rauchharter Zierbaum
in Gärten, beliebter Weihnachtsbaum.
Raschwüchsig, aber kurzlebig, Baumhöhen
15–25 m, Krone oft auffällig kegelförmig.
Blüten (links außen) öffnen sich im April,
die weiblichen Blüten sind blau-violett.
Die 6–8 cm langen Zapfen sind im
Reifezustand braun. Die Benadelung (S. 16)
ist ähnlich der von *A. nordmanniana*, aber
dichter und weicher. Die 10–25 mm langen
Nadeln sind auf der Oberseite glänzend
grün, unterseits auffallend silbrig-weiß.
Die Borke ist dunkelgrau, manchmal
weißfleckig.

**Mimose
Silberakazie**

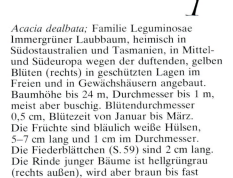

Acacia dealbata; Familie Leguminosae
Immergrüner Laubbaum, heimisch in
Südostaustralien und Tasmanien, in Mittel-
und Südeuropa wegen der duftenden, gelben
Blüten (rechts) in geschützten Lagen im
Freien und in Gewächshäusern angebaut.
Baumhöhe bis 24 m, Durchmesser bis 1 m,
meist aber buschig. Blütendurchmesser
0,5 cm, Blütezeit von Januar bis März.
Die Früchte sind bläulich weiße Hülsen,
5–7 cm lang und 1 cm im Durchmesser.
Die Fiederblättchen (S. 59) sind 2 cm lang.
Die Rinde junger Bäume ist hellgrüngrau
(rechts außen), wird aber braun bis fast
schwarz im Alter.

Acer, **Ahorn;** Familie Aceraceae
Laubabwerfende Bäume oder Büsche,
gegenständige, meist gelappte Blätter und
auffällig geflügelte Früchte, volkstümlich
,,Nasen", ähnlich den Früchten der Eschen,
aber paarig.

**Feldahorn
Maßholder**

Acer campestre
Heimisch in Europa, sommergrüner
buschiger Baum in Feldgehölzen und Hek-
ken, Holz zum Drechseln und Schnitzen
geeignet. Baumhöhe 5–20 m. Die relativ
kleinen, stumpflappigen Blätter (links außen)
führen Milchsaft. Die Blüten (links außen)
sind Zwitter, die in aufrechten Doldenrispen
sich Ende April oder Anfang Mai öffnen,
Früchte hängend, Flügel waagerecht
ausgespreizt (links). Die Blätter (S. 45)
färben sich im Herbst (S. 76) gelb bis rot.
In Südeuropa kommen Hybriden mit
A. monspessulanum und *A. sempervirens*
vor, was die Bestimmung erschwert.

Schlangenahorn

Acer capillipes
Heimisch in Japan, in Parks und Gärten, angebaut als Busch bis Halbbaum, bis 9–14 m hoch werdend. Blüht (links außen) im Mai, ungefähr 25 Blüten an einer gebogenen Traube, Früchte (links innen) mit 1–2 cm langen Flügeln, die in einem Winkel von 120–180° stehen. Die Blätter ähneln denen des Pennsylvanischen Ahorns und Grauen Schlangenahorns, doch fehlt ihnen die rostfarbene Behaarung auf der Unterseite.
Die auffallende und sehr schöne Herbstfärbung ist orange bis rot (links). Die grün und silbrig gestreifte Rinde (S. 216) erinnert an Schlangenhaut.

Kappadozischer Ahorn

Acer cappadocicum
Vorkommen in Gebirgen vom Kaukasus, Himalaja bis China, angebaut in Europa in Arboreten, Parks, Gärten und als Straßenbaum. Wächst schnell und erreicht eine Höhe von 25 m und einen Stammdurchmesser von 80 cm. Blüht (links außen) im Mai, Blüten 5–8 mm breit mit 5 hellgelben Blütenblättern, etwa 15 an einer aufrechten Dolde. Die Früchte (links) haben etwa 7 cm lange, weitwinkelig auseinanderstehende Flügel. Die Blätter (S. 44) haben Haarbüschel in den Nervenachseln auf der Unterseite, Herbstfärbung goldgelb (S. 76).
A. cappadocicum 'Aureum' hat beim Austrieb gelbe Blätter, die im Sommer grün, im Herbst wieder gelb werden.
A. cappadocicum 'Rubrum' unterscheidet sich durch beim Austrieb rote Blätter.

Japanischer Hainbuchenahorn

Acer carpinifolium
Heimisch in Japan, selten in Arboreten, kleiner Baum bis 15 m Höhe in Japan, weniger in Europa. Blüht (links außen) Ende April bis Anfang Mai in 10–12 cm langen Trauben. Die Früchte (links) haben zwei etwa 1,5 cm lange, nach unten gebogene Flügel.
Die Blätter (S. 26) ähneln Hainbuchenblättern, lassen sich aber durch ihre gegenständige Anordnung leicht unterscheiden. Die Herbstfärbung ist ein kräftiges Braun bis Gelb.

Amerikanischer Weinblättriger Ahorn

Acer circinatum
Heimisch im Westen Nordamerikas, kommt als kleiner Strauch bis Halbbaum im Unterstand küstennaher Wälder von Britisch Kolumbien bis zum Sacramento-Fluß in Kalifornien vor. Das Holz ist schwer, dicht und zäh und wurde früher von den Indianern für Rahmen von Fischernetzen verwendet. Der Baum eignet sich für kleinere Gärten in Europa. Der Wuchs ist gedrungen, oft buschig, Zweige bewurzeln sich bei Bodenberührung.
Die Blüten (links außen) sind für einen Ahorn ungewöhnlich leuchtend und tragen männliche und weibliche Teile in getrennten Blüten an der gleichen Dolde. Die Früchte (links) haben 3,7 cm lange, fast 180° auseinanderstehende, in der Jugend leuchtend rote Flügel. Die Blätter (S. 46) erinnern an Weinblätter und färben sich im Herbst orangerot bis leuchtend rot (S. 76).

Japanischer Weinblättriger Ahorn

Acer cissifolium
Heimisch in Japan, angebaut in Parks und Arboreten. Baumhöhe bis 9 m, Stammdurchmesser bis 30 cm. Blüte im Mai, männliche und weibliche Blüten (links außen) in paarigen, 10–12 cm langen Trauben. Die Früchte (links) haben rötlich-grüne, 2–3 cm lange Flügel, Winkel weniger als 60°, enden fast parallel. Die Blätter (S. 50) sind dreiblättrig und mit dünnen, roten Blattstielen. Ebenfalls geteilte Blätter haben der Eschenahorn (*A. negundo*) und der Nikkoahorn (*A. nikoense*). Die Herbstfärbung ist hellgelb und rot.

Weißdornblättriger Ahorn

Acer crataegifolium
Heimisch in Japan, angebaut in Parks und Arboreten. Kleiner, schlanker Baum mit Baumhöhe bis 9 m. Blüht (links außen) im April in aufrechten Dolden, 3–5 cm lang. Die Früchte (links) haben 2–2,5 cm lange grünlich-rote Flügel, die fast 180° auseinanderstehen. Die Blätter (S. 38) sind ungleichförmig gezähnt mit roten Stielen, kräftig rötlich-grün. Die Rinde ist grün mit senkrechten weißen Streifen, vor allem an jungen Trieben, und erinnert an Schlangenhaut.

Vater Davids Ahorn

Acer davidii
Heimisch in China und dort von dem französischen Missionar David entdeckt. Eine sehr variable Art mit verschiedenen Formen, oft falsch bestimmt und mit anderen Schlangenhautahornarten verwechselt.
Mindestens 4 Formen werden kultiviert, 2 davon sind:
A. *davidii* 'George Forrest'. Ein schmaler offenkroniger Baum, bis 14 m hoch (Zeichnung oben links). Junge Triebe sind violett bis dunkelrot, Blätter (S. 34) flach, länger und breiter als bei den anderen Formen mit schwacher Herbstfärbung.
A. *davidii* 'Ernest Wilson' ist kleiner und ausladender (Zeichnung oben rechts) und hat schmalere Blätter (S. 34), die deutlich gefaltet sind (links). Herbstfärbung orange. Blüht im Mai, Blüten (links außen die Wilson-Form) in 7,5–10 cm langen Ähren. Die Früchte haben 2,5–3,7 cm lange Flügel (links innen die Forrest-Form). Die Rinde ist grün mit weißen Streifen.

Lindenblättriger Ahorn

Acer distylum
Heimisch in Japan, angebaut nur in größeren Arboreten. Baumhöhe bis 9 m, im natürlichen Verbreitungsgebiet bis 15 m. Blüht im Mai in aufrechten, 7,5–10 cm langen Trauben (links außen). Die Früchte (links) stehen ährenförmig aufrecht (die meisten Ahornarten haben hängende Fruchtstände). Die Flügel sind 2,5 cm lang. Die Blätter (S. 39) ähneln Lindenblättern, sind aber schmaler, und ihre Stengel können rötlich oder rot sein. Die Rinde ist grün mit orangefarbenen Streifen.

Forrests Ahorn

Acer forrestii
Heimisch in China, von George Forrest Anfang dieses Jahrhunderts entdeckt, wird bis zu 12 m hoch. Blüht im Mai, Blüten (links außen) in gebogenen, bis 10 cm langen Ähren. Die Früchte (links) haben 2,5 cm lange, fast waagerecht auseinanderstehende Flügel. Die Blätter (S. 43) haben rote Stengel, auf der Unterseite büschelige Behaarung und bleiben im Herbst grün. Die Rinde ist grün mit vertikalen Streifen, ähnlich der anderer Schlangenhautrinden.

Amurahorn

Acer ginnala
Heimisch in China, Japan und der Mandschurei, wird heute auch gerne in kleinen Gärten gepflanzt. Ein ziemlich kleiner Baum, bis 9 m hoch, oft nur buschig. Blüht im Mai. Die Blüten (links außen) in aufrechten, dichten, 3–4 cm breiten Büscheln. Die Fruchtstände (links) hängen, die Früchte haben fast parallel zueinander stehende, 2,5 cm lange Flügel. Die Blätter (S. 43) haben rote Stengel und eine meist rote Mittelrippe. Im frühen Herbst werden sie leuchtend karminrot.

**Amerikanischer Felsenahorn
Zwergahorn**

Acer glabrum
Heimisch im Westen Nordamerikas an Bergflüssen in 1500–1800 m Höhe. Baumhöhe bis 9–12 m, angebaut meistens kleiner und buschig. Blüht Ende April, die männlichen und weiblichen Blüten (links außen) gewöhnlich auf verschiedenen Bäumen. Die Früchte (links) haben 2,5 cm lange, nach innen gebogene Flügel. Die Blätter (S. 44) sind 3- oder 5lappig, gelegentlich auch 3fiedrig.

Lappenblättriger Ahorn

Acer grandidentatum
Heimisch im Westen Nordamerikas, einziger Ahorn der Flußtäler des südlichen Felsengebirges, nahe verwandt mit dem Zuckerahorn *(A. saccharum)*. Busch oder kleiner Baum bis 9–12 m hoch. Blüht im Mai, männliche oder weibliche Blüten in einem Blütenstand. Die Früchte haben 1–2 cm lange Flügel, erst rötlich, später grün. Die Blätter (S. 46) verfärben sich im Herbst rot und gelb. Die Rinde ist braun und schuppig.

Papierahorn

Acer griseum
Heimisch in China, wird wegen seiner schmucken Rinde (S. 216) oft in Gärten angepflanzt. Baumhöhe bis 14 m. Blüht im Mai in Büscheln von 3 oder 5 Blüten (links außen). Die Früchte (links) sind ungewöhnlich groß, mit 3–7 cm langen Flügeln, die stark nach unten gebogen sind, aber weniger parallel stehen als bei *A. glabrum*. Die Blätter (S. 50) sind 3fiedrig und färben sich im Herbst leuchtend rot und orange. Auffallend zimtrote, streifig abblätternde Borke (S. 216).

Grossers Ahorn

Acer grosseri var. *hersii*
Heimisch in der chinesischen Provinz Honan, verbreitet in Parks und Gärten. Höhe bis 14 m. Blüht im Mai, 10–15 Blüten an einer langen Ähre (links außen). Die Früchte haben große, 5 cm lange, grüne, weit auseinanderstehende Flügel (links). Die Blätter (S. 43) schwach gelappt, Herbstfärbung gelb, orange und rot (S. 189). Die Rinde ist schlangenhautartig grün mit silbrigen Streifen.

Heldreichs Ahorn

Acer heldreichii
Heimisch in Bergwäldern der Balkanhalbinsel, angebaut in Arboreten. Baumhöhe bis 19 m, Stammdurchmesser bis 60 cm. Blüht Ende Mai, die gelben Blüten stehen in aufrechten, endständigen Ähren. Die Früchte haben 60° auseinanderstehende, nach unten gebogene, 2,5–5 cm lange Flügel. Die Blätter (S. 45) sind tief gelappt und erscheinen fast 3fiedrig. Die Blattrippen sind unterseits braun behaart. Die Herbstfärbung ist gelb, manchmal rot.

Balkanahorn

Acer hyrcanum
Heimisch in Südosteuropa, in einigen Arboreten vertreten. Wächst langsam bis 6–15 m Baumhöhe. Blüht im April, Blüten in Büscheln von etwa 20 Blüten (links außen). Die Früchte (links) haben 1–2 cm lange, steil nach unten gebogene Flügel, die fast parallel stehen. Die Blätter (S. 45) sind denen des Italienischen Ahorn *(A. opalus)* ähnlich, aber tiefer gelappt und haben 10 cm lange, schmale gelbe oder rötliche Stengel.

**Japanischer Mondahorn
Flaumahorn**

Acer japonicum
Heimisch in Japan. Häufig in Gärten und Arboreten. Baumhöhe bis 9 m. Blüht Mitte April, die Blüten (links außen) sind leuchtend rot. Die Früchte (links) sind erst leicht flaumig, mit weitauseinanderstrebenden, 2,5 cm langen Flügeln und roten Stengeln. Die jungen Blätter sind behaart (S. 46), Form fast kreisrund, mit 7–11 deutlichen, ca. $1/3$ angeschnittenen Lappen, bleiben im Herbst grün.
A. japonicum 'Aconitifolium',
Eisenhutblättriger Ahorn. Blätter tief eingeschnitten, mit gezahnten Lappen. Herbstfärbung dunkelrot (S. 76). Wird etwa 3 m hoch, meist buschig.
A. japonicum 'Vitifolium' ist der typischen Form ähnlich, wird aber bis 13 m hoch, die größeren Blätter färben sich im Herbst leuchtend rot (S. 76).

Kreidiger Ahorn

Acer leucoderme
Heimisch im Südosten der Vereinigten Staaten, vor allem in Georgia und Alabama, ähnlich dem Zuckerahorn (*A. saccharum*). Gelegentlich als Straßenbaum verwendet. Strauch bis Halbbaum, 6–7,5 m hoch werdend. Blüht (links außen) Ende April, männliche und weibliche Blüten in einem Büschel. Die Früchte (links) sind leicht behaart in der Jugend und haben 1–2 cm lange, 90–100° auseinanderstehende Flügel. Die Blätter (S. 44) sind 3- bis 5lappig und färben sich im Herbst oft rot.

Oregonahorn

Acer macrophyllum
Einziger baumartiger Ahorn von 5 Arten an der Westküste Nordamerikas von Südwestalaska bis Kalifornien, vorwiegend in Talgründen und Schluchten, angebaut in Arboreten und Parks. Großer Baum bis 30 m. Blüht im April, duftende, gelbliche Blüten in 25 cm langen Trauben (links außen). Die Früchte haben 3–5 cm lange Flügel, die im Winkel von 80–90° auseinanderstehen (links). Die Blätter (S. 45) sind mit bis 30 cm Breite ungewöhnlich groß und tief (halbe Lappenlänge) gelappt. Herbstfärbung leuchtend orange, auf weniger zusagenden Standorten angebaut Herbstfärbung unauffällig.

Miyabes Ahorn

Acer miyabei
Heimisch in Japan, dem europäischen Spitzahorn (*A. platanoides*) sehr ähnlich, jedoch nur bis 15 m hoch werdend. Blüht im Mai, Blüten (links außen) in 5–7 cm langen Trauben. Die Nußfrüchte (links) mit Haaren und 1–2 cm langen, 180–190° auseinanderstehenden, nach oben gebogenen Flügeln. Die Blattspreiten (S. 44) färben sich im Herbst gewöhnlich gelb, die Stengel rot.

Felsenahorn

Acer monspessulanum
Heimisch in Südeuropa und Westasien, kommt auf trockenen, sonnigen Felsabhängen vor, angepflanzt in Arboreten, Gärten und Parks, als Hecke in Südeuropa. Strauch oder kleiner Baum bis etwa 15 m hoch werdend. Blüht im Juni, die gelbgrünen Blüten (links außen) in überhängenden Doldenrispen, Früchte mit fast parallelen, nach unten gebogenen, 2,5 cm langen rötlichen Flügeln (links). Die Blätter (S. 43) sind dreilappig, in der Jugend weichhaarig, denen des Kretischen Ahorns ähnlich, aber im Herbst früher abfallend. Nicht-milchend. Die Rinde ist dunkel, fast schwarz, mit vertikalen Rissen.

Eschenahorn

Acer negundo
Weitverbreitet im östlichen und südwestlichen Nordamerika, bevorzugt Sumpfgebiete, Flußebenen und Täler. Früher Gewinnung von Ahornsirup, heute nur noch als Zierbaum bedeutend. Busch bis ausladender Baum, max. bis 20 m Höhe und 60 cm Stammdurchmesser. Die männlichen und weiblichen Blüten (links außen) erscheinen vor dem Laubausbruch im April auf verschiedenen Bäumen, die männlichen (oben) in dichten, roten Büscheln, die weiblichen in langen, hängenden, grünen Trauben. Die Fruchtflügel klaffen etwa 60° auseinander und sind 3–3,7 cm lang (links). Das Fiederblatt (S. 53) hat bis 5, seltener 7 Blättchen. Die Herbstfärbung ist gelb (S. 77). *A. negundo* 'Variegatum', ein weiblicher Klon mit grün-weißen panaschierten Blättern und Früchten, beliebter Baum für Alleen und Gärten.

Schwarzer Ahorn

Acer nigrum
Kommt im nordöstlichen Teil Nordamerikas zusammen mit dem ihm ähnlichen Zuckerahorn *(Acer saccharum)* vor. Geschätzter Parkbaum, Höhe bis 24 m. Blüht im April, Blüten und Früchte grün, in endständigen, grünen Büscheln, ähneln denen des Zuckerahorns (S. 78). Die 3lappigen, selten 5lappigen Blätter (S. 44) sind mattgrün und auf der gelb- bis braungrünen Unterseite flaumig behaart, Herbstfärbung klar gelb.

Nikko-Ahorn

Acer nikoense
Verbreitet, aber selten in Hondo, Japan, und Mittelchina, kleiner Baum der Bergregion bis 15 m hoch und 30 cm stark. Wegen der Herbstfärbung und des langsamen Wuchses geschätzt für kleine Gärten. Blüht im Mai, Blüten (links außen) in dreiblütigen, behaarten Dolden. Die Früchte (links) sind flaumig, 3,5–7 cm lang mit behaarten Stengeln. Blattspreiten und -stengel behaart (S. 50), Herbstfärbung leuchtend rot und gelb (S. 77).

Italienischer Ahorn

Acer opalus
Heimisch in Mittel- und Südeuropa, angebaut als Zierbaum, Busch bis Halbbaum von 9–19 m Höhe. Blüht im April bei Laubausbruch. Die Blüten (links außen) auffallend leuchtend gelb, in hängenden Büscheln. Die Früchte (links) haben 2,5 cm lange, steilwinkelig gespreizte, nach unten gebogene, rötlich-grüne Flügel. Die reifen Nüsse sind rot. Die Blätter (S. 44) ähneln denen des Bergahorns (*A. pseudoplatanus*), sind aber kleiner und haben drei tief eingeschnittene Lappen. Die Blattbasis ist gewöhnlich stärker herzförmig als auf der Abbildung.

Fächerahorn

Acer palmatum
Heimisch in Japan, China und Korea, häufig in Gärten und Parks angepflanzt. Busch oder auf zusagenden Standorten Halbbaum bis 10 m hoch. Blüht Anfang April, Blüten (links außen) klein, 0,6–0,8 cm, purpurfarben, in aufrechten Doldenrispen. Die Früchte (links) mit stumpfwinkelig gespreizten Flügeln stehen bei manchen Formen in aufrechten Büscheln, bei vielen angepflanzten Formen hängend. Die Blätter (S. 46) sind 5- bis 7lappig, tief eingeschnitten, frischgrün und im Herbst schön karminrot und violett (S. 76). Viele Sorten sind gezüchtet worden, die bekanntesten und häufigsten werden im folgenden beschrieben.

Acer palmatum 'Atropurpureum'
Purpur-Fächerahorn
Eine Sorte des Fächerahorns, als Gartenbaum sehr beliebt. Höhe bis 10 m. Blüht im April, Blüten (links außen) unscheinbar, Früchte (links) stumpfwinkelig gespreizt mit rötlichen Flügeln, auffallend dunkelrotgrüne Blätter, tiefeingeschnitten, 5- bis 7lappig.
A. palmatum 'Dissectum' hat sehr tief eingeschnittene 7- bis 11lappige, grüne Blätter, die ihm ein farnähnliches Aussehen verleihen.
A. palmatum 'Dissectum Atropurpureum' wie voriger, aber mit purpurroten Blättern.
A. palmatum heptalobum 'Osakazuki' hat tief eingeschnittene 7lappige Blätter, im Sommer grün, leuchtend rot im Oktober.
A. palmatum 'Senkaki' Korallenahorn, tieflappige gelblich-grüne Blätter, die sich im Oktober karminrot färben. Im Winter sind die diesjährigen Triebe auffallend leuchtend korallenrot.

Pennsylvanischer Streifenahorn

Acer pennsylvanicum
Heimisch im Nordosten Nordamerikas von Neuengland, Quebec und Wisconsin bis Georgia, im Unterwuchs von Wäldern auf feuchten Standorten. Angepflanzt als Zierbaum in Gärten und Parks, besonders beliebt wegen der gestreiften Rinde und der dekorativen Früchte. Busch bis kleiner Baum von 9–12 m Höhe. Blüht im Mai, die gelben Blüten (links außen) an 15 cm langen, hängenden Trauben. Die Früchte (links) haben 2,5 cm lange, stumpfwinkelig auseinanderstehende Flügel. Die Blätter (S. 43) sind groß und unterschiedlich, aber immer mit 3 nach vorne gerichteten, zugespitzten Lappen. Die jungen Blätter sind leuchtend grün, später rötlich grün (links). Die Blattstengel sind rötlich. Die junge Rinde ist grün und wird später rötlich braun mit senkrechten weißen Streifen (Schlangenhautmuster).

Spitzahorn

Acer platanoides
Heimisch in Europa von der Südspitze von Norwegen und Schweden bis zum Mittelmeer, außer Großbritannien. Verbreitet an Straßen, in Parks, Gärten und Forsten angebaut. Wird etwa 20–30 m hoch. Blüht vor Laubausbruch Ende März oder Anfang April, Blüten gelb in haarigen Ähren (links außen). Die Früchte (links) haben fast waagerecht ausgespreizte Flügel, die erst grün sind, später gelblich werden und bis in den Winter am Baum bleiben. Die Blätter (S. 45) sind grün, gelegentlich dunkel rötlich grün und haben 3 Hauptlappen und mehrere fein zugespitzte Nebenlappen, die milchsaftführenden Stengel sind grün, im Herbst dunkelgelb (S. 189). *A. platanoides* 'Goldsworth Purple' mit größeren kräftig rotgrünen Blättern. *A. platanoides* 'Schwedleri' mit beim Austreiben dunkel karminroten Blättern, die hell rötlich-grün verblassen (S. 45) und im Herbst wieder leuchtend karminrot werden.

Bergahorn

Acer pseudoplatanus
Heimisch in Mittel- und Südeuropa, einschließlich Großbritannien, verbreitet als Straßenbaum, in Gärten, Parks und Forsten, bevorzugt frische, fruchtbare Böden. In der Jugend sehr raschwüchsig, Baumhöhe bis 35 m. Blüht vor Laubausbruch im April, Blüten (links außen) gelblich in 6–12 cm langen, hängenden Trauben. Die Früchte (links) haben 2,5 cm lange Flügel, die sich während des Sommers rötlich bis leuchtend rot färben. Die Blätter (S. 45) an jungen Bäumen 5lappig, an alten Bäumen 3lappig mit 2 kleinen Basislappen. Die Blattstengel junger Bäume sind rot bis rötlich-grün, alter Bäume gelblich-grün. *A. pseudoplatanus* 'Atropurpureum' und 'Purpureum' haben Blätter, die auf der Oberseite dunkelgrün sind, auf der Unterseite dunkelrot (S. 45). Andere Varietäten haben unterschiedliche Blattfärbungen.

Roter Ahorn

Acer rubrum
Heimisch und auf frischen Standorten weitverbreitet im Osten Nordamerikas, angebaut in Gärten, Parks und in Forsten. Baumhöhe auf zusagenden Böden bis 40 m, meist aber geringer, relativ kurzlebig, besonders auf trockenen Böden. Blüht vor Laubausbruch Ende März oder Anfang April, die rötlichen männlichen und weiblichen Blüten (links außen) in Büscheln oft auf verschiedenen Bäumen. Früchte ebenfalls rot an längeren Stielen als die Blüten, mit 1 cm langen Flügeln, die im Winkel von 60° zueinander stehen. Das Blatt (S. 43) ähnelt dem Zuckerahornblatt (*A. saccharum*), ist jedoch weniger tief gelappt. Die rote und rotgelbe Herbstfärbung ist sehr auffallend (links).

Grauer Schlangenahorn

Acer rufinerve
Heimisch in Japan im Unterstand von Mischwäldern, wird häufig wegen der attraktiven Rinde, der scharlachroten Herbstfärbung und den weißstreifigen Ästen in Gärten und Parks angepflanzt. Unterscheidet sich von anderen Schlangenahornen durch seine grauen, flaumigen jungen Triebe. Höhe bis etwa 15 m, Durchmesser bis 35 cm, relativ kurzlebig. Blüht Mitte April bei Laubausbruch. Die Blüten (links außen) sind gelb und stehen in aufrechten bis hängenden, 7,5 cm langen Ähren. Die Früchte (links) haben zuerst einen roten Flaum auf den Nüßchen, stehen weit auseinander und fallen von Juni an ab. Die Blätter (S. 43) sind 6–12 cm lang. Nerven an der Unterseite dicht behaart, Herbstfärbung lebhaft karmin- bis zinnoberrot (S. 77). Die junge Rinde ist grün mit weißen Streifen, später verschwindet das Weiß, die Borke wird uneben graubraun.

Silberahorn

Acer saccharinum
Heimisch im Tiefland des ganzen Ostens Nordamerikas, angebaut als Zierbaum in Gärten, Parks und an Straßen auf feuchten Böden. Oft niedrig und verzwieselt, größte Baumhöhe bis 27–36 m. Liefert keinen Zuckersaft. Blüht im Mai vor Laubausbruch, Blüten (links außen) in dichten Büscheln. Die Früchte haben 3,7–5 cm lange Stiele und gebogene, weit ausgespreizte Flügel, schon im Juni oft einzeln abfallend und sofort keimend. Blätter tiefspaltig, doppelsägezähnig (S. 46), unterseits silberweiß, Herbstfärbung lebhaft gelb und rot (links). Die Rinde ist glatt und grau, oft besetzt mit Wasserreisern und Schößlingen.
A. saccharinum forma *laciniatum* hat hängende Zweige und tief eingeschnittene, schmallappige Blätter.

Herbstfärbung der Blätter

Papierbirke *Betula papyrifera* (S. 90)
Nikko-Ahorn *Acer nikoense* (S. 72)
Rotbuche *Fagus sylvatica* (S. 116)
Tupelo *Nyssa sylvatica* (S. 142)
Eschenahorn *Acer negundo* (S. 72)
Grauer Schlangenahorn *Acer rufinerve* (S. 75)

Zuckerahorn

Acer saccharum
Heimisch im ganzen Osten Nordamerikas, weitverbreitet bis an den Mississippi nach Westen reichend. Angebaut als Zierbaum in Gärten, Parks und an Straßen, als Holz- und Zuckerlieferant in Forsten. Baumhöhen bis 40 m. Blüht im April, Blüten (links außen) in Büscheln an schlanken, 5 cm langen Stielen. Die Früchte (links) haben 3–4 cm lange, fast parallel gestellte Flügel und reifen im Herbst. Die Blätter (S. 45) sind denen des Spitzahorns (*A. platanoides*) ähnlich, aber die Flüssigkeit im Stiel ist eher klar als milchig. Die Blattbasis ist meistens weniger deutlich herzförmig als in der Abbildung. Die Herbstfärbung ist die prächtigste aller amerikanischen Ahornarten in den Farben Hochrot, Orange und Gelb.

Acer sempervirens **Kretaahorn**
Heimisch, aber selten, in den östlichen Mittelmeerländern, angepflanzt in Arboreten. Höhe 9–11 m, oft buschig. Die grüngelben Blüten in 2,5 cm langen Trauben öffnen sich im April. Die 1 cm langen Flügel der Früchte klaffen in einem Winkel von 60° auseinander. Die Blätter (S. 43) können ungelappt sein und bleiben bis tief in den Winter am Baum.

Amerikanischer Bergahorn

Acer spicatum
Heimisch im Osten Nordamerikas. Busch bis kleiner Baum, gelegentlich als Zierbaum in Parks und Gärten. Höhe bis 7,5 m. Blüht im Juni, Blüten (links außen) in aufrechten, 7,5–15 cm langen Ähren mit den männlichen Blüten am oberen, den weiblichen am unteren Ende. Die Früchte (links innen) mit 1 cm langen Flügeln, Farbe Rot und Gelb, Braun im Herbst. Blätter (S. 45) meist 3lappig, seltener 5lappig, flaumig auf der Unterseite. Die Blattbasis ist gewöhnlich weniger herzförmig als abgebildet. Die Herbstfärbung ist gelb, gelbrot und rot, die Rinde glatt und rötlich-braun.

Tatarischer Ahorn

Acer tataricum
Heimisch im Südosten Europas und im westlichen Asien, angepflanzt in Arboreten. Busch bis Halbbaum, Höhe bis 9 m. Blüht Ende Mai, Blüten (links außen) in aufrechten Büscheln, Früchte (links innen) rot mit 2,5 cm langen Flügeln. Die Blätter (S. 39) 3- oder 5lappig, flach eingeschnitten, im Alter oft ungelappt, Flaum an den Nerven der Unterseite. Herbstfärbung gelb, Blätter fallen früh ab.

Kaukasischer Samtahorn

Acer velutinum var. *vanvolxemii*
Heimisch im Kaukasus, angepflanzt in Arboreten. Höhe bis 22 m. Blüht im Mai, Blüten (links außen) in aufrechten, 7,5–10 cm langen Trauben. Die Früchte (links) mit flaumiger Behaarung. Die Blätter (S. 45) sind ähnlich denen des Bergahorns (*A. pseudoplatanus*), jedoch mit größerer Blattspreite (20 cm) und längeren Stielen (27 cm). Die Nerven sind unterseits braun behaart. Die Rinde ist glatt und grau, mit ringförmigen Astspuren.

Zoeschen-Ahorn

Acer x *zoeschense*
Eine Gartenkreuzung aus Feldahorn (*A. campestre*) und Lobels Ahorn (*A. lobelii*) oder Kappadozischem Ahorn (*A. cappadocicum*). Höhe bis 15 m. Blüht im Mai, Blüten (links außen) in aufrechten, etwa 5 cm breiten Büscheln. Die Früchte (links) mit oft rötlich-grünen, 2 cm langen Flügeln, die weit auseinanderklaffen, ähnlich wie beim Feldahorn. Die Blätter (S. 45) sind leuchtend grün, unterseits glänzende Haarbüschel an den Nervenachsen, Stiele rot.

Aesculus, **Roßkastanie;** Familie Hippocastanaceae. Sommergrüne Bäume mit handförmig gefingerten Blättern. Die Blüten stehen in aufrechten Rispen oder „Kerzen".

Kalifornische Roßkastanie

Aesculus californica
Heimisch in Kalifornien, gelegentlich als Zierstrauch bis Halbbaum in Arboreten angebaut. Höhe 6–8 m. Blüht Juni bis August, Blüte (rechts) hellrosa oder weiß, duftend in 15–20 cm großen, traubigen Büscheln. Die 1 cm aus den Kelchen herausragenden Staubfäden geben dem Blütenstand ein grob-haariges Aussehen. Die überhängenden Früchte, 5–7,5 cm groß (rechts außen) reifen im Oktober und spalten sich, um glänzende, braune Nüsse freizugeben. Die Blätter (S. 51) sind gewöhnlich 5fingerig, manchmal 7fingerig, mit 1–2,5 cm langen Stielen. Sie sind kleiner als die anderer Roßkastanien und fallen im Herbst früh ab, ohne sich zu verfärben.

Rote Roßkastanie

Aesculus x *carnea*
Eine Kreuzung der Gemeinen Roßkastanie
(A. hippocastanum) und der Roten
Stielroßkastanie *(A. pavia)*. Weitverbreitet
als schattenspendender Baum an Alleen,
in Parks und Gärten. Baumhöhe je nach
Standort 10–25 m. Blüte im Mai, die kräftig
roten Blüten (rechts) in 12–20 cm langen,
aufrechten Rispen, Früchte (rechts außen)
2- bis 3samig, kleiner als bei der Gemeinen
Roßkastanie, Stacheln auf der Schale wenig
zahlreich oder fehlend. Früchte spalten
und entlassen die Samennüsse im Oktober,
5- oder 7fingerige Fiederblätter (S. 51),
die dunkelgrünen und kräuseligen
Fiederblättchen oft fast aufsitzend.
Aesculus x *carnea* 'Briottii' ist eine Züchtung
aus der Roten Roßkastanie *(A.* x *carnea)*
mit leuchtend roten Blüten an 15 cm langen
Blütenständen (rechts Mitte). Die Blätter
sind dunkler glänzend grün.

Gelbe Roßkastanie

Aesculus flava, Synonym *A. octandra*
Heimisch im Südosten Nordamerikas an
Flußufern und Berghängen, gelegentlich
in Arboreten, Parks und Gärten angebaut.
Höhe 15–27 m. Nutzholz für Herstellung
von Papier und Prothesen. Blüht im Mai
bis Juni, Blüten (rechts außen) gewöhnlich
gelb, manchmal rötlich-rosa, in schmalen,
10–15 cm langen Rispen. Früchte kugelig
und glatt, 5–6 cm Durchmesser, mit
gewöhnlich 2 braunen Nüssen. Die Blätter
(S. 51) sind 5- oder 7fingerig und verfärben
sich gelb im Herbst (S. 188).

Haarroßkastanie

Aesculus glabra
Heimisch im Mississippital des südöstlichen
und mittleren Nordamerikas, angepflanzt
in Arboreten, Parks und Gärten. Knorriger
Halbbaum, auf zusagenden Standorten
bis 21 m hoch werdend, meist aber nur
halb so hoch. Blüht im April und Mai,
Blüten stumpf gelbgrün und widerlich
riechend, in 10–18 cm langen, aufrechten,
behaarten Rispen (nicht abgebildet), ähnlich
A. glabra var. *sargentii* (rechts). Die
stacheligen Früchte sind 2,5–5 cm im
Durchmesser, ein- bis zweisamig, giftig
für Wiederkäuer. 5fingerige, sehr kurz
gestielte Teilblätter (S. 51). Die Rinde
ist dunkelgrau und schuppig (rechts außen).
Sie ist die einzige amerikanische
Roßkastanie mit stacheliger Frucht.
A. glabra var. *sargentii* kommt in Missouri,
Kansas, Ohio und Mississippi vor. Sie
unterscheidet sich durch mehr als 5 Teilblättchen, die schmaler und spitzer zulaufen
und einen stärker gezähnten Rand haben
(rechts).

Gemeine Roßkastanie

Aesculus hippocastanum
Heimisch auf dem Balkan, durch Anbau
weitverbreitet als beliebter Park-, Garten-
und Alleebaum, in Forsten auch als
Wildfutter. Baumhöhe bis 30 m. Blüht
im Mai bis Juni, Blüten weiß, mehr oder
weniger deutlich rot und gelb gefleckt,
in aufrechtstehenden, 30 cm langen, breiten
Rispen (rechts). Die hart-stacheligen Früchte
(rechts außen) sind kugelig, etwa 5–7 cm
im Durchmesser, meist einsamig, im Oktober
aufbrechend, Samen glänzende, rotbraune
Nüsse. Blätter aus stark harzigen Knospen,
5- bis 7fingerig mit aufsitzenden Blättchen
(S. 52). Die Rinde (S. 216) ist dunkelrötlich
oder grau-braun und grobplattig.
A. hippocastanum 'Baumannii' ist eine
Züchtung mit doppelten, länger blühenden
Blüten, die keine Nüsse erzeugen. Beliebte
Roßkastanie für Gärten.

Indische Roßkastanie

Aesculus indica
Heimisch im nordwestlichen Himalaja
in 1000–3000 m Höhe, beliebter Zierbaum
in Parks und Gärten. Höhe bis 30 m. Blüht
spät im Juni bis Juli, rötlich-weiße, gelb
gefleckte Blüten (rechts) in 10–40 cm
langen, aufrechten, walzenförmigen Rispen.
Die Staubfäden ragen aus den Blüten
heraus, Farbe Rosa oder Rötlich-Gelb
wie das obere Blütenblattpaar. Die eiförmige
Frucht (rechts außen) mit dünner, glatter
Schale und 2 oder 3 braunen Samen. Die
Blätter (S. 52) meist 7-, auch 5- oder
9fingerig, gestielt. Die Rinde ist im Alter
glatt rötlich-grau, in der Jugend
grünlich-grau. *A. indica* 'Sydney Pearce'
hat dunkelgrüne Blätter, 2,5 cm große
Blüten, 30 cm lange Blütenstände. Blüte
zartrosa oder weiß mit gelben und roten
Flecken.

Rote Stielroßkastanie

Aesculus pavia
Heimisch, aber sehr selten, im Südosten
der Vereinigten Staaten, gelegentlich in
Gärten und Arboreten, Elter der Hybriden
Rote Roßkastanie *(A. x carnea)*. Busch
oder Halbbaum, bis 6 m hoch. Blüht im
Juni, rote Blüten in 15 cm langen Rispen
(rechts innen). Früchte eiförmig glatt, 1-
bis 2samig, reifen und spalten im August.
Die Blätter (S. 52) sind 5- bis 7fingerig,
kurzstielig, Herbstfärbung rot (rechts außen).

Japanische Roßkastanie

Aesculus turbinata
Heimisch in sommergrünen Mischwäldern im nördlichen Japan. Großer Baum bis über 30 m hoch. Im Aussehen der Gemeinen Roßkastanie (*A. hippocastanum*) ähnlich, jedoch langsamer wachsend. Ihre größeren Blätter und der späte Blühtermin macht sie zu einer guten Ergänzung zur Roßkastanie in Parks. Blüht Ende Mai oder Juni, 2–3 Wochen nach der Gemeinen Roßkastanie. Blüten (rechts) gelblich-weiß, rotbetupft, in aufrechten Trauben, Früchte (rechts außen) rauh, aber ohne Stacheln, ei- bis birnenförmig. Die Blätter (S. 52) sind 7fingerig, Blättchen aufsitzend, unterseits Aderachseln orangefarben behaart. Herbstfärbung erst orange, dann braun, Laub früh abfallend. Die Rinde ist glatt mit einigen großen Rissen, am jungen Baum mit weißen Riefen.

Götterbaum

Ailanthus altissima, Familie Simaroubaceae. Heimisch in China und im südlichen Korea, weitverbreitet durch Anbau und Verwilderung in allen Kontinenten mit warmgemäßigtem Klima. Buschiger Halbbaum, gelegentlich großer Baum bis 30 m hoch; reichliche, oft lästige Wurzelbrut. Blüht Ende Juli, zweihäusig, d.h. männliche (links außen) und weibliche Blüten auf verschiedenen Bäumen. Früchte (links) zu Dutzenden oder Hunderten in Büscheln. Samen, in der Mitte von 3–4 cm langen, eschenähnlichen Flügeln, reifen August bis September. Die paarig gefiederten Blätter (S. 58) können an jungen, kräftigen Bäumen mehr als 1 m lang werden, zwei unterseits bedrüste Zähnchen nahe der Blättchenbasis.

Persische Albizia

Albizia julibrissin, Familie Leguminosae
Heimisch im westlichen Asien, angebaut als Schattenbaum im südlichen Europa und China, empfindlich gegen Frost, gelegentlich auch als Gartenannuelle und in Gewächshäusern. Höhe bis 12 m. Blüht im Juli bis August, Blüten (rechts) mit leuchtend purpurroten bis an der Basis gelblich-weißen Staubfäden. Die Samenhülse ist 7,5–15 cm lang und zwischen den Samen eingeschnürt.

Alnus, **Erle**; Familie Betulaceae. Sommergrüne Bäume und Büsche. Männliche und weibliche Organe in getrennten Blüten auf demselben Baum. Die männlichen Kätzchen hängen, die weiblichen sind winzig und stehen aufrecht an den Triebspitzen. Sie bilden erst grüne, dann braunholzige „Zapfen".

Italienische Erle

Alnus cordata
Heimisch in den Bergen Kalabriens und Korsikas, angepflanzt in Parks und Gärten. Höhe bis 15 m. Die männlichen Kätzchen werden 7,5–10 cm lang und streuen ihren Pollen zwischen Februar und April (links außen), wenn die winzigen, roten, weiblichen Blüten sich öffnen. Die Frucht (links innen, im „grünen" Zustand) ist 2,5 cm lang und größer als bei anderen Erlen. Zwei reife, offene, holzige Fruchtzapfen nach dem Samenfall sind links außen abgebildet. Glänzend dunkelgrüne Blätter mit 5–6 Seitennerven, kurzgezähnt, Haarbüschel, unterseitige Nervenachseln behaart (S. 39). Die Rinde ist glatt, grau, mit Lentizellen und einigen kurzen, vertikalen Rissen.

Schwarzerle
Roterle

Alnus glutinosa
Heimisch in Europa, außer in der nördlichen borealen Zone und in Trockengebieten, Westasien und Nordafrika in Auen und an Flußufern. Höhe 20 m bis 33 m, Durchmesser bis 50 cm. Die männlichen Kätzchen (links außen) streuen ihre Pollen Anfang März, wenn sie 5–10 cm lang sind. Die weiblichen Kätzchenblüten (links außen), am Zweig unterhalb der männlichen Kätzchen, sind 0,5 cm lang. Früchte (links) 1–2 cm, werden zum Winter holzig (links außen, kleiner Zweig). Blätter (S. 39) rundlich mit eingekerbter Spitze und 7 Seitennerven, Nervenachseln unterseits behaart. Die Rinde (S. 216) grünlich-braun bis dunkelbraun mit rötlichen Lenticellen, im Alter schwarzbraune, rissige Tafelborke. *A. glutinosa* 'Imperialis' mit eingeschnittenen, gelappten Blättern.

Grauerle
Europäische Weißerle

Alnus incana
Verbreitung ähnlich wie bei der Schwarzerle, aber nicht so weit nördlich. Raschwachsender, kurzlebiger Baum, Höhen bis 20–25 m, Durchmesser bis 40 cm, an der Nordgrenze strauchartig. Die männlichen, 5–10 cm langen Kätzchen öffnen sich Ende Februar bis März (links außen, Winterzustand). Weibliche Kätzchen entwickeln sich zu 1 cm langen Früchten (links), die verholzen (links außen, unten). Die Blätter (S. 34) sind charakteristisch grau-grün, spitz, mit 9–12 behaarten Seitennerven. Rinde silbergrau bis dunkelgrau mit Lentizellen, im Alter mit langen Rissen, kaum Borke bildend. Bildet reichlich Wurzelbrut.

Oregon-Erle
Amerikanische Roterle

Alnus rubra
Heimisch im westlichen Nordamerika von Alaska bis Kalifornien und Idaho, im pazifischen Küstengebiet meist recht selten, gelegentlich angebaut in Parks, Arboreten und Gärten. Das Holz kann wie das der europäischen Roterle verwendet werden. Baumhöhe bis 12–20 m. Die männlichen Kätzchen sind im April zum Pollenflug 10–15 cm lang (links außen), die weiblichen Kätzchen bilden 1–2 cm lange Zäpfchen auf orange-gelben Stielen in Trauben (links). Die Blätter (S. 34) haben 10–15 unterseitig orange behaarte Seitennerven. Die Rinde ist silbergrau bis dunkelgrau.

Felsenbirne

Amelanchier laevis; Familie Rosaceae
Heimisch im östlichen Nordamerika, beliebter Zierstrauch in Gärten. Busch bis vielzwieseliger, knorriger Halbbaum, bis 12 m hoch. Blüht April bis Mai, Blüte (rechts) zart weiß und duftend. Frucht (rechts außen) reift Juli bis August, erst rot, dann dunkel violett-purpur, Durchmesser 0,5 cm. Die fein gezahnten Blätter (S. 37) bei Entfaltung im April kupfrig-rötlich-grün, im Sommer gelblich-dunkelgrün, Herbstfärbung leuchtend bis scharlachrot.

Baum-Aralie

Aralia spinosa; Familie Araliaceae
Heimisch im südöstlichen Nordamerika, gelegentlich in Arboreten, selten in Gärten. Busch bis Halbbaum, Baumhöhe bis 9 m. Blüht im August, Blüten sind klein, weiß und in kugeligen Büscheln angeordnet, die eine riesige, bis 1,2 m lange Traube bilden. Die Früchte sind klein, rund, schwarz und fleischig, reifen im Oktober. Das doppelt gefiederte Blatt (S. 59) ist bis 1,2 m lang und 0,7 m breit. Zweige und Stamm mit kräftigen Stacheln (links). Die Beeren und die Wurzelrinde enthalten ein Stimulans, das medizinisch genutzt wird.

Araukarie

Araucaria araucana; Familie Araucariaceae
Heimisch im andinen Bergland in Chile
und Argentinien, angebaut als Zierbaum
und in Arboreten in milden Klimaten
Europas und Nordamerikas. Immergrüner
Nadelbaum, Höhe bis 30 m. Die männlichen
(rechts unten) und weiblichen Blüten (rechts
oben) wipfelständig und getrennt auf
verschiedenen Bäumen. Die männlichen
werden etwa 10 cm lang, Pollenflug im
Juli. Die einzeln stehenden, aufrechten
und grünen, weiblichen Zapfen werden
10–17 cm lang und im zweiten Herbst
braun. Samen eßbar, etwa 3–5 cm lang.
Nadeln dunkelgrün, schuppig-blattförmig
und stachelig-spitz (rechts und S. 13). Die
Rinde ist grau und runzelig, mit
ringförmigen Zweigabsprungnarben.

Arbutus, **Erdbeerbaum;** Familie Ericaceae
Immergrüne Bäume mit dunkelgrünen,
glänzenden Blättern und Büscheln von
glockenförmigen Blüten.

Europäischer Erdbeerbaum

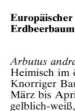

Arbutus andrachne
Heimisch im östlichen Mittelmeerraum.
Knorriger Baum bis 12 m Höhe. Blüht
März bis April, Blüte (links außen)
gelblich-weiß, 0,5 cm lang, in 5–10 cm
breiten Büscheln. Früchte glatt, rund (1 cm
Durchmesser), orange-rot. Immergrüne
Blätter (S. 27) glattrandig, nur in der Jugend
an kräftigen Trieben gezahnt. Rinde (links
innen) rot-braun, dünn abschälend.

Erdbeerbaum-Hybride

Arbutus x *andrachnoides*
Eine in Züchtung entstandene spontane
Hybride zwischen *A. andrachne* und
A. unedo, in Griechenland verwildert. Höhe
6–9 m. Die cremig-weißen Blüten (links
außen) werden im Spätherbst oder im März
gebildet und stehen in Büscheln. Die Blätter
(S. 26) sind gezahnt und haben dunkelrote
Stiele. Die Rinde (links innen) auffallend
leuchtend rotbraun, dünnschuppig
abschilfernd.

Madrona

Arbutus menziesii
Heimisch im westlichen Nordamerika, angebaut in Arboreten und Gärten in milden Klimaten in West- und Südeuropa. Höhe bis 30 m im natürlichen Nadelbaum-Eichenmischwald, im Anbau meist nur 6–9 m. Blüht im Mai, Blüten (links außen) cremig-weiß bis gelblich, 0,5 cm Durchmesser, in aufrechten, 7–23 cm langen Büscheln. Früchte orange-rot, 1 cm Durchmesser, meist 12–15 in einem Büschel. Die Blätter von jungen, kräftigen Pflanzen sind gezahnt, die von älteren Pflanzen (S. 27) ungezahnt. Tanninreiche Rinde (links) auffallend leuchtend rotbraun, kleinschuppig, schält leicht vom orange-roten Holz.

Erdbeerbaum

Arbutus unedo
Heimisch im Südwesten Irlands und in Süd- und Südwesteuropa. Strauch bis knorriger Halbbaum, Höhe 4,5–9 m. Die Blüten (links außen) werden im Herbst gebildet, 0,5 cm lang, cremig, gelegentlich mit rötlichem Hauch, in hängenden Büscheln, 5 cm lang. Früchte (links innen) bilden sich aus den vorjährigen Blüten im Herbst, erdbeerartig, Durchmesser 2 cm, reifen und fallen im Oktober ab. Blätter gezahnt (S. 26). Rinde mit schmutzig-braunen Schuppen, weniger auffallend als bei den anderen Arten.

Papaw

Asimina triloba; Familie Annonaceae
Heimisch im östlichen Nordamerika. Sommergrüner Busch bis kleiner Baum, bis 12 m hoch. Blüht vor Blattausbruch, Blüten (rechts) 2,5–3,7 cm breit. Früchte zylindrisch, 7,5–15 cm lang, unregelmäßig geformt, bei Reife im September und Oktober Schale dunkelbraun, Fruchtfleisch eßbar, süß, orangefarben, nur im subtropischen Klima voll ausgebildet. Die Blätter sind auf Seite 28 abgebildet.

Athrotaxis, **Schuppenfichte**; Familie Taxodiaceae. Primitive, immergrüne Nadelbäume mit schuppenartigen Nadeln. Die männlichen und weiblichen Organe in verschiedenen Blüten auf demselben Baum. Die Früchte bilden kleine Zapfen.

Zypressen-Schuppenfichte

Athrotaxis cupressoides
Heimisch und sehr selten in Westtasmanien in Höhen von 900–1200 m, angebaut in Arboreten und Gärten in ozeanischen, milden Klimaten. Höhe 6–15 m. Die männlichen und weiblichen Blüten bilden sich im Frühjahr (links außen), weibliche Zapfen 1 cm Durchmesser (links innen), erst grün, dann im Herbst rotgelb-braun. Die glatten, schuppenartigen Nadeln (S. 11) sind rhomboid, am Trieb dicht anliegend, etwa 0,3 cm im Durchmesser. Vergleiche Zypressen *(Cupressus)*.

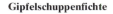

Gipfelschuppenfichte

Athrotaxis laxifolia
Heimisch in Westtasmanien, weniger selten und leichter anzubauen als die anderen tasmanischen Schuppenfichten. Baumhöhe 12–21 m, blüht im Frühjahr, die winzigen männlichen Blüten sind in Büscheln an den Zweigspitzen (links außen, oben), die weiblichen in Büscheln oder auch einzeln (links außen, unten). Weibliche Zapfen (links) leuchtend gelb-grün, stachelig, im Herbst orange-braun reifend bei 2 cm Durchmesser. Die sehr spitzen, 0,4–0,6 cm langen Nadeln (S. 11) sind leicht vom Stamm abgespreizt und stehen in der Form zwischen den beiden anderen Arten. Rinde dunkel-orange-braun, bricht kleinschuppig.

Selaginella-Schuppenfichte

Athrotaxis selaginoides
Heimisch in Westtasmanien, selten. Die größte der „Tasmanischen Schuppenfichten", geschätzt wegen ihres besten dunklen Holzes. Höhe bis 27 m. Blüht im Frühjahr. Die kleinen, grünen, weiblichen Blüten (links außen, unten) entwickeln sich zu 2,5 cm breiten, orange-braunen Zapfen. Nadeln (S. 11) scharf-spitzig, 1,2 cm lang, vom Trieb abstehend, leuchtend grün mit zwei weißen Streifen auf der inneren Oberfläche. Die Rinde ist dunkel-orange-rot, reißt und schält ab, oft weich und faserig wie beim Mammutbaum *(Sequoiadendron giganteum)*.

Chilenische Flußzeder

Austrocedrus chilensis, Synonym *Libocedrus chilensis;* Familie Cupressaceae
Heimisch in Berglagen in Chile und Argentinien, verbreitet in botanischen Gärten angebaut. Immergrüner Nadelbaum, Höhe bis 24 m. Männliche und weibliche Blüten entwickeln sich auf demselben Baum, die männlichen (rechts innen), 0,3 cm, entlassen ihre Pollen im Frühjahr, die weiblichen entwickeln sich zu grünen, später braunen Zapfen, 0,8 cm lang (rechts außen), die aus vier Schuppen bestehen.
Nadeln (S. 11) flach-schuppig, mit hellen Streifen auf der Unterseite. Die Rinde ist dunkelbraun, reißt in aufrollende Platten.

Betula, **Birke;** Familie Betulaceae.
Sommergrüne Bäume und Büsche, männliche und weibliche Kätzchen auf demselben Baum. Die männlichen Kätzchen werden im Spätherbst gebildet und reifen im nächsten Frühjahr. Die weiblichen Kätzchen sind kleiner und schlanker und wachsen in Büscheln oberhalb der männlichen Blüten.

Blaubirke

Betula coerulea-grandis
Heimisch im nordöstlichen Nordamerika von Nova Scotia bis nach Vermont, in natürlichen Vorkommen oft buschig, in Anbauten auf günstigen Standorten 10–20 m hoch werdend. Blüht im Mai, männliche Kätzchen 3–5 cm lang, weibliche etwa 0,8 cm (links außen). Fruchtstand (links) 2,5 cm lang, zerfällt im September, Samen geflügelte Nüsse. Die Blätter (S. 38) sind bläulich-grün. Die Rinde (S. 216) ist rötlich-weiß, schält sich nicht.

Schwarzbirke

Betula lenta
Heimisch im östlichen Nordamerika von Maine bis Georgia, angebaut in Parks, Arboreten und Forsten. Holz geeignet für Fußböden, Möbel und zum Bootsbau, Rinde und Holz duften süßlich und enthalten ein aromatisches Öl. Baumhöhe 20–25 m, Durchmesser bis 60 cm. Blüht im Mai, männliche Blüten 5–7,5 cm lang, die weiblichen etwa 0,8 cm (links außen). Die aufrechten, ungestielten Fruchtkätzchen sind etwa 2,5 cm lang und 1,2 cm im Durchmesser (links) und zerfallen im September und Oktober. Die Rinde ist sehr dunkel und schuppig, schält nicht. Die Blätter (S. 38) haben unterseitig Haarbüschel in den Nervenachseln.

Gelbbirke

Betula lutea
Heimisch und häufig im Nordosten Nordamerikas, wichtiges Nutzholz für Fußböden, Möbel, Kleinteile, Kisten. Die Zweige und Rinde enthalten aromatisches Öl, der aufsteigende Saft im Frühjahr Zucker. Baumhöhe bis 30 m. Blüht im Mai, männliche Kätzchen 7,5–10 cm lang (links außen), die weiblichen 1,2–2 cm lang, bei Reife ungestielte, aufrechte Zäpfchen, 2,5–3,7 cm lang (links), dicker und stärker behaart als bei *B. lenta*. Die Blätter (S. 38) sind in den Nervenachseln auf der Unterseite behaart. Die Herbstfärbung ist hellgelb. Die Rinde ist hell goldbraun, die äußeren Schichten rollen sich auf.

Rotbirke

Betula nigra, Synonym *B. rubra*
Heimisch im östlichen Nordamerika von Massachusetts bis Georgia auf feuchten Böden an Flüssen, angebaut als Zierbaum und in Arboreten. Baumhöhe 24–27 m, meist stark zwieselig. Blüht Ende April, männliche Kätzchen 5–7,5 cm lang, die weiblichen 0,8 cm (links außen). Die Fruchtzäpfchen sind behaart, 2,5–3,7 cm lang, aufrecht an kurzen Stielen, zerfallen im Juni, so daß die Samen am Flußufer keimen, wenn der Wasserstand am niedrigsten ist. Die Blätter (S. 38) sind doppelt und grob gezahnt, einige Zähne lappenartig, Nerven unterseitig behaart. Die Rinde (links innen) ist auffallend dunkel und schuppig.

Wasserbirke

Betula occidentalis
Heimisch im westlichen Nordamerika an Flußufern und in Auen. Strauch oder Halbbaum, bis 6–7,6 m hoch. Blüht im April, männliche Kätzchen 5 cm lang, die weiblichen etwa 0,8 cm (links außen, unten und oben), aufrechte, stiellose Fruchtzäpfchen, 2,5–3,7 cm lang, nur wenig behaart, zerfallen bei Samenreife im September. Die Blätter (S. 38) dunkelgrün, 3–5 Seitennerven, unterseits unbehaart, Blattbasis gerundet oder leicht herzförmig. Junge Blätter und Zweige klebrig. Die Rinde (links innen) glänzend dunkelbraun bis beinahe schwarz, schält nicht, auffällige waagerechte Lenticellen.

**Papierbirke
Amerikanische Weißbirke**

Betula papyrifera
Heimisch im nördlichen Teil Nordamerikas vom Pazifik bis Atlantik, auf einer Vielzahl von Standorten. Die wasserdichte Rinde wurde von Indianern zum Kanubau benutzt. Das Holz für Schlitten, Schneeschuhe, Kleinteile und als Brennholz. Heute oft als Zierbaum angebaut. Baumhöhe bis 40 m, Durchmesser bis 90 cm, an der nördlichen Verbreitungsgrenze strauchartig. Blüht März bis April, männliche Kätzchen 10 cm lang, die weiblichen 2,5–3 cm (links außen). Fruchtkätzchen etwa 3,7 cm lang, an schlanken Stielen hängend. Rinde glänzend creme-weiß, papierartig schälend, frische Rinde blaßgelbrötlich, bei alten Bäumen dunkle, rissige und schuppige Borke. Die Blätter (S. 38) behaart, unterseitig drüsig. Herbstfärbung gelb.

**Weißbirke, Hängebirke
Sandbirke, Warzenbirke**

Betula pendula, Syn. *B. verrucosa*, *B. alba* (z.T.)
Heimisch in Europa und Kleinasien, angebaut in Gärten, Parks, Arboreten und an Straßen, im Wald als Schutzschirm (Vorwald) über empfindlichen Baumarten. Beliebter Zierbaum wegen seiner anmutigen Form mit hängenden Zweigen, junge Zweige klebrig. Holz verwendet als Schäl- und Brennholz. Baumhöhe bis 25 m. Blüht März bis April, männliche Kätzchen 3 cm lang, weibliche 1,2–2 cm (links außen), reife Fruchtkätzchen 2,5–3 cm lang (links), hängend, zerfallen im Spätherbst und Winter. Blätter (S. 38) unbehaart, Basis keilförmig. Rinde glänzend weiß mit dünnen Querlinien und größeren dunklen rhomboiden Rissen, an alten Bäumen dicke, rissige, harte Borke am Stammfuß. Junge Zweige unbehaart.

Graubirke

Betula populifolia
Heimisch im östlichen Nordamerika, Pionierbaum bei der Wiederbesiedlung von Öd- und Brachland. Baumhöhe 6–12 m. Blüht im April, männliche Kätzchen 6–10 m lang, weibliche etwa 1,2 cm an kurzen Stielen (links außen). Die hängenden Fruchtkätzchen (links) sind behaart und etwa 2 cm lang. Die langspitzigen Blätter (S. 38) im Luftzug beweglich wie Aspenblätter, Herbstfärbung hellgelb. Die Rinde ist cremefarben, ähnlich wie bei der Papierbirke, schält sich aber nicht so leicht, mit dunkleren Flecken und Rissen.

**Moorbirke
Haarbirke
Besenbirke**

Betula pubescens
Heimisch in Europa, einschließlich England und Nordasien. Äste mehr waagerecht, Zweige nicht hängend wie bei der Weißbirke *(B. pendula)*. Rinde mattweiß, junge Triebe behaart, nicht klebrig. Das Holz wird als Papierholz verwendet; aus der Rinde werden in Skandinavien Dächer gemacht, und ein aromatisches Öl aus Stamm und Rinde wird zur Verarbeitung von Leder benutzt. Höhe bis 21 m. Die Kätzchen (links außen) sind offen im April, die männlichen 3 cm lang (unten), die weiblichen 1,2–2 cm (oben). Letztere entwickeln sich in 2,5–3 cm lange Fruchtkätzchen. Die Blätter (S. 38) sind an den Nerven der Unterseite behaart und haben oft in der Jugend eine rauhe Oberfläche. Die Rinde ist weiß, blättert papierartig ab und hat Querlinien und dunkle Zweignarben (S. 217).

Himalaja-Birke

Betula utilis
Heimisch im Himalaja und China, angepflanzt in botanischen Gärten und anderen Gärten. Höhe bis 18 m, kann aber doppelt so hoch werden. Die Kätzchen (links außen) sind offen im April, die männlichen (unten) etwa 5 cm lang, die weiblichen (oben) 1,2 cm an gleich langen Stielen. Die Fruchtkätzchen werden 3,7 cm lang. Die Blätter (S. 38) haben flaumig behaarte Stiele und meistens 9–12 behaarte Nervenpaare. Die Rinde kann weiß-grau gefleckt sein oder orange-braun und blättert ab (links).

Maulbeerbaum

Broussonetia papyrifera, Familie Moraceae. Heimisch in China und Japan, häufig angepflanzt. Der Maulbeerbaum wird als Zierbaum in Ostasien, Europa und im östlichen Nordamerika angepflanzt, verwildert unter günstigen Bedingungen. Höhe bis 15 m, oft ein rundlicher Busch. Blüht im Juni, Blüten (rechts innen) zweihäusig (männliche und weibliche auf verschiedenen Bäumen). Die männlichen Kätzchen (oben) sind 3,7–7,5 cm lang, pelzartig und oft wellig aufgerollt. Die weiblichen (unten) sind rund und etwa 1,2 cm im Durchmesser. Die Früchte (rechts außen) sind rund, etwa 1,2 cm im Durchmesser und fallen im Oktober ab. Die Blätter (S. 39) sind rauh und wollig. Vergleiche mit den Maulbeeren *(Morus)*.

Buxus, **Buchsbaum.** Familie Buxaceae. Immergrüne Bäume oder Büsche mit gegenständigen, ledrigen Blättern. Die getrenntgeschlechtlichen Blüten einhäusig in kleinen Büscheln.

Balearenbuchsbaum

Buxus balearica
Heimisch auf den Balearen und in Südwestspanien, angepflanzt in Gärten in warm-gemäßigten Klimaten. Höhe bis 10 m, meist aber kleinbuschig. Blüht im Mai, Blüten (links außen) etwa 1,2 cm lang, in blattachselständigen Knäueln mit den weiblichen Blüten in der Mitte. Die 1,2 cm langen Früchte (links) bestehen aus drei zweihörnigen Kapseln, erst grün, später braun und holzig. Im August/September abfallend und aufspaltend. Die hartledrigen Blätter (S. 32) sind größer, heller grün und gleichmäßiger als beim Buchsbaum (*B. sempervirens*).

Buchsbaum

Buxus sempervirens
Heimisch im Mittelmeergebiet, nördlich der Alpen nur sehr selten wild. Sehr häufig in verschiedenen Zuchtformen und Varietäten in Gärten angebaut. Eignet sich gut zum Formschnitt, das harte Holz für Schnitzereien und Intarsien, Extrakt zur Blutreinigung. Immergrüner Strauch bis kleiner, dichter Baum, Höhe selten über 6 m. Blüht im März bis Mai, Blüten (links außen) gelblich-weiß, duftend, in blattachselständigen Knäueln, die weiblichen in der Mitte. Die Fruchtkapseln (links) etwa 0,8 cm lang und dreihörnt, spalten im September auf und fallen ab. Die Blätter (S. 32) an der Spitze eingebuchtet, dunkler grün und gewölbter als bei *B. balearica*. Zahlreiche Kultursorten, hoch- und zwergwüchsige, buntblättrige usw., für Einfassungen var. *suffruticosa*.

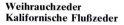

Weihrauchzeder
Kalifornische Flußzeder

Calocedrus decurrens, Synonym *Libocedrus decurrens,* Familie Cupressaceae
Heimisch in Kalifornien und im südlichen Oregon, Zierbaum in Parks und Gärten, Baumhöhe bis 30 m, Stammanlauf und Krone breit im natürlichen Vorkommen, höher und schmalkroniger auf günstigeren Standorten. Blüht im Januar, männliche Blüten 0,6 cm, goldgelb, oft obere Krone ganz überziehend, weibliche Blüten unauffällig (rechts), Zapfen einzeln an Triebenden hängend, gelbgrün bis bei Reife leuchtend goldgelb bis rotbraun (rechts außen), etwa 2–2,5 cm lang, öffnen sich im September/Oktober. Blätter (S. 10) klein, schuppenähnlich, anliegend. Borke rotbraun, rissig und grobplattig.

Carpinus, **Hainbuche:** Familie Carpiniaceae. Sommergrüne Bäume, einhäusig, männliche und weibliche Blüten getrennt in verschiedenen Kätzchen. Männliche Kätzchen über Winter in Knospe, erscheinen im Frühjahr. Die Früchte sind kleine Nüsse mit großen, auffallenden Deckblättern.

**Weißbuche
Hainbuche
Hornbaum**

Carpinus betulus
Heimisch in Kleinasien und im mittleren und südlichen Europa, meist im Unter- und Zwischenstand im Mischwald. Angebaut in Gärten, Parks und Forsten, oft auch als Hecken- oder Straßenbaum. Hartes, feinfaseriges Nutzholz. Knorriger Baum, Höhe 7 bis 25 m. Blüht im März bis April, Blüten (links außen) in Kätzchen, männliche Kätzchen 3–5 cm lang, die weiblichen kleiner an den Spitzen der jungen Triebe. Die Fruchtkätzchen (links) bis 8 cm lang, Nuß und dreilappige Hülle grün bis im November braun. Die doppelt gesägten Blätter (S. 33) färben sich im Herbst leuchtend gelb. Die Rinde (S. 217) ist grau mit braunen Streifen, spannrückig.

Amerikanische Hainbuche

Carpinus caroliniana
Heimisch im westlichen Nordamerika und in Mittelamerika. Nutzholz für Kleinteile, Baumhöhe bis 12 m. Blüht im April, Blüten (links außen) in Kätzchen 2,5–3,7 cm lang, die weiblichen 1,2–2 cm an Jungtrieben. Die Fruchtkätzchen (links) bis 13 cm lang. Frucht (links) eine 0,8 cm lange Nuß, eingehüllt von grünen, im Herbst papierbraunen Deckblättern, Fruchtfall im Herbst. Die Blätter (S. 33) sind spitzer als die der Weißbuche *(C. betulus)*, im Herbst orange und rot. Die Rinde ist glatt, grau und spannrückig.

Japanische Hainbuche

Carpinus japonica
Heimisch in Japan, angebaut als Zierbaum und in Arboreten. Höhe 12–15 m. Blüht im April, Blüten (links außen) in Kätzchen, männliche 2,5–5 cm lang, die weiblichen 1,2 cm lang an Jungtrieben. Die Fruchtkätzchen (links) 5–6 cm lang, mit gezahnten, nach innen gebogenen Deckblättern, erst grün, dann schwach rosa, im Herbst karminrot. Die Blätter (S. 33) haben zahlreiche, kräftige Nerven und sind länger und dunkler als die der Weißbuche *(C. betulus)*. Die Rinde ist glatt, rötlich-grau oder dunkelgrau in helleren Streifen.

Carya, **Hickorynuß;** Familie Juglandaceae. Große, sommergrüne Bäume, einhäusig, männliche Blüten in dreigeteilten Kätzchen, die weiblichen zu wenigen in Büscheln. Frucht eine Nuß in einer bei Reife harten Schale. Die Blätter sind paarweise gefiedert, die unteren Blätter sind kürzer als die oberen.

Bitternuß

Carya cordiformis
Heimisch und weitverbreitet im östlichen Nordamerika, angebaut in Arboreten, Parks, Gärten und Forsten. Unterschieden durch gelbe Winterknospen. Höhe bis 30 m. Die männlichen Kätzchen (rechts innen) werden 6–7,5 cm lang, Pollenflug Ende Mai oder Anfang Juni. Die weiblichen Blüten unauffällig an den Jungtrieben. Die Frucht (rechts außen) hat vier Erhebungen in der oberen Hälfte. Fiederblätter (S. 54) mit 5 bis 9 Blättchen.

Schweinsnuß-Hickory

Carya glabra
Heimisch im östlichen Nordamerika, von Ontario bis Alabama, angebaut in Arboreten, Parks und Forsten. Gutes Nutzholz, Baumhöhe 20–40 m, Stammdurchmesser 120 cm. Die männlichen Kätzchen (rechts innen) in hängenden Drillingen 7,5–12,5 cm lang. Pollenflug Ende Mai. Weibliche Blüten endständig, unscheinbar (auf dem Bild gerade eben zu erkennen). Frucht (rechts außen) verkehrt-eiförmig, 2,5–4,0 cm lang, dünnschalig, platzt im Herbst bis zur Mitte auf, Nuß mit dicker, glatter Schale. Die Blätter (S. 53) haben meist 5, zuweilen 3 oder 7 Teilblättchen, im Herbst gelb und orange.

Königsnuß

Carya laciniosa
Heimisch im östlichen Nordamerika, wo seine süßen Nüsse geerntet und verkauft werden. Angebaut in Gärten, Parks und Arboreten. Höhe bis 36 m. Die männlichen Kätzchen (rechts) werden 12,5 cm lang. Pollenflug im Juni. Unscheinbare weibliche Blüten (rechts Mitte) an den Spitzen der Jungtriebe. Die Früchte (rechts außen) kugelförmig bis oval, 4,5–6,5 cm. Schale dick, mit 4 Leisten, leicht orangefarben, später braun. Nuß dickschalig mit 4–6 Leisten. Die Blätter (S. 54) haben meist 7, auch 5 oder 9 gestielte Teilblätter, Unterseite stark behaart, an leicht behaarten Stengeln. Die Rinde ist grau, die Borke bricht in 10 cm breiten und 0,5–1,2 m langen Platten, die lange am Stamm hängen bleiben.

Weißer Hickory

Carya ovata
Heimisch im östlichen nordamerikanischen
Laubholzgebiet. Gutes Nutzholz,
Hickory-Nüsse eßbar und wirtschaftlich
wertvoll, angebaut in Gärten, Parks,
Arboreten und Forsten. Baumhöhe
20–40 m, Durchmesser mehr als 1 m, Alter
über 350 Jahre. Die männlichen
Blütenkätzchen 7,5–12,5 cm lang, Pollenflug
im Juni. Weibliche Früchte einzeln oder
in Paaren an der Spitze der Jungtriebe
(rechts). Die Frucht (rechts außen) 2,5–5 cm
lang, bei Reife dunkelbraun. Die helle
Nuß ist vierkantig. Die Blätter (S.53) meist
aus 5, zuweilen 3 oder 7 Teilblättern
bestehend, fast sitzend, nur das vorderste
gestielt. Das abgebildete Blatt ist relativ
groß. Die Borke ist grau und
plattig-schilferig, Platten 30 cm lang.

Behaarter Hickory

Carya tomentosa
Heimisch im östlichen Nordamerika,
angebaut in Arboreten. Höhe bis 30 m.
Männliche Kätzchen (rechts innen),
Pollenflug im Juni, weibliche Blüten an
den Spitzen der Jungtriebe (nicht abgebildet,
ähnlich wie bei den anderen Hickoryarten).
Die Frucht (rechts außen) ist 3,7–5 cm
lang, platzt entlang der Einschnürungen
auf. Die Nuß hat eine besonders harte
Schale, Kern eßbar. Die Blätter (S.54)
sind aromatisch, Winterknospen 1–2 cm,
größer als bei anderen Hickoryarten.
Jungtriebe wollig behaart. Die Borke ist
dunkelgrau, rissig und abblätternd.

**Eßkastanie
Edelkastanie**

Castanea sativa; Familie Fagaceae
Heimisch in Südeuropa, Nordafrika und
Kleinasien, verbreitet angebaut.
Höhe über 30 m, bei über 500 Jahre alten
Bäumen sehr starke Durchmesser von
mehreren Metern. Blüht Juni bis Juli,
männliche Drilling-Kätzchen (links außen),
etwa 10–30 cm lang, weibliche Blüten
(links außen) in Gruppen von 5–6 im
unteren Teil von Kätzchen mit ungeöffneten
männlichen Blüten. Die stachelige Frucht
(links) platzt im Herbst und enthält in
der Regel 3, bei manchen Bäumen 1–2
runde oder 3–4 flache Nüsse, die eßbaren
Maronen. Die stachelspitzig gesägten Blätter
(S.26) sind etwas ledrig, im Herbst erst
gelb, dann dunkelbraun. Die Borke (S.217)
ist dunkelbraun und oft spiralförmig rissig.

Catalpa, **Trompetenbaum;** Familie Bignoniaceae. Sommergrüne Bäume oder Büsche, mit großen, herzförmigen Blättern und großen, offenen Blütenständen. Die Früchte sind lange, schmale Hülsen. *Catalpa* ist der Name für die Indianerbohne in der Cherokesensprache (s. unten).

Gemeiner Trompetenbaum

Catalpa bignonioides
Heimisch in den südöstlichen USA, häufig in Parks, Gärten und botanischen Gärten, vor allem in mildem Klima auf guten Böden angebaut. Höhe 7,5–20 m. Blüht (rechts innen) im Juni/Juli, Blüten weiß, gelbstreifig, etwa 5 cm breit in 15–20 cm regelmäßigen, aufrechten Rispen. Die Früchte (rechts außen) sind 15–40 cm lange, bleistiftstarke Kapseln, im Herbst braun. Die silbrig-grauen Samen sind 2,5 cm lang und werden im Frühjahr entlassen. Die Blätter (S. 42) sind 15–25 cm lang, herzförmig, der Rand wellig bis flach gelappt, unterseits behaart, unangenehm riechend. Eine der letzten Baumarten, die sich im Spätfrühling begrünen. Die dünne, kleinschuppige Rinde ist rötlich-braun oder grau. Die Sorte 'Aurea' hat gelbe Blätter.

Hybridcatalpa

Catalpa x *erubescens,* Synonym *C. hybrida*
Eine Gruppe von Hybriden aus *C. bignonioides* und *C. ovata,* entstanden 1874 in Indiana, unterscheiden sich von den Eltern in der Größe der Blüten (kleiner, rechts) und der Blätter (größer, rechts). Die Früchte (rechts außen) enthalten keine Samen. Die Blätter (S. 42) sind erst rötlich bis tief-dunkelrot (var. *purpurea*), später leuchtend grün, schwach fünfspitzig gelappt; auf der Oberseite und entlang der Nerven unterseits behaart. Die Rinde ist dunkelgrau, grobrückig und rissig.

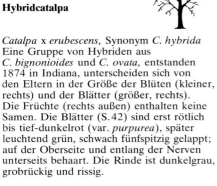

Gelber Trompetenbaum

Catalpa ovata
In der ganzen Waldzone im Tiefland Chinas in Tempelgärten und -wäldern vorkommend, in Gärten angebaut. Höhe 6–15 m. Die breit-eiförmigen, gelappten Blätter (rechts und S. 42) sind oberseits dunkelmattgrün, unterseits hellgrün, mit behaarten Nerven. Blüht im Juli und August, gelbliche, bunt gefleckte Blüten (rechts), 2,5 cm breit, in 10–25 cm hohen Rispen. Die Fruchtkapseln (rechts außen) sind etwa 30 cm lang.

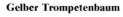

Mississippi-Catalpa

Catalpa speciosa
Selten in Flußtälern der mittleren USA.
Höhe bis 36 m. Blüht im Juni und Juli,
Blüten (rechts) 6 cm breit, 7–10 an 15 cm
hohen Rispen. Dickwandige Früchte (rechts
außen) 20–50 cm lang, Samen 2,5 cm.
Die Blätter (S. 42) sind dunkelgrün, auf
der Unterseite behaart, ganzrandig bis
schwach dreilappig, geruchlos. Die Rinde
ist hell rötlich-braun bis dunkelgrau,
tiefrissig.
Cedrela sinensis, **Chinesische Zeder;** Familie
Meliaceae. Heimisch im südlichen China
und Korea, in Europa vereinzelt als Garten-
und Alleebaum in milden Klimaten
angebaut, bis 20 m hoch werdend. Blüht
im Juni, Blüten weiß in 30 cm langen
Rispen, Früchte etwa 2,5 cm lange, holzige
Kapseln, fünfspaltig, Samen geflügelt.
Sommergrün, Blätter (S. 58) fünf- bis
zwölfpaarig gefiedert, geruchlos (Gegensatz
zu *Ailanthus*).

Cedrus, **Zeder;** Familie Pineaceae.
Immergrüne Bäume, Nadeln an Kurztrieben
(büschelig) und einzeln an Langtrieben
(ähnlich *Larix*). Pollenflug im Herbst.
Weibliche Zapfen aufrecht, eiförmig, im
2. bis 3. Sommer reifend, Samen mit sehr
großen Flügeln.

Atlas-Zeder

Cedrus atlantica
Heimisch im Atlas-Gebirge Algeriens und
Marokkos. Baum bis 40 m Höhe. Nadeln
(S. 23) grün oder bläulich-silbergrau. Als
Zierbaum werden die Blauzederformen
(var. *glauca*) bevorzugt. Die männlichen
Zapfen (links außen) sind 2,5–5 cm lang,
Pollenflug Ende September. Weibliche
Blütenstände (links außen, oben) reifen
zu eiförmig-zylindrischen, dunkelbraunen
Zapfen, 5–8 cm lang und 3,7–5 cm breit.

Himalaja-Zeder

Cedrus deodara
Zwischen 1000 und 4000 m im Himalaja
vorkommend, verbreitet in milden Lagen
in Europa in Gärten, Parks und botanischen
Gärten angebaut, seltener auch als
Nutzholzart. Höhe bis 75 m,
Stammdurchmesser bis 3 m. Männliche
Zapfen hellgrün, bis 8 cm lang, Pollenflug
Anfang November (links außen). Die
weiblichen (links außen, unten) entwickeln
sich zu 8–12 cm langen Zapfen (links),
reifen braun nach 2 Jahren. Die Nadeln
(S. 23) sind 2,5–5 cm und länger als die
der anderen Zedernarten. Kleine Zweige
hängen auffällig, junge Triebe sind behaart.

Libanon-Zeder

Cedrus libani
Heimisch im Libanon, Taurus und auf Zypern, wegen guter Holzeigenschaften seit dem Altertum genutzt und fast ausgerottet. In milden Lagen als Zierbaum in Europa und Nordamerika angepflanzt. Höhe 20–40 m. Männliche Zapfen blaßgrün, 5 cm lang, Pollenflug im November (links außen). Die weiblichen Blütenstände (links außen, oben) entwickeln sich zu großen, violett-grünen, 9–10 cm langen Zapfen (links). Die Nadeln (S. 23) sind dunkelgrün, 2 cm lang. Die jungen Zweige sind fast unbehaart. Im Alter breit schirmförmige, etagenartige Krone.

Zypern-Zeder

Cedrus libani var. *brevifolia*,
Synonym *C. brevifolia*
Kleiner Baum bis 12 m Höhe in den Bergen Zyperns, kann im Anbau auf guten Böden höher werden. Männliche Zapfen (links außen) werden 6 cm lang, Pollenflug Anfang November. Die weiblichen, an der Spitze genabelten Zapfen (links) sind etwas kleiner als die der Libanon-Zeder. Die Nadeln sind sehr kurz (S. 23), oft nur 1,2 cm lang.

Südlicher Nesselbaum

Celtis australis; Familie Ulmaceae.
Verbreitet von Italien bis Nepal, in sehr milden Lagen auch weiter nördlich als Zier- und Straßenbaum angebaut. Das sehr harte Holz als „Triester Holz" gesucht, die Rinde enthält ein gelbes Färbemittel, das Laub wird verfüttert. Höhe 15–21 m. Blüht im Mai, zweigeschlechtliche (rechts) und männliche Blüten an einem Baum. Frucht (rechts außen) eine 1,2 cm dicke, eßbare Steinfrucht, rötlich bis bei Reife purpurbraun, im Himalaja gelb, dann schwarz. Die sägerandigen Blätter (S. 25) sind oberseits dunkelgrün und rauh, unterseits graugrün und behaart. Die Rinde ist buchenähnlich glatt und grau.

Mississippi-Celtis

Celtis laevigata
Heimisch in den südöstlichen USA, in milden Klimaten Amerikas und Europas als Zier- und Schattenbaum angebaut. Höhe 18–24 m. Blüht im Mai, getrenntgeschlechtliche Blüten (rechts) unscheinbar auf demselben Baum. Steinfrucht 0,6 cm breit, grün, später orange oder gelb, reift dunkelpurpurrot. Die Blätter (S. 27) sind glattrandig, nicht gezähnt. Die Rinde (rechts außen) schuppig, oft rippig-beulig.

Nesselbaum

Celtis occidentalis
Heimisch in den östlichen USA, im Heimatgebiet, in Mississippi und Europa als Zier- und Schattbaum angebaut. Höhe 9–12 m. Blüht im Mai, die weiblichen Blüten (rechts) entwickeln sich zu 0,8 cm Steinfrüchten ähnlich *C. laevigata*, orangerot, später dunkel purpurrot. Die Blätter (S. 29) sind unterseits an den Hauptnerven behaart. Die graubraune Rinde ist mit Warzen besetzt.

Cephalotaxus, **Kopfeibe**; Familie Cephalotaxaceae. Immergrüne, vorwiegend zweihäusige, kleine Bäume oder Sträucher. Blüten zu kleinen Köpfen vereinigt, ovale Nüsse einsamig mit fleischiger Außenschale. Die zweireihig abstehenden Nadeln sind denen der nahestehenden *Torreya* ähnlich, jedoch weicher.

Chinesische Kopfeibe

Cephalotaxus fortunei
Heimisch in Mittelchina, verbreitet als Kleinbaum und Heckenpflanze, bis 6, selten 12 m hoch werdend. Die männlichen Blüten (links außen) in 0,6 cm breiten Köpfchen an der Unterseite der Jungtriebe, Blüte und Pollenflug April und Mai. Die weiblichen Blüten (links außen, unten) paarweise an kurzen Stielen. Die 3 cm langen, zuerst gelbgrünen, dann braunen Früchte (links) reifen im gleichen Jahr. An den 5–10 cm langen, 3–4 mm breiten, eibenähnlichen Nadeln (links und S. 13) leicht erkennbar.

Japanische Kopfeibe

Cephalotaxus harringtonia
Ursprung unsicher, wahrscheinlich aus Mittelchina nach Japan als Zierbaum eingeführt. Kleiner, gewöhnlich buschiger, bis 5 m hoher Baum, blüht im Mai, Blüten ähnlich wie bei *C. harringtonia* var. *drupaceae* (links außen), jedoch haben die männlichen Blüten etwa 2 cm lange Stiele. Die Frucht (links innen) ist 2,5 cm lang, zuerst grün, reift braun. Die Nadeln (S. 13) sind ähnlich wie bei *C. fortunei*, aber kürzer.

C. harringtonia var. *drupaceae*
In Japan und Korea heimische Form der Japanischen Kopfeibe. Sie blüht im Mai, im Unterschied zur vorigen Form sind die männlichen Blüten kurzstieliger (0,6 cm) und in längeren Büscheln angeordnet. Die Früchte sind denen von *C. harringtonia* ähnlich. Die Nadeln sind sehr regelmäßig, zweizeilig gescheitelt angeordnet.

Katzurabaum

Cercidiphyllum japonicum; Familie Cercidiphyllaceae.
Sommergrüner Baum, heimisch in Japan und China, liefert wertvolles, leichtes Nutzholz. In Europa als Zierbaum in milden Lagen angepflanzt, empfindlich gegen Spätfrost. Höhe bis 30 m, oft tiefverzwieselt. Die zweihäusigen Blüten erscheinen im April vor dem Blattaustrieb. Die männlichen Blüten besitzen 15–20 gebüschelte rote, etwa 0,8 cm lange Staubgefäße, die weiblichen Blüten 3–5 gebüschelte, drehwüchsige rote, etwa 0,6 cm lange Griffel, die im Sommer 1,5–5 cm lange Fruchthülsen (rechts) bilden. Die Blätter (S. 39) sind zuerst leuchtend rot, im Sommer grün, im Oktober gelb, orange, rot und purpurrot.

Gemeiner Judasbaum

Cercis siliquastrum; Familie Leguminosae.
Sommergrüner Baum, heimisch im östlichen Mittelmeerraum und in Südeuropa, verbreitet als Zierbaum angepflanzt. Höhe bis 12 m, gewöhnlich aber niedriger und tiefverzwieselt. Blüht im Mai, die Blüten (links außen) sitzen an alten Zweigabsprüngen, an Ästen und am Stamm. Die Hülsenfrucht (links) ist bis 10 cm lang und zuerst grün, später hellrot bis purpurrot. Die Blätter (S. 39) ähneln denen des Katzurabaumes (*Cercidiphyllum japonicum*), sind jedoch wechselständig.

Chamaecyparis, **Scheinzypresse;** Familie Cupressaceae. 7 Arten immergrüner Nadelbäume mit schuppenförmigen Nadeln an flach-dorsiventralen (nicht runden oder vierkantigen) Zweigen. Männliche und weibliche Blüten auf einem Baum. Die Zapfen sind beträchtlich kleiner als die der echten Zypressen *(Cupressus).*

Lawsonzypresse

Chamaecyparis lawsoniana
Heimisch in Kalifornien und Oregon, in vielen Zuchtformen in Europa und Nordamerika in Gärten, Parks und auf Friedhöfen verbreitet. Wegen des dauerhaften, mittelschweren Nutzholzes auch forstlich angebaut. 50–60 m Höhe auf guten Standorten, maximal 75 m und 5 m Durchmesser im Urwald. Männliche Blüten rötlich (rechts) über den ganzen Baum verteilt, Pollenflug im März. Die weiblichen Zapfen (rechts außen) etwa 0,8 cm groß, achtschuppig, zuerst grün, dann braun, Samen 3–4 mm lang, derbgeflügelt. Nadeln dicht anliegend (rechts und S. 10), weiße Spaltöffnungen an der Zweigunterseite. Die Zuchtformen unterscheiden sich in Baumform und Farbe der Nadeln.

Nutkazypresse

Chamaecyparis nootkatensis
(= Ch. nutkatensis)
Heimisch im westlichen Amerika von Alaska bis Oregon, liefert wertvolles, duftendes Nutzholz. Weit verbreitet als Zierbaum. 30–40 m Höhe, auf guten Standorten mehr. Männliche Blüten (rechts) gelblich, Pollenflug im März. Die weiblichen Blüten (auch rechts) sind zur gleichen Zeit offen und wachsen auf den oberen Zweigen. Die vier- bis sechsschuppigen Zapfen (rechts und rechts außen) sind etwa 1,2 cm breit, sie reifen im Herbst des zweiten Jahres rotbraun, Schuppen gedornt, Samen rund, geflügelt. Die stark aromatischen Nadeln (S. 10) ohne weiße Spaltöffnungen, Spitzen vom Zweig abstehend (rechts außen erkennbar).

Feuerzeder
Hinokizypresse

Chamaecyparis obtusa
Heimisch in Gebirgen bis 1000 m in Japan und Taiwan, liefert wertvolles Nutzholz. Weitverbreitet als winterharter Zierbaum, in Europa oft buschig und langsam wachsend. Höhe bis etwa 40 m. Männliche Blüten bräunlich (rechts), Pollenflug im April. Weibliche Blüten bläulich (rechts), die achtschuppigen Zapfen (rechts außen) etwa 1 cm breit, gehörnt. Samen birkenähnlich. Die Kantenblätter (S. 10) stumpf mit einwärts gewendeter Spitze, Y-förmige weiß-bläuliche Linie auf der Unterseite. Die Zuchtsorten unterscheiden sich in Form und Farbe.

Sawara-Scheinzypresse

Chamaecyparis pisifera
Heimisch in Zentraljapan, verschiedene Formen als Zierbaum in Gärten und Parks verbreitet angebaut. Baumhöhe 30–35 m, maximal 45 m. Blüht (rechts) im April. Die zehn- bis zwölfschuppigen, weiblichen Zapfen (rechts innen und rechts außen) sind erbsengroß. Die Kantenblätter (S. 10) sind stachelspitzig, je Blatt unterseits ein weißer Fleck. Rinde charakteristisch rötlich, weichfaserig.

Kugelzypresse

Chamaecyparis thyoides
Heimisch im östlichen Nordamerika, wo sie in Sumpfgebieten an der Küste wächst. Gelegentlich als Zierbaum angepflanzt. Baumhöhe meist bis 15 m, maximal 25 m. Blüht (rechts) im März. Die sechsschuppigen Zapfen (rechts außen) haben etwa 0,6 cm Durchmesser. Die Kantenblätter (S. 10) haben angedrückte Spitzen, Zweige sehr schmal.

Goldene Kastanie

Chrysolepis chrysophylla; Familie Fagaceae
Ein immergrüner Baum, heimisch in Kalifornien und Oregon. Baumhöhe bis 30 m, auf ungünstigen Standorten kleiner und buschig. Blüht im Juli, die 2–5 cm langen, kätzchenartigen Blütenstände tragen überwiegend männliche Blüten, die büschelig an ihrer Basis sitzen (links außen). Die 2–4 cm breiten, ein- bis zweisamigen Früchte (links) ähneln der Eßkastanie *(Castanea sativa)* und reifen im zweiten Herbst. Die goldbraunen Nüsse sind süß und eßbar. Die Blätter (S. 24) werden 2–3 Jahre alt und färben sich vor dem Abfall gelb.

Gelbholz

Cladrastis lutea; Familie Leguminosae.
Sommergrüner, mittelgroßer Baum auf
Kalkböden in den südöstlichen USA,
als Zierbaum und in Parks und Arboreten
in Europa eingeführt. Das frisch
geschnittene, leuchtend gelbe Holz liefert
ein gelbes Färbemittel. Baumhöhe bis 20 m.
Blüht im Juni, Blüten weiß und duftend,
2,5–3 cm lang an 1,5 cm langen Stielen
in 20–35 cm langen Trauben, in Europa
oft nicht blühend. Die vier- bis sechssamigen
Schoten sind 6–10 cm lang, 1,2 cm breit,
eingeschnürt, reifen im September. Die
wechselständigen Blätter (S. 53) färben
sich im Herbst leuchtend gelb (rechts).
Die Rinde ist buchenartig glatt bis
feinrissig-pockennarbig (rechts außen).

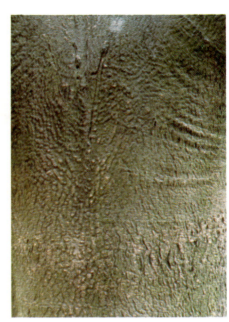

Chinesisches Gelbholz

Cladrastis sinensis
Sommergrüner Baum in den Gebirgen
im mittleren China, selten in botanischen
Gärten in Europa. Baumhöhe bis 20 m,
oft buschig. Blüht im Juli, die duftenden
rötlichweißen Blüten (rechts) in
vielverzweigten, bis 30 cm langen Rispen.
Die dünnen Schoten (rechts außen) werden
etwa 5–7,5 cm lang und fallen Ende
September ab. Die Fiederblätter (rechts
und S. 57) bestehen aus 9–14
wechselständigen Blättchen an einer
behaarten Mittelrippe.

Cornus alternifolia, **Wechselständiger
Hartriegel;** Familie Cornaceae.
Sommergrüner Strauch bis Halbbaum im
Unterstand der Laubwälder in den östlichen
USA. Höhe bis 6 m. Blüten im Juni in
flachen, 5 cm breiten Köpfen, runde
Steinfrucht schwarz, 0,6 cm. Blätter (S. 35)
wechselständig.

**Japanischer
Hartriegel**

Cornus controversa
Sommergrüner Halbbaum (oben links)
in China und Japan, in Europa selten in
Gärten. Höhe 9–15 m. Die Blüten Ende
Juni in Köpfen von 5–10 cm Durchmesser
(links). Runde Steinfrucht, schwarz, 0,6 cm.
Die Blätter (S. 35) sind wechselständig
(links).

Cornus florida, **Blumenhartriegel**
Sommergrüner Strauch bis Halbbaum (oben
rechts) in Nordamerika. Höhe 3–6 m. Blüht
im Mai, Blütenköpfe von vier großen
Hochblättern umgeben (links außen). Die
scharlachrote Steinfrucht, 1,2 cm lang,
reift im Oktober. Sattgrüne, unterseits
weißliche Blätter mit 6–7 bogenläufigen
Nervenpaaren (S. 35), Herbstfärbung rot,
gelb oder orange.

**Kornelkirsche
Gelber Hartriegel**

Cornus mas
Strauch bis Halbbaum in Mittel- und Südosteuropa, beliebt als winterblütiger Gartenstrauch, die hübschen Früchte sind eßbar. Holz hart, zäh, rotbraun. Höhe bis 14 m, meist aber niedriger und buschig. Blüht im Februar bis April vor Blattausbruch, Blüten in einfachen, kleinen Dolden (links außen), Beerenfrucht (links) etwa 2 cm groß, oval, reift im September. Die Blätter (S. 35) sind beiderseits grün mit 3–5 bogenläufigen Nervenpaaren.

Pazifischer Hartriegel

Cornus nuttallii
Sommergrüner Strauch bis Halbbaum im Westen Nordamerikas, Höhe bis 18 m. Blüht im Mai, Blüten in 2 cm breiten Köpfen, umgeben von 4–8 auffälligen, großen Hochblättern (links außen). Rote Beerenfrüchte in Köpfen. Blatt beiderseitig sattgrün mit 3–5 bogenläufigen Nervenpaaren (S. 35), Herbstfärbung (links) scharlachrot, orange und gelb.

Corylus, **Hasel**; Familie Corylaceae. Sommergrüne Bäume oder Büsche mit wechselständigen, gezähnten Blättern. Einhäusig, Blüten getrenntgeschlechtlich, männliche Blüten als hängende Kätzchen, weibliche unscheinbar. Die Frucht ist eine Nuß, umgeben von blattähnlicher Fruchthülle.

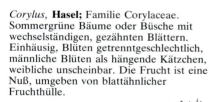

Haselnußstrauch

Corylus avellana
Sommergrün, verbreitet auf fruchtbaren Böden in Westasien, Nordafrika und Europa, angebaut in Flurgehölzen und Knicks. Früchte eßbar, die Ruten wurden wegen ihrer Biegsamkeit früher für viele Zwecke verwendet. Strauch bis Halbbaum, Höhe bis 8 m. Blüht im Februar bis April, männliche Kätzchen (rechts) 3,5–6 cm lang, weibliche Blüten mit roten Narben (rechts). Die eßbare, ölreiche Nußfrucht hat eine zerschlitzte Fruchthülle (rechts außen). Die Blätter (S. 39) doppelt-gesägt, beidseitig behaart.

Baumhasel

Corylus colurna
Heimisch in Südosteuropa und Westasien, als Zierbaum in Gärten, Parks und Arboreten. Hoher Strauch, meist Baum, Höhe bis 20 m. Männliche Kätzchen (rechts) bis über 10 cm lang, Pollenflug im Februar. Weibliche Blüten (rechts unten) unscheinbar. Nüsse 1,2 cm breit mit tiefgeschlitzter Fruchthülle (rechts außen). Die herzförmigen Blätter (S. 39) sind 7–15 cm lang, 5–10 cm breit und oft fast gelappt.

Amerikanischer Perückenstrauch

Cotinus obovatus Syn. *C. americanus*, Familie Anacardiaceae.
Heimisch in den südöstlichen USA, aus der Rinde wird ein orangerotes Färbemittel gewonnen. Verbreitet als Zierstrauch angebaut. Strauch oder Halbbaum bis 9 m Höhe. Zweihäusig, Blüte im Juni. Die männlichen (links außen) und weiblichen Blütenköpfe sind sehr ähnlich. Nach dem Abblühen verbleiben die zahlreichen, leeren Blütenstände und geben ein schleierähnliches, wolkiges Aussehen. Es bilden sich nur wenige kleine, 0,3 cm lange Früchte. Die verkehrt eiförmigen Blätter (S. 32) sind zuerst hellgrün bis dunkelbraunrot (links außen). Später wunderschön leuchtend rot (links). In Europa wird häufig auch der europäische Perückenbaum *(C. coggygria)* angebaut.

Himalaja-Baummispel

Cotoneaster frigidus, Familie Rosaceae.
Ein kleiner sommergrüner Baum oder Busch des Himalaja, als Zierbaum in Gärten und Parks angepflanzt. Höhe bis 6 m. Blüht im Juni, die Blüten (rechts) in Doldentrauben sind 0,8 cm groß. Die auffallend korallenroten Früchte reifen im September und bleiben den Winter über am Baum. Die jungen Blätter (S. 32) sind anfangs silbrig behaart, später dunkelgrün und haarlos. Verschiedene andere, immergrüne und sommergrüne strauchige Cotoneasterarten sind beliebte Zier- und Sichtschutzpflanzen in Gärten und Parks.

Crataegus, **Weißdorn**; Familie Rosaceae. Eine artenreiche Gattung sommergrüner Büsche und Bäume, Zweige meist dornspitzig. Die Blätter sind gewöhnlich gezähnt, auch gelappt, und mit Stipeln oder Nebenblättern an der Blattstielbasis. Die Blüten sind zwittrig, meist in Büscheln. Die Frucht ist fleischig und enthält harte Nüßchen.

Mittelmeerdorn

Crataegus azarolus
Heimisch im Mittelmeergebiet. Die Früchte haben einen apfelähnlichen Geschmack und werden für Marmeladen und Liköre verwendet. Höhe bis 9 m. Blüht im Juni, die 1,2 cm großen Blüten (links außen) bilden 5–7,5 cm breite Blütenstände. Die 2–2,5 cm große Frucht (links) reift im September meist orange-gelb, in Varietäten auch weiß oder rot. Die Blätter sind tief eingeschnitten und unterseits behaart.

Hahnenfuß-Weißdorn

Crataegus crus-galli
Heimisch im mittleren und östlichen Nordamerika, Anbau als Zierbaum oder Hecke. Die Dornen sind 3,7–7,5 cm lang, an alten Bäumen können sie 10–15 cm lang werden und verzweigt sein. Strauch oder Halbbaum bis 7,5 m Höhe. Blüht im Juni, die Blüten (links außen) sind etwa 1,2 cm breit, die Blütenstände 5–7,5 cm. Die 1,2 cm große Frucht (links) reift im Oktober und bleibt den Winter über am Baum. Die Blätter (S. 37) färben sich im Herbst scharlachrot.

Schwarzfrüchtiger Weißdorn

Crataegus douglasii
Heimisch im östlichen und mittleren Nordamerika, als Zierbaum in Gärten und Arboreten. Höhe bis 9 m. Blüht im Mai, die 1,2 cm großen Blüten (links außen) bilden 5 cm breite Trauben. Die 0,8 cm große Frucht (links) wird im reifen Zustand glänzend schwarz und fällt im August/September ab. Die Blätter (S. 38) sind unregelmäßig gesägt. Die kräftigen Dornen sind etwa 2–2,5 cm lang, können aber auch fehlen.

Chinesischer Weißdorn

Crataegus laciniata
Heimisch in China, als Zierbaum in Gärten angepflanzt. Höhe 4–5 m. Blüht im Juni, die Blüten (links außen) sind etwa 2 cm breit. Frucht etwa 2 cm groß (links), reift im Oktober. Die Blätter (S. 47) sind tief eingeschnitten und auf beiden Seiten, besonders jedoch auf der Unterseite, behaart. Die Zweige tragen wenige Dornen.

Zweigriffeliger Weißdorn

Crataegus laevigata, Syn.
C. oxyacantha
Heimisch in Europa, kleiner und weniger dornig als der eingriffelige Weißdorn (*C. monogyna*). Blüht im Mai. Die Blüten (links außen) sind 1,2 cm breit, zwei bis gelegentlich drei Griffel. Die Früchte (links) sind oval, etwa 0,6–2 cm lang, im Gegensatz zu *C. monogyna* zwei- bis dreisamig. Die Blätter (S. 47) sind weniger stark gelappt als die von *C. monogyna* oder *C. laciniata*.

Crataegus laevigata 'Paul's Scarlet'
Entstanden in England um 1858 aus einem Baum der rosa gefüllt blühenden Art (unten). Verbreitet in Parks und Gärten. Blüht im Mai bis Juni. Die Blüten (links außen) sind gefüllt und kräftig gefärbt. Früchte sind selten. Die Blätter sind denen der Wildform ähnlich.

Crataegus laevigata 'Punicea Flore Pleno'
Ebenfalls eine Kultursorte von *C. laevigata*. Man nimmt an, daß sie auf dem europäischen Kontinent entstanden ist. Als Park- und Gartenbaum angepflanzt, aber weniger häufig als 'Paul's Scarlet' (oben). Blüht im Mai bis Juni. Die Blüten (links) sind gefüllt und rosa.

Hahnenfuß-Weißdornhybride

Crataegus x *lavallei*
Eine Hybride, wahrscheinlich in Frankreich entstanden, angebaut als Zierbaum. Höhe 4,5–6 m. Blüht im Juni. Die Blüten sind 2,5 cm breit, die Blütenstände 5–6 cm (links außen). Die 2 cm breite Frucht bleibt über Winter am Baum (links). Die Blätter (S. 37) sind dunkler glänzend grün als die der meisten anderen Crataegusarten. Dornen 2,5 cm lang, nicht zahlreich.

Behaarter Weißdorn

Crataegus mollis
Heimisch in den mittleren USA, angebaut als Zierbaum, Höhe 9–12 m. Blüht im Juni. Die Blüten sind weiß mit einem roten Fleck in der Mitte, etwa 2,5 cm breit. Die rote, behaarte und kugelige, 2–2,5 cm große Frucht reift im September. Die Blätter (S. 38) sind besonders unterseits behaart. Die Dornen sind etwa 5 cm lang.

Eingriffeliger Weißdorn

Crataegus monogyna
Heimisch in Europa, spielt in alten Bräuchen und Aberglauben eine Rolle. Höhe bis 10,5 m. Blüht Anfang bis Mitte Mai. Die duftenden Blüten (links außen) sind rein weiß. Die einsamige (vgl. *C. laevigata*) Frucht (links) reift im September. Die Blätter (S. 47) sind fünf- bis siebenlappig. Die Rinde (S. 217) ist dunkelbraun, dünn-rechteckig-plattig aufbrechend.

C. monogyna 'Biflora', **Glastonbury-Dorn**
Eine in Glastonbury entstandene Sorte. Nach der Legende hat Joseph von Arimathia seinen Stab in die Erde gestoßen, der darauf zu blühen begann, obwohl es Weihnachten war. Die Sorte blüht und trägt Blätter in mildem Wetter während des ganzen Winters.

Crataegus oxyacantha siehe
Crataegus laevigata S. 107

Scharlachroter Weißdorn

Crataegus pedicellata
Heimisch im östlichen Nordamerika, Halbbaum bis 6 m Höhe. Blüht im Mai bis Juni. Die Blüten (links außen) haben einen auffallenden roten Fleck in der Mitte. Die 2 cm großen, scharlachroten Früchte (links) reifen im September. Die Blätter (S. 38) sind oberseits rauh, aber nicht behaart, gewöhnlich grob gezähnt. Die Dornen sind glänzend, braun und 5 cm lang.

Breitblättriger Weißdorn

Crataegus prunifolia
Der Ursprung der Art ist ungewiß.
Die Art ähnelt dem Hahnenfuß-Weißdorn
(C. crus-galli). Höhe bis 6 m. Blüht im Juni.
Die Blüten (links außen) sind 1,8 cm breit.
Die etwa 1,2 cm große Frucht (links) reift
im September und fällt dann bald ab. Die
gezähnten Blätter (S. 37) färben sich im
Herbst rot. Die Dornen sind hart,
3,7–7,5 cm lang und sehr spitz.

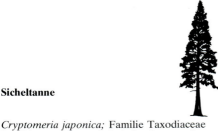

Sicheltanne

Cryptomeria japonica; Familie Taxodiaceae
In China und Japan heimische, immergrüne
Konifere. Verbreitet als Zierbaum,
gelegentlich auch außerhalb Japans als
Nutzholz angebaut. Baumhöhe 40–70 m,
Stammdurchmesser bis 1–2 m. Einhäusig,
männliche Kätzchen entlassen Pollen im
Februar bis März. Die weiblichen Zapfen
zuerst winzige grüne Rosetten an den
Spitzen der Jungtriebe (rechts Mitte), später
1,5–3 cm große, kugelige Zapfen, die braun
reifen (rechts außen). Die 4–6 mm langen
Samen reifen im ersten Jahr und fallen
im Herbst aus. Die Benadelung ist fünfzeilig,
pfriemlich, drei- bis vierkantig und einwärts
gebogen (rechts und S. 12). Rinde
rötlich-braun, weich und faserig-streifig.

**Spießtanne
Zwittertanne**

Cunninghamia lanceolata, Syn. *C. sinensis;*
Familie Taxodiaceae.
Im südlichen China heimische, immergrüne
Konifere. Wegen des feinen Holzes wichtiger
Forstbaum, in Europa nur im wintermilden
Westen angebaut. Baumhöhe bis 30 m,
selten bis 45 m. Einhäusig, männliche Blüten
in großen, endständigen Büscheln (links
außen), Pollenflug im April, weibliche
Blüten ebenfalls endständig, 1,2 cm groß.
Zapfen (links) bis 4,5 cm groß, mit
abstehenden, dünnen, dreisamigen
Deckschuppen. Nadeln (S. 13) steif, spitz,
3–7 cm lang, mehr oder weniger zweizeilig.
Rinde braun, schuppig.

Leyland-Zypresse

x *Cupressocyparis leylandii;* Familie Cupressaceae
Eine Hybride zwischen Nutka-Zypresse *(Chamaecyparis nootkatensis)* und Monterey-Zypresse *(Cupressus macrocarpa).* Angebaut als Zierbaum und als Heckenpflanze. Einhäusig, männliche Blüten erscheinen im Herbst und entlassen die Pollen im folgenden Frühjahr (rechts). Weibliche Zapfen zuerst grün, später glänzendbraun (rechts außen), etwa 1–2 cm breit. Bedeutende Zuchtklone: x *C. leylandii* 'Haggerston Grey' hat graublaue Benadelung, Kurztriebe nach allen Richtungen hin um die braunen, holzigen Zweige (S. 10, Blüten und Früchte s. rechts). x *C. leylandii* 'Leighton Green' (Klon 11) besitzt kräftigere grüne Triebe, und die Kurztriebe von verholzten Zweigen liegen in einer Ebene.

Cupressus, **Zypresse;** Familie Cupressaceae. Immergrüne Nadelbäume mit kleinen, schuppigen Nadeln, die den Ästen und Zweigen angedrückt sind. Einhäusig, getrenntgeschlechtliche Blüten. Das Holz ist harzig und aromatisch.

Rauhborkige Arizona-Zypresse

Cupressus arizonica
Heimisch in den südwestlichen USA und in Nordmexiko. Angebaut als Zierbaum in Gärten und Arboreten. Baumhöhe bis 25 m. Männliche und weibliche Blüten (links außen, unten und oben) auf verschiedenen Zweigen, Pollenflug im Februar, weibliche Zapfen etwa 2 cm groß (links) mit 6–8 Schuppen mit ausgeprägtem Buckel. Die Benadelung ist auf S. 11 dargestellt. Die Borke junger Bäume ist braun und faserig, dünnplattig, im Alter grau.

Glattborkige Arizona-Zypresse

Cupressus glabra
Heimisch in Arizona, westlich an das Verbreitungsgebiet von *C. arizonica* anschließend. Höhe 14–18 m. Männliche Blüten (links außen) entlassen Pollen im Februar; weibliche Zapfen (links) etwa 1,5 cm groß. Benadelung (S. 11) ist bläulich-grau mit kleinen Rillen auf den Nadelrücken. Die Borke ist rotbraun und glatt, kleinschuppig abfallend.

Monterey-Zypresse

Cupressus macrocarpa
Heimisch in Kalifornien, angebaut in Gärten als Zierbaum und Heckenpflanze, auch als Windschutz. Baumhöhe bis 20 m oben links, mehr auf guten Standorten oben rechts. Blüht im März (links außen), die weiblichen Zapfen (links) sind 2,5–3,7 cm groß und haben 4–14 Schuppen. Die Benadelung ist auf S. 11 dargestellt. Die Borke ist rotbraun, feinrückig und schuppig.

Mittelmeer-Zypresse

Cupressus sempervirens
Heimisch im Mittelmeergebiet, verbreitet in Gärten und Friedhöfen angebaut. Liefert gutes, aromatisches Nutzholz. Baumhöhe bis 25–45 m, Baumform bei den verschiedenen Sorten sehr unterschiedlich von schmal säulenförmig bis seltener breitkronig mit abstehenden Ästen. Blüht im März (links außen), weibliche Zapfen 1,8–3 cm groß mit 8–14 gehörnten Schuppen (links). Die Benadelung ist auf S. 11 dargestellt. Die Borke ist rotbraun, dünn und längsrissig faserig.

Quitte

Cydonia oblonga; Familie Rosaceae
Sommergrüner Baum, wahrscheinlich ursprünglich aus Zentralasien stammend, seit vorgeschichtlicher Zeit in Europa als Fruchtbaum angebaut. Baumhöhe bis 6 m. Blüht im Mai, Blüten etwa 5 cm breit (rechts). Frucht (rechts außen) birnenförmig, bis 10 cm lang, gewöhnlich filzig behaart, sehr aromatisch, aber nur in gekochtem Zustand eßbar. Auch die Blätter (S. 32) sind in der Jugend filzig behaart.

Taschentuchbaum

Davidia involucrata; Familie Davidiaceae
Sommergrüner Baum in den Gebirgen
des mittleren und südwestlichen China.
Baumhöhe bis 20 m. Blüht im Mai, Blüten
klein und unscheinbar grün, auffällige weiße
Hochblätter (links außen), männliche und
weibliche Blüten in getrennten
Blütenständen. Frucht (links) einzeln, 3,7 cm
lang, zuerst grün, später rotbraun, 3–5
Samen enthaltend. Die Blätter (S. 41) sind
hellgrün, unterseits dicht, oberseits leicht
behaart, in der Jugend aromatisch.
D. involucrata var. *vilmoriniana* hat im
Gegensatz dazu unterseits glatte Blätter.

Dattelpflaume

Diospyros lotus; Familie Ebenaceae
Sommergrüner Baum in milden Lagen
des nordöstlichen China, als Fruchtbaum
in China und in Teilen Europas angebaut.
Höhe bis 20 m. Blüht im Juli, zweihäusig,
männliche Blüten (rechts) in kleinen
Gruppen in Blattachseln, weibliche Blüten
einzeln, 0,6 cm breit. Frucht (rechts außen)
1,2–2 cm groß, erst grün, dann gelb bis
purpurrot. Blätter (S. 27) glänzend,
dunkelgrün.

Gemeiner Persimmon

Diospyros virginiana
Sommergrüner Baum der östlichen und
mittleren USA. Die den Speichel
zusammenziehende Frucht wird gelegentlich
in den Wäldern gesammelt. Höhe 12–20 m,
gelegentlich mehr. Blüht im Juli. Weibliche
Blüten (rechts) einzeln, etwa 2 cm lang;
männliche Blüten in Gruppen und etwas
kleiner. Frucht ähnlich der Dattelpflaume,
2,5–5 cm groß, erst grün, dann hellorange,
oft auf einer Seite rötlich. Die Blätter sind
auf S. 27 dargestellt. Die Borke (rechts
außen) ist sehr dunkel, schwärzlich
graubraun, dick und tief-rissig.

Dipteronia

Dipteronia sinensis; Familie Aceraceae
Sommergrüner Baum, heimisch in
Mittelchina. Baumhöhe bis 9 m, oft buschig.
Blüht im Juni, Zwitterblüten in 15–30 cm
langen Rispen (links außen). Geflügelte
Früchte (links) 2–2,5 cm lang. Gefiedertes
Blatt (S. 57) mit 7–11 Blättchen, unterseits
in den Nervenachseln behaart.

Winters Drimys

Drimys winteri; Familie Winteraceae
Immergrüner Baum oder Busch in Süd-
und Zentralamerika. Die bekannteste Form
in Gärten ist var. *latifolia*. Für Europa
entdeckt von Kapitän William Winter auf
einer Reise mit Sir Francis Drake, der
Proben der Borke als Gewürz und Mittel
gegen Skorbut nach Europa brachte. Blüht
im Juni, die duftenden Blüten sind etwa
3,7 cm breit (rechts). Die schwarzen,
fleischigen Früchte enthalten 15–20 Samen
und stehen zu mehreren am Ende eines
langen Stengels (rechts außen), reifen im
Herbst. Die Fruchtstände stehen im
Gegensatz zur Abbildung ebenfalls meist
zu mehreren zusammen. Die Blätter (S. 24)
sind lang und schmal bis oval. Die Rinde
(S. 217) ist aromatisch, glatt, graubraun
bis orangebraun.

Ölweide

Elaeagnus angustifolia; Familie Elaeagnaceae
Sommergrüner Baum bis Busch in
Westasien, eingeführt im südlichen und
mittleren Europa in Parks und Gärten.
Die Frucht wird zu Süßigkeiten verarbeitet.
Höhe bis 12 m. Blüht im Juni, Blüte etwa
0,6 cm breit (links außen) und stark duftend.
Früchte oval, 1,2 cm lang, silbrig-gelb und
süß. Blätter (S. 24) unterseits
silbrig-schuppig. Die Borke ist links
abgebildet.

Chilenischer Feuerbusch

Embothrium coccineum; Familie Proteaceae
Immergrüner Baum oder Busch, heimisch
in Chile, als Zierpflanze in Gärten angebaut.
Höhe bis 12 m. Blüht im Juni, die
auffälligen, scharlachroten Blüten (rechts)
sind 3,7–5 cm lang und stehen in Köpfen.
Die holzige Frucht (rechts außen) ist
5–7,5 cm lang und enthält geflügelte Samen.
Die Blätter (S. 24) sind sehr unterschiedlich
in Größe und Form, gewöhnlich bis 15 cm
lang und schmal, aber oft sehr viel kürzer
und mehr rundlich als lang.

Eucalyptus, **Eukalyptus;** Familie Myrtaceae
Fast ausschließlich immergrüne Bäume,
heimisch in Australasia von Tasmanien
bis Mindanao. Jugendblätter gewöhnlich
ohne Stiel und rundlich, Altersblätter lang,
schmal und gestielt. Die meist auffälligen
und attraktiven Blüten erscheinen als
pinselartige Büschel von Staubgefäßen.
Einige raschwüchsige Arten werden in
Europa forstlich angebaut:
E. camaedulensis und *E. globulus* in Spanien
und Italien, *E. johnstonii* und *E. muellerana*
in Irland.

Mostiger Eukalyptus

Eucalyptus gunnii
Heimisch in Tasmanien, als Zierbaum und
in Gärtnereien angebaut, Zweige mit
Jugendblättern werden in Sträußen
verwendet. Höhe bis 30 m. Blüht im Juli
und August, Blüten (links außen) meist
in Dreiergruppen. Früchte (links) etwa
0,6 cm lang. Blätter (S. 24) in der Jugend
fast kreisrund und gegenständig, später
wechselständig, lang und dünn auf einem
2,5 cm langen, gelblichen Blattstiel (links),
Flecken rühren von Schildlausbefall her.
Borke (S. 217) glatt, schilferig, weißgrau.

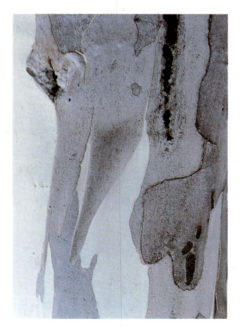

Schnee-Eukalyptus

Eucalyptus niphophila
Heimisch in den Bergen von Neusüdwales
und Victoria bis 2000 m. Ziemlich
frostresistent und in Europa in milden
Lagen mit Erfolg angebaut. Höhe bis 6 m,
in milden Lagen auch höher. Blüht im
August, Blüten (links außen) in Gruppen
von 9–11. Die Frucht (links außen, unten)
etwa 0,6 cm lang. Die Blätter (S. 24)
erscheinen vom 2. Lebensjahr ab in der
Altersform, bei Blattausbruch orange-braun,
später grau-grün mit roten und gelben
Blattstielen. Blattform entweder kurz und
rundlich oder lang, dünn und gebogen.
Die Rinde (links) ist grau und fällt in großen
Platten ab, die junge Rinde ist fast weiß.

115

Dreh-Eukalyptus

Eucalyptus perriniana
Heimisch in Tasmanien, Victoria und
Neusüdwales in 300–600 m Seehöhe.
Ziemlich frostresistent und in Europa in
Gärtnereien angebaut. Zweige mit
Jugendblättern, vor allem Stockausschläge,
in der Blumenbinderei verwendet. Höhe
bis 6 m. Blüht im August, Blüten (links
außen) in Dreiergruppen. Früchte (links
außen, unten) etwa 0,5 cm lang. Die Blätter
(S. 24) in der Jugendform rund, paarweise
den Zweig umschließend, beim Abfallen
sich in der Luft drehend. Altersblätter
lang, dünn und mehr oder weniger gebogen.
Die Rinde (links) ist dunkelgrau mit
ringförmigen Wülsten an den Stellen alter
Blattabsprünge, die junge Rinde
rötlich-hellbraun.

Ulmenblättrige Eucommia

Eucommia ulmoides; Familie Eucommiaceae
Ein sommergrüner Baum in Mittelchina,
meist kultiviert. Gedeiht in Europa in
Arboreten und Parks. Die Blätter liefern
einen gummiartigen Milchsaft. Höhe bis
9–20 m. Zweihäusig, blüht im Februar
vor Blattausbruch. Die männlichen Blüten
(rechts) sind Büschel von Staubgefäßen;
die weiblichen Blüten sind unscheinbare
Stempel. Die Früchte (rechts außen)
erinnern an Ulmenfrüchte, dünn und 3,7 cm
lang, einsamig. Die Blätter sind auf S. 33
und rechts außen abgebildet. *Eucommia*
ist äußerlich einer Ulme sehr ähnlich,
unterscheidet sich aber durch das
gekammerte Mark der Triebe und Zweige.

Nymans Eucryphia-Hybride

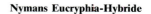

Eucryphia x *nymansensis;* Familie
Eucryphiaceae
Eine immergrüne Hybride zwischen
E. glutinosa und *E. cordifolia,* beide in
Chile heimisch. Oft buschig, meist kleiner
Baum bis 12–15 m hoch. Blüht im August,
Blüte (links außen) etwa 6 cm breit, die
Pflanze oft dichtbedeckend und sehr
attraktiv wirkend. Früchte (links) etwa
0,6 cm lang, enthalten gelegentlich
keimfähige Samen. Blätter (S. 50)
zusammengesetzt, drei Teilblättchen,
gelegentlich auch einfach aus einem Blatt
bestehend wie die Elternarten.

Koreanische Euodia (Evodia)

Euodia daniellii; Familie Rutaceae
Sommergrüner Baum, heimisch in Korea
und Nordchina, als Zierbaum in Gärten,
Parks und Arboreten in Europa und
Amerika angebaut. Höhe bis 15 m. Blüht
im August und September, Blüten (rechts)
riechen stark und sind gewöhnlich
eingeschlechtlich, die Blütenstände können
10–15 cm breit sein. Früchte
rötlich-schwarze Kapseln mit hakenförmigem
Ende. Blätter (S. 53) verfärben sich im
Herbst gelb (rechts außen). Verschiedene
andere Euodiaarten werden in China und
Europa angebaut und sind von *E. daniellii*
kaum zu unterscheiden.

Fagus, **Buche;** Familie Fagaceae
Sommergrüne Bäume, ausschließlich in
der nördlichen Hemisphäre. Blätter
wechselständig, Blattnerven paarig und
parallel; einhäusig, männliche und weibliche
Blüten in getrennten Blütenständen. Früchte
eßbare Nüsse, 1 oder 2 in verholzten
Fruchtbechern.

Ostbuche

Fagus orientalis
Heimisch in Kleinasien, dem Kaukasus,
im östlichen Balkan auf mehr geschützten
Standorten als die Rotbuche *(F. sylvatica).*
Höhe bis 30 m. Blüht im Mai, männliche
Blüten (links außen) in hängenden
Köpfchen, mehr glockenförmig als bei
der Rotbuche. Weibliche Blüten engständig,
an harten Stielen. Frucht (links) etwa 2,5 cm
lang, Reife und Samenabfall im Oktober.
Die Blätter (S. 33) sind etwas länger als
bei der Rotbuche, 7–12 Nervenpaare. Die
Rinde ist glatt, dunkelgrau und gefurcht.

Rotbuche

Fagus sylvatica
Park-, Garten- und Waldbaum in West-,
Mittel- und Südeuropa. Nüsse ölhaltig,
Holz früher wichtigste Energiequelle für
Haushalte und Industrie, heute wichtige
Massenholzart. Höhe bis 30 m und darüber,
Stammdurchmesser bis zu 2,5 m. Blüht
im Mai, männliche Blüten in sehr
zahlreichen hängenden Köpfchen (links
außen), weibliche Blüten einzeln oder zu
zweit am Triebende. Die stachelborstige
Frucht (links) reift im September bis
Oktober und enthält ein bis zwei 1,5 cm
lange, dreieckige Nüsse. Die Blätter (S. 33)
besitzen 5–7 paarige Nerven. Die Rinde
(S. 117, oben rechts) ist glatt, gelegentlich
warzig und feinrissig und grau.

Farnblättrige Buche

Fagus sylvatica 'Asplenifolia'
Diese Form, auch 'Heterophylla' genannt, hat tiefgeschlitzte Blätter (S. 47 und links außen), gelegentlich wird auch die einfache Ursprungsform ausgebildet. Die Blüten (links außen) ähneln den Blüten der Rotbuche *(F. sylvatica)*. Die Borke ist gleich der links abgebildeten Borke der typischen Form von *F. sylvatica*.

Säulenbuche

F. sylvatica 'Dawyk' entstand und wurde zuerst kultiviert in Dawyk, England; sie hat eine auffällige Säulenform. Blätter und Blüten sind der typischen Form von *F. sylvatica* gleich.

Hängebuche

F. sylvatica forma *pendula*
Gewöhnlich kleiner als die typische *F. sylvatica* und gekennzeichnet durch eine dichte, hängende Verzweigung. Blüten und Blätter sind gleich denen der typischen Form.

Blutbuche

F. sylvatica forma *purpurea*
Eine in Parks und Gärten weit verbreitete Form der Rotbuche, die sich durch mehr oder weniger purpur- bis dunkelrote Belaubung (S. 33) auszeichnet. Auch die Blüten (links außen) und Früchte (links) haben eine rötliche Färbung.

Feige

Ficus carica; Familie Moraceae
Sommergrüner Baum, heimisch in Kleinasien und im Mittelmeergebiet, angebaut auf milden Standorten in Europa und Amerika. Der krugförmige Fruchtstand ist fleischig und eßbar, milde abführend wirkend. Höhe bis 9 m, meist buschig, auch baumförmig. Zweihäusig, Blüten auf der Innenseite des krugförmigen Blütenstandes mit enger Öffnung (rechts); die fleischige Frucht ist die bekannte Feige. Die weiblichen Blüten werden von winzigen Feigenwespen befruchtet, die durch das enge Mundstück in den Hohlraum gelangen. Die Frucht (rechts außen) ist fleischig und grün, purpurrot oder braun. Zuchtsorten können mehrere Ernten in einem Jahr liefern; an kühlen Standorten Blüte im Mai und Reife im Oktober. Die Blätter (S. 44) sind drei- bis fünflappig und grob gezähnt.

Patagonische Zypresse

Fitzroya cupressoides; Familie Cupressaceae
Immergrüner Nadelbaum, heimisch in Chile und Argentinien, genannt nach Kapitän Robert Fitzroy, Kommandant der „Beagle" auf der berühmten fünfjährigen Reise, an der Charles Darwin teilnahm. Wertvoller Nutzholzbaum, angebaut in Arboreten, Gärten, Parks und Forsten. Höhe bis 50 m, in Parks oft breitkronig und buschig ausladend (s. Zeichnung). Blüht im April, weibliche Blüten (links außen, oben) 0,5 cm breit, männliche Blüten gelb, etwa 0,2 cm lang. Zapfen (links) etwa 0,8 cm breit, zuerst grün, später braun, Samenfall im Herbst, Zapfen bleiben den Winter über am Baum. Die Benadelung (S. 11) besteht aus dreizähligen Blattquirlen, Nadeln stumpfspitzig, lanzettlich, 6–8 mm lang, auf der Ober- und Unterseite je 2 weiße Stomatastreifen. Die Borke ist dunkelrotbraun, die Rinde glatt und grau.

Fraxinus, **Esche;** Familie Oleaceae
Sommergrüne Bäume. Blüten gewöhnlich ohne Korolle, ein- oder zweigeschlechtlich. Ein- oder zweihäusig. Fiederblätter je nach Art mit 3–11 Blättchen. Früchte einflügelig.

Weißesche

Fraxinus americana
Heimisch in den östlichen USA. Als Zierbaum in Amerika und Europa angebaut. Höhe bis 35 m. Zweihäusig, blüht im Mai. Die männlichen Blüten sind rechts dargestellt. Die weiblichen Blüten haben keine Kronblätter, in lockeren Büscheln. Frucht 2,5–6,5 cm lang und 0,6 cm breit, Staubbeutel mit zugespitzten Enden in dichten, purpurfarbenen Quasten. Blätter (S. 53) aus 5–9, meist 7 Fiederblättchen, Herbstfärbung gelb. Borke (rechts außen) dick, bräunlich-grau, bei alten Bäumen tief gefurcht.

Schmalblättrige Esche

Fraxinus angustifolia
Heimisch im westlichen Mittelmeer und Nordafrika, in Arboreten und Gärten angebaut. Höhe bis 18–25 m. Blüht im Mai; die weiblichen Blüten sind rechts abgebildet; die männlichen Blüten bilden dichte Büschel. Die Frucht ist 2,5–3 cm lang, reift im September. Blatt (S. 55) mit 7–13 schmalen, haarlosen Fiederblättchen. Borke (rechts außen) dunkelgrau, tief eingeschnitten und harzig. Von den ähnlichen schmalblättrigen Formen der Gemeinen Esche leicht an den braunen Winterknospen zu unterscheiden.

Gemeine Esche

Fraxinus excelsior
Heimisch in Europa, bedeutender
Nutzholzbaum für die Herstellung von
Sportgeräten. Höhe 30 bis über 40 m.
Blüht im April, einhäusig, Blüten
eingeschlechtlich, aber auch zweihäusig
oder zwitterig. Die männlichen Blütenstände
(rechts) sind purpurrot, während des
Pollenflugs gelb. Die weiblichen Blüten
sind hellgrün, Blütenstände locker. Frucht
(rechts außen) mit 4 cm langen Flügeln,
schwach gekerbter Spitze und einem
winzigen Dorn. Reifen braun im Oktober
und fallen im Laufe des Winters ab. Blatt
(S. 55) mit 9–11 Fiederblättchen,
Herbstfärbung gelb. Winterknospen (rechts)
schwarz.

Einblättrige Esche

F. excelsior f. *diversifolia*
Fiederblatt mit meist nur einem Blättchen
(S. 33), gelegentlich auch 3 Blättchen, sonst
wie die typische Form.

Hängeesche

F. excelsior 'Pendula'
Herabhängende Zweige, sonst wie die
Gemeine Esche.

Oregonesche

Fraxinus latifolia
Heimisch in den westlichen USA, wertvoller
Nutzholzbaum. Höhe bis 23 m. Blüte im
April, zweihäusig, Blüten rechts abgebildet.
Frucht (rechts außen) etwa 2,5–5 cm lang.
Blätter (S. 53) mit 5–9 ziemlich breiten
Fiederblättchen, teilweise ungestielt. Rinde
dunkelgrau, gelegentlich rötlich, breite
schuppige Rücken.

Blumenesche

Fraxinus ornus
Heimisch im südlichen Europa und in
Kleinasien, als Zierbaum weit verbreitet.
Der Stamm scheidet einen süßen Saft,
das sogenannte Manna, aus, das als mildes
Abführmittel verwendet wird. Höhe
15–20 m. Blüht im Mai. Blüten (rechts)
mit auffälligen Kronblättern in dichten
Büscheln etwa 7,5–10 cm breit. Frucht
(rechts außen) ist schmal, etwa 2,5 cm
lang. Blatt (S. 53) mit 5–9 gezähnten
Fiederblättchen, sehr variabel in Größe
und Form.

Amerikanische Esche

Fraxinus pennsylvanica
Heimisch im östlichen und mittleren
Nordamerika, gelegentlich versuchsweise
mit Erfolg auf Schwemmland und
in Flußauen angebaut. Höhe bis 20 m.
Zweihäusig, blüht im April bei
Laubausbruch, männliche und weibliche
Blüten sind rechts abgebildet. Frucht 3–6 cm
lang, 5–8 mm breit, zungenförmig mit
abgerundeter Spitze und im Querschnitt
rundem Samenkorn. Blätter (S. 53) bis
30 cm lang, 7–9 gestielte Fiederblättchen,
Stielchen 3–6 mm lang, gefurcht und
behaart. Die Borke (rechts außen) hat
schuppige, ausgeprägte Rücken, Farbe
Rötlich-Braun.

Arizona-Esche

Fraxinus velutina
Heimisch im Halbwüstenklima der
südwestlichen USA und in Mexiko. Höhe
bis 15 m. Blüht im April, zweihäusig,
männliche und weibliche Blüten (rechts)
in behaarten, dichten, 10 cm langen Rispen
an vorjährigen Trieben. Frucht (rechts
außen) 1–2 cm lang, 6 mm breit, an der
Spitze eingebuchtet. Blätter (S. 53) nur
15 cm lang, 5, selten 3 oder 7,
Fiederblättchen sitzend oder nur kurz
gestielt, oberseits kahl, unterseits behaart.
Borke dunkelgrau mit breitem Rücken,
schuppig abbrechend. Jungtriebe
grau-gelblich samtig behaart.

Ginkgobaum
Fächerblattbaum

Ginkgo biloba;
Familie Ginkgoaceae
Die einzige Art der Klasse Ginkgoate.
Heimisch in China, heiliger Baum in
Tempelgärten. In Ländern des gemäßigten
Klimas in Gärten, Parks und als
Straßenbaum weit verbreitet angebaut.
Sommergrüner Baum, Höhe bis 30 m.
Zweihäusig, blüht im März, männliche
Blüten (links außen) 2,5–3,7 cm lang;
weibliche Blüten klein und unscheinbar,
gestielt an mehrjährigen Kurztrieben, reift
zu einer Frucht mit eßbarem Kern (links),
der unangenehm stark nach Buttersäure
riecht. Daher werden meist nur männliche
Bäume in Gärten und an Straßen angebaut.
Die blattförmigen Nadel (S. 43 und links)
sind fächerförmig und mehr oder weniger
tief in der Mitte gelappt, erst grün, im
Herbst gelb. Die Rinde ist braun und korkig,
an alten Bäumen rissig und spannrückig
(S. 217).

**Christusdorn
Lederhülsenbaum**

Gleditsia triacanthos; Familie Leguminosae
Sommergrüner Baum, heimisch im
Mississippital. Angebaut als Zierbaum
im südlichen Europa. Höhe 30–45 m. Blüht
im Juni, einhäusig, männliche Blüten (rechts)
in 5 cm langen Ähren gebüschelt, 3–5
gleich große Blumenblätter. Die weiblichen
Blüten stehen in lockeren, einfachen, 5–7 cm
langen Ähren zusammen. Fruchtschote
(rechts außen) 25–45 cm lang, flach, viel-
samig, säbelförmig gebogen und bei Reife
im Oktober gedreht und braunrot, Samen
in honigartige Masse eingebettet. Blätter
(S. 56) einfach oder doppelt gefiedert, Herbstfärbung gelb. Dornen aus Knospen auswach-
send, scharf und oft auch mehrspitzig, an
Zweigen, Ästen und Stamm. Rinde (S. 217)
dunkelbraun, schuppig-längsrissig, mit langen
Dornen.

Gymnocladus dioica, **Geweihbaum;** Familie
Leguminosae
Seltener Baum im Einzugsgebiet des
Mississippi und in den östlichen USA,
verbreitet als Zierbaum in Gärten und
Parks angebaut, Samen als Kaffee-Ersatz
verwendbar. Höhe bis 33 m. Blüht im Juni,
zweihäusig, röhrenförmiger Kelch, 5 gleich
große Blütenblätter, Blüten in endständigen
Rispen. Blätter (S. 59) doppelt gefiedert.

Silberglocke

Halesia monticola;
Familie Styracaceae
Heimisch in den südlichen Appalachen,
verbreitet als Zierbaum in Gärten und
Parks angebaut. Höhe bis 30 m. Blüht
schon früh in der Jugend und sehr reichlich
im Mai, Blüten (links außen) zu 3–5 in
hängenden Büscheln. Frucht (links) 4–5 cm
lange Steinfrucht mit Längsflügeln. Blätter
(S. 26) anfangs filzig behaart, später
unterseits an den Nerven behaart.

Ilex, **Stechpalme, Hülse;** Familie
Aquifoliaceae. Sommergrüne und
immergrüne Bäume und Büsche.
Zweihäusig, Frucht fleischig, ein- oder
mehrsamig, giftig.

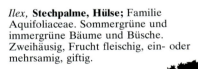

Stechpalmenhybriden

Ilex x *altaclarensis*
Eine Gruppe immergrüner Hybriden
zwischen der Gemeinen Stechpalme
(*I. aquifolium*) und der Kanarischen
Stechpalme (*I. perado*). Die verschiedenen
Sorten unterscheiden sich von der Gemeinen
Stechpalme meist durch größere, weniger
dornspitzige Blätter und größere Blüten
und Früchte. Höhe bis 15 m.
Ilex x *altaclarensis* 'Camelliifolia'
Ein weiblicher Klon, blüht im Mai, Blüte
(rechts) in wirteligen Büscheln, Früchte
(rechts außen) etwa 1 cm groß, reifen rot
im November. Jungtriebe, Blattstiele und
Blütenblattbasen rötlich gefärbt. Blätter
(S. 36) bis 13 cm lang, gelegentlich mit
wenigen kurzen Dornspitzen.

Ilex x *altaclarensis* 'Golden King'
Weiblicher Klon, Blüte und Frucht (rechts) wie vor. Blätter (S. 36 und rechts) glattrandig und entlang dem Rand gelb panaschiert, gelegentlich ganz gelb gefärbt.

Ilex x *altaclarensis* 'Hendersonii'
Weiblicher Klon, Blüten wie vorige, Früchte (rechts außen) wenig zahlreich, reifen im Dezember. Blätter (S. 36 und rechts außen) breit, stumpf-grün, wenige Dornspitzen. Jungtriebe gewöhnlich grün.

Ilex x *altaclarensis* 'Hodginsii'
Ein männlicher Klon, männliche Blüten (rechts) im Mai, rötlich-weiß, 1,2 cm breit. Blätter (S. 36 und rechts) ähnlich 'Hendersonii', aber mehr glänzend. Jungtriebe rötlich gefärbt. Sehr unempfindlich gegen Luftverschmutzung und daher häufig in Industriegebieten angepflanzt.

Ilex x *altaclarensis* 'Wilsonii'
Ein weiblicher Klon, blüht im Mai, Früchte (rechts außen) etwa 1 cm große Beeren, reifen im November. Blätter (S. 36) glänzend grün mit 4–10 Dornspitzen an jeder Seite, Spitzen und Blattrand durchsichtig gelblich.

**Gemeine Stechpalme
Hülse**

Ilex aquifolium
Immergrüner Busch oder Baum, heimisch in Westasien und Europa, verbreitet im gemäßigten Klima als Zier- und Schutzpflanze angebaut. Holz gelegentlich für Drechsler- und Einlegearbeiten verwendet. Die dekorativen Zweige mit den roten Beeren werden als Weihnachtsdekoration verwendet. Höhe bis 25 m. Blüten (rechts oben männlich, unten weiblich) unscheinbar cremefarben, reifen im November zu roten, viersamigen Beeren (rechts außen). Blätter (S. 36 und rechts) glänzend, gewellt und scharf-dornspitzig, an alten Bäumen auch fast glattrandig. Rinde (S. 217) glatt, grau mit dunkleren Flecken. Die natürliche genetische Streubreite der Art wurde genutzt, um eine Vielzahl von Sorten zu erzeugen (s. die folgenden drei Beschreibungen).

Ilex aquifolium 'Argentea Marginata'
Ein weiblicher Klon, Blüten ähnlich der Gemeinen Stechpalme, Beeren (rechts) etwa 0,8 cm breit, reifen im November. Blätter (S. 36 und rechts) grün mit cremig-weißem Rand.

Ilex aquifolium 'Aurea Marginata'
Ähnlich 'Argentea Marginata', aber mit schmalem, gelbem Blattrand. Dieses unterscheidende Merkmal ist deutlich in der Abbildung (S. 36) zu erkennen. Die Beerenfrucht (rechts außen) ist etwa 0,8 cm groß und reift im November.

Ilex aquifolium 'Bacciflava'
Wie der Sortenname sagt, eine gelbfrüchtige (rechts außen) Kultursorte, deren Blätter und Blüten (rechts) sich von denen der Gemeinen Stechpalme unterscheiden.

Igelstechpalme

Ilex aquifolium 'Ferox'
Ein männlicher Klon ohne Fruchtbildung, Blätter am Rand und oberseits dornspitzig, daher auch der Name „Ferox" = wild, unbändig. Die Blätter sind kleiner, etwa 3–4 cm lang, als bei der Gemeinen Stechpalme. Sie sind rechts und auf Seite 36 abgebildet.

Ilex aquifolium 'Recurva'
Ein männlicher Klon, Blüten gelblicher als bei der vorigen Sorte (rechts außen). Blätter (S. 36) 3–5 cm groß und nach unten gebogen, daher der Sortenname 'Recurva'.

Himalaja-Stechpalme

Ilex dipyrena
Immergrüner Baum, heimisch im östlichen Himalaja bis Yünnan, selten als Zierstrauch oder Baum in Gärten, Parks und Arboreten. Höhe bis 12 m. Blüte (männliche Blüte rechts) in engstehenden Büscheln in den Blattachseln. Frucht (rechts außen) etwa 1 cm breit, einzeln oder in kleinen Gruppen. Blätter (S. 36) stumpf-grün, nur selten und an jungen Exemplaren dornspitzig.

Amerikanische Stechpalme

Ilex opaca
Immergrüner Baum, heimisch in den mittleren und östlichen USA, viele Kultursorten und Hybriden. Holz und Zweige in Amerika für die gleichen Zwecke verwendet wie die der Gemeinen Stechpalme in Europa. Höhe bis 15 m. Blüht im Juni, zweihäusig, Blüten unscheinbar (rechts). Beeren (rechts außen) 0,6 cm breit, reifen im November und überwintern am Baum. Blätter (S. 36) stumpf-grün, dornspitzig, im Wipfel alter Bäume auch glattrandig.

Pernys Stechpalme

Ilex pernyi
Immergrüner Baum, heimisch im westlichen und mittleren China, selten in der Natur und in Gärten und Arboreten. Höhe 10–17 m. Blüht im Juni, Blüten (rechts) unscheinbar gelblich, 0,3–0,6 cm breit. Frucht (rechts außen) 0,6 cm breit, ohne Stiel aufsitzend, reift im November. Blätter (S. 36) 1,2–5 cm lang und charakteristisch drei- bis fünflappig und dornspitzig.

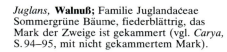

Juglans, **Walnuß;** Familie Juglandaceae
Sommergrüne Bäume, fiederblättrig, das
Mark der Zweige ist gekammert (vgl. *Carya,*
S. 94–95, mit nicht gekammertem Mark).

Juglans ailantifolia, **Japanische Walnuß**
Höhe bis 15 m. Männliche Kätzchen bis
30 cm lang, Frucht 5 cm groß. Blätter (S. 57)
mit 11–17 Blättchen, unterseits silbrig.
Borke (S. 218) hellgrau rissig.

Juglans cinerea, **Amerikanische Walnuß**
Heimisch im östlichen Nordamerika, Höhe
bis 30 m. Männliche Kätzchen bis 10 cm
lang; Frucht 3–6 cm groß. Blätter (S. 58)
mit 7–19 Blättchen, anfangs oberseits haarig.

Schwarznuß

Juglans nigra
Heimisch in Nordamerika im Mississippi-
und Ohiotal, als Zier- und Waldbaum in
Amerika und Europa angebaut. Höhe
30–40 m, breitkronig. Blüte im Mai bis
Juni, männliche Kätzchen bis 10 cm lang
(oben, links außen), weibliche Blüten zu
2–5 am Ende von Jungtrieben. Frucht
(links oben), 3–5 cm lange Nuß, reift im
Oktober. Blätter (S. 58) groß, 11–23 mehr
oder weniger wechselständige
Fiederblättchen, Endblättchen klein oder
fehlend. Rinde (S. 218) dunkelbraun,
unregelmäßig rissig.

Gemeine Walnuß

Juglans regia
Ursprung unbekannt, heute von China
bis Westeuropa in Wäldern, Parks und
Gärten verbreitet. Hochwertiges Nutzholz,
Frucht eßbar. Höhe 30–40 m,
Stammdurchmesser 5 m. Blüht im Juni,
männliche Kätzchen bis 10 cm lang,
weibliche Blüte endständig, unscheinbar
(links außen); Frucht (links) 3–5 cm, reift
im Oktober und platzt am Baum auf. Blätter
(S. 54) mit 5–7 Blättchen, gelegentlich
mehr. Jungtriebe glatt. Rinde glatt, grau
mit tiefen Rissen.

Juniperus, **Wacholder;** Familie Cupressaceae
Immergrüne busch- oder baumartige
Koniferen. Jugendnadeln nadelartig, paarig
oder dreiwirtelig; reife Nadeln schuppenartig
dem Zweig anliegend, beide Formen bei
manchen Arten am selben Baum. Blüten
ein-, vielfach zweihäusig. Beerenzapfen
bei der Reife fleischig, meist aus 3 oder
6 Schuppen gebildet. Nadeln und Früchte
aromatisch.

Chinesischer Wacholder

Juniperus chinensis
Heimisch in China, Japan, Korea und
Mongolei, winterhart und in mehreren
Wuchsformen in Gärten und Parks angebaut.
Höhe bis 25 m, oft buschig. Blüte im März,
männliche (rechts) und weibliche Blüten
gewöhnlich auf getrennten Bäumen,
Beerenzapfen (rechts außen) 0,8–1 cm
groß. Jugend- und Altersnadeln (S. 12)
auf demselben Baum, gewöhnlich
dreiwirtelig.

**Gemeiner Wacholder
Machandel
Kranewit**

Juniperus communis
Verbreitet in Europa, Nordafrika, Nordasien und Nordamerika. Beerenzapfen als Gewürz, Heilmittel und Räucherwerk, Holz für Drechsler- und Schnitzwaren verwendet. Gewöhnlich ein säulenförmiger, sehr dichter Strauch, gelegentlich baumförmig bis 10 m hoch oder niedrig breit-buschig. Blüht im März, die unscheinbare Blüte (rechts) grün, reift ab 2. Jahr zu einem schwarzen Beerenzapfen mit blauer Bereifung. Nadeln (S. 12) dreiquirlig, stachelspitzig, ein weißer Längsstreifen oberseits, unterseits gekielt. Aufgrund der weltweiten Verbreitung viele Varietäten, die sich in der Wuchsform unterscheiden.

Syrischer Wacholder

Juniperus drupacea
Heimisch in den Gebirgen Syriens, Griechenlands und Kleinasiens. Höhe 9–15 m. Blüht im März, männliche Blüten (rechts) in kleinen, gelben Büscheln. Beerenzapfen 2,5 cm groß, dunkelbraun bis blauschwarz. Nadeln (S. 12) 1,2–2,5 cm lang, scharfspitzig, leuchtendgrün, oberseits zwei weiße Längsstreifen.

Mexikanischer Wacholder

Juniperus flaccida
Heimisch in Mexiko und Texas, gelegentlich in Gärten und Arboreten in Europa anzutreffen. Höhe bis 9 m, lange, hängende Zweige. Männliche Blüten (rechts außen) im März; Beerenzapfen rotbraun, 1,2 cm groß. Blätter (S. 12) nadelartig und schuppenartig (s. auch rechts außen).

Kirschwacholder

Juniperus monosperma
Heimisch in den südwestlichen USA, gelegentlich als Zierpflanze angebaut. Höhe 9–15 m. Blüht im März (weibliche Blüten rechts). Frucht (rechts außen) reift blaugrau, 0,6 cm groß, einsamig. Benadelung (S. 12) nadelartig und schuppenartig, die scharfspitzigen Jugendnadeln fehlen gelegentlich bei alten Exemplaren.

Himalaja-Wacholder

Juniperus recurva
Heimisch in China, Burma, Himalaja, in Gärten, Parks und Arboreten angebaut. Höhe 9–12 m. Blüht im März, Blüten einhäusig (männlich rechts oben, weiblich rechts unten). Beerenzapfen (rechts außen) oval, reifen dunkelblau-rot im 2. Jahr. Blätter (S. 12) nadelartig, nach innen gebogen, bläulich-grün, vor dem Abfallen bräunlich vergilbend.

Tempelwacholder
Stechwacholder

Juniperus rigida
Heimisch in den Gebirgen Japans, winterhart und gelegentlich in Gärten und Parks angebaut. Höhe 6–12 m. Blüht im März, Blüten zweihäusig (rechts oben männlich, unten weiblich). Beerenzapfen (rechts außen) zuerst grün, dann braun, im 2. Jahr schließlich dunkelblau-schwarz. Blätter (S. 12) stets nadelartig, dreiquirlig. Scharfspitzige Nadeln mit weißem Längsstreifen an der Innenseite.

Bleistiftzeder
Virginia-Sadebaum

Juniperus virginiana
Heimisch im östlichen Nordamerika von der Hudsonbai bis nach Florida, angebaut in Gärten, Parks und Wäldern in Amerika, Europa und Asien. Aromatisches, hochwertiges Nutzholz. Höhe bis 30 m, schmalkronig. Blüht im März, ein- oder zweihäusig, männliche Blüten (rechts unten) rund und gelb, weibliche klein und grün (rechts oben). Beerenzapfen 0,3–0,6 cm groß, aufrecht, braun-violett, bereift. Benadelung sehr verschieden, Jugend- und Altersnadeln am selben Baum (S. 12 und rechts); Nadeln 3–8 mm lang, dreiquirlig oder gegenständig zugespitzte Schuppen. Ein Beispiel der zahlreichen Kultursorten ist 'Glauca' mit bläulich-grüner Benadelung (rechts außen).

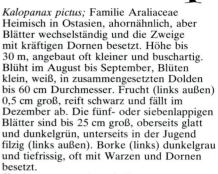

Rizinusbaum

Kalopanax pictus; Familie Araliaceae
Heimisch in Ostasien, ahornähnlich, aber
Blätter wechselständig und die Zweige
mit kräftigen Dornen besetzt. Höhe bis
30 m, angebaut oft kleiner und buschartig.
Blüht im August bis September, Blüten
klein, weiß, in zusammengesetzten Dolden
bis 60 cm Durchmesser. Frucht (links außen)
0,5 cm groß, reift schwarz und fällt im
Dezember ab. Die fünf- oder siebenlappigen
Blätter sind bis 25 cm groß, oberseits glatt
und dunkelgrün, unterseits in der Jugend
filzig (links außen). Borke (links) dunkelgrau
und tiefrissig, oft mit Warzen und Dornen
besetzt.
K. pictus var. *maximowiczii* stammt aus
Japan und wird oft mit der typischen Form
verwechselt, hat aber tiefer gelappte Blätter
(S. 44).

Blasenbaum

Koelreuteria paniculata; Familie Sapindaceae
Sommergrüner Baum, heimisch im mittleren
und nördlichen China, Korea und Japan,
als Zierbaum in Gärten und Arboreten,
in China auch auf Friedhöfen angebaut.
Höhe 9–20 m. Blüht im August, Blüten
(rechts) in bis 30 cm langen Rispen, die
kurzgestielten, gelben Blüten 1,2 cm groß.
Früchte (rechts außen) sehr auffällig,
dreifächerige zugespitzte, aufgeblasene
Kapseln, 3–5 cm lang, erst grün, dann
rot, Same erbsengroß, kugelig, dunkelbraun
bis schwarz. Blätter (S. 57) gefiedert mit
9–15 wechselständigen Blättchen,
Herbstfärbung gelb, schöner Kontrast zur
roten Frucht.

Adams Goldregen

+ *Laburnocytisus adamii;* Familie
Leguminosae
Ein künstlich erzeugter Pfropfbastard
(Chimäre), Unterlage ist der Gemeine
Goldregen *(Laburnum anagyroides)*,
Pfröpfling des Roten Zwergginsters *(Cytisus
purpureus)*. Blüten einer gelbroten
Zwischenform werden gleichzeitig mit Blüten
beider Elternarten gebildet (links). Die
Blüten des Zwergginstertyps erscheinen
an Zweigen mit Zwergginsterbelaubung.
Höhe bis 8 m, als Kuriosität in Gärten
und Arboreten angebaut, außerhalb der
Blütezeit wegen der auswuchernden
Wuchsform nicht attraktiv. Die Blätter
sind auf S. 50 abgebildet.

Laburnum, **Goldregen**; Familie Leguminosae
Eine kleine Gattung sommergrüner Bäume
und Sträucher. Fiederblätter mit 3 Blättchen,
Schmetterlingsblüten in großen Rispen.
Frucht eine Schote mit giftigen Samen,
die für den Menschen tödlich sein können.
Das Holz kann als Ersatz für Ebenholz
verwendet werden.

Alpengoldregen

Laburnum alpinum
Kleiner, sommergrüner Baum, heimisch
in Süd- und Südosteuropa, seit dem
Mittelalter in Gärten angebaut. Höhe bis
6 m. Blüht im Juni, Blüten (rechts) in
großen, kompakten Blütenständen,
Einzelblüten 1,8 cm lang, auf haarlosem
Stiel. Schoten etwa 5–8 cm lang. Blätter
(S. 50) sind weniger behaart als beim
Gemeinen Goldregen.

Gemeiner Goldregen

Laburnum anagyroides
Heimisch im mittleren und südlichen
Europa, verbreitet als Zierbaum angebaut
und vielfach verwildert. Höhe bis 10 m.
Blüht im Mai, Blüte (rechts oben) etwa
2,5 cm lang. Schoten (rechts) 5–8 cm lang,
ähnlich denen des Alpengoldregens, aber
mit verdicktem Rand. Blätter (S. 50) sind
unterseits stärker behaart.

Voss-Goldregen

Laburnum x *watereri* 'Vossii'
Eine Hybride zwischen den beiden oben
beschriebenen Arten. Blüht im Juni, Blüten
(rechts außen) 2,5 cm lang, in langen,
dichten Blütenständen. Blätter (S. 50) dicker
als beim Gemeinen Goldregen. Schoten
werden nur vereinzelt gebildet.

Larix, **Lärche**; Familie Pinaceae
Sommergrüne Nadelbäume, Nadeln weich,
nicht stechend, einzeln am Langtrieb und
zahlreich am Kurztrieb. Einhäusig, weibliche
und männliche Blüten getrennt an
Kurztrieben.

Europäische Lärche

Larix decidua
Heimisch in allen Höhenlagen bis zur
Baumgrenze in den Alpen, Karpaten und
Sudeten, durch forstlichen Anbau im ganzen
nördlichen Europa verbreitet. Höhe je
nach Standort 30–55 m. Blüht März bis
April, männliche Blüten gelb, weibliche
erst rot und 0,5 cm lang (links außen).
Die Zapfen (links) reifen von Grün zu
Braun, 2–4 cm lang, 2 cm breit. Schuppen
am Rand leicht gewellt. Die Nadeln (S. 23)
werden im Herbst goldgelb. Die Rinde
(S. 218) ist grau oder rötlich-grau bis
rotbraun, feinrissig, schuppig bis, bei alten
Bäumen, tief gefurcht, gerbstoffreich.

Hybridlärche

Larix x *eurolepis*
Eine Hybride zwischen Europäischer Lärche
(*L. decidua*) und Japanischer Lärche
(*L. kaempferi*), zuerst entstanden in
Dunkeld, Schottland, gegen Ende des
19. Jahrhunderts, heute durch forstlichen
Anbau verbreitet in ganz Europa und
versuchsweise angebaut in Nordamerika.
Merkmale variabel, aber immer zwischen
den beiden Eltern stehend. Höhe bis über
30 m. Blüht im März (links außen), Farbe
der weiblichen Blüten von Purpurrot bis
Rötlich-Hellgelb. Zapfen (links) 3–4 cm
lang, ähnlich denen der Europäischen
Lärche, Samenschuppen am Rand leicht
zurückgebogen. Nadeln bläulich-grün (S. 23)
an gelbroten Zweigen. Die Rinde ist
dunkelbraun und schuppig.

Dahurische Lärche

Larix gmelinii
Heimisch in Ostsibirien, Amurgebiet und
Sacchalin, angebaut in Arboreten: Höhe
30–50 m. Blüht im frühen März; männliche
Blüten (links außen, unten) gelblich,
weibliche Blüten (links außen, oben)
rötlich-grün, 0,5–1 cm lang, reifen zu
rotbraunen bis braunen Zapfen mit
aufklaffenden Samenschuppen (links),
2,5 cm lang. Nadeln (S. 23) schwach
sichelförmig gebogen, unterseits gekielt.
Rinde dunkelrötlich-braun, in langen
Schuppen abschilfernd.

Japanische Lärche

Larix kaempferi
Heimisch in Japan, vor allem in Hondo,
durch forstlichen Anbau weit verbreitet,
auch in Europa. Höhe bis 30 m, breitkronig
mit waagerecht abstehenden Ästen. Blüht
im März, männliche Blüten gelblich,
weibliche Blüten cremig rötlich-grün (links
außen). Zapfen (links) 1,5–3,5 cm lang,
kürzer und breiter als bei *L. decidua*, die
Samenschuppen stärker zurückgebogen,
rosettig. Nadeln (S. 23) bläulich-grün, 40
und mehr am Kurztrieb (30–40 bei
L. decidua). Triebe rotbraun (graugelb
bei *L. decidua*). Borke dunkelrot-braun,
rissig und schuppig.

Ostamerikanische Lärche
Tamarack

Larix laricina
Heimisch im östlichen Nordamerika von Virginia bis Kanada, Alaska. Angebaut in Forsten, Parks und Arboreten. Höhe 18–25 m. Blüht im März, Blüten (links außen) sehr klein, weibliche Blüten dunkelrot, männliche Blüten gelb. Zapfen (links) etwa 1,5 cm lang mit nur 10 Schuppen. 12–30 Nadeln am Kurztrieb (S. 23), hellgrün, 2–3 cm lang, Herbstfärbung goldgelb. Borke rötlich-braun und schuppig.

Westamerikanische Lärche

Larix occidentalis
Heimisch im westlichen Nordamerika von Britisch-Kolumbien bis Montana. Das Holz ist sehr geschätzt, der Zuwachs jedoch gering. Forstlich angebaut in Nordamerika, sonst in Arboreten und Parks. Höhe 30–70 m, Durchmesser bis 2 m, schlankwüchsig mit langer, schmaler Krone. Blüht im März, männliche Blüten gelb, die weiblichen rot und grün (links außen). Zapfen (links) 2,5–3,7 cm, die lanzettlichen Deckschuppen weit über die Samenschuppen hervorragend. Nach dem Samenflug biegen sich die Samenschuppen zurück (links unten), und die Zapfen fallen ab. 15–40 Nadeln am Kurztrieb (S. 23), Nadeln dreikantig, Herbstfärbung goldgelb ab September. Rinde dunkelgrau-braun, feinrissig und schuppig.

Tibetanische Lärche

Larix potaninii
Heimisch im westlichen China und in Tibet, angebaut in Arboreten. Höhe 18–21 m. Blüht im März, männliche Blüten zuerst grün (links außen), dann gelb, weibliche rötlich und grün. Zapfen (links) etwa 5 cm lang mit glänzenden braunen Samenschuppen und langen Deckschuppen, die ungefähr 0,5 cm herausragen. Die Benadelung (S. 23) der ziemlich gedrungenen Zweige bestehen aus fast vierkantigen Nadeln, die beim Zerreiben stark riechen. Die Rinde ist dunkelrötlich-grau mit schuppigen Rissen.

Lorbeerbaum

Laurus nobilis; Familie Lauraceae
Immergrüner Baum oder Busch, heimisch im Mittelmeergebiet. Seit dem Altertum kultiviert, die aromatischen Blätter werden als Gewürz, im Altertum auch zur Herstellung von Ehrenkränzen verwendet. Der dekorative Baum wird in Gärten und in Gebäuden als Zierbaum verwendet. Höhe 12–18 m, oft jedoch buschig, in Gärten und als Kübelpflanze oft durch Rückschneiden künstlich geformt. Zweihäusig, Blüte im Juni. Männliche und weibliche Blüten etwa 0,5 cm lang. Die weiblichen Blüten sind rechts abgebildet. Die Frucht (rechts außen) ist etwa 1,2 cm lang und reift schwarz. Blätter (S. 32) dunkelgrün, ledrig, stark aromatisch.

Liquidambar orientalis, **Orientalischer Amberbaum;** Familie Hamamelidaceae
Sommergrüner Baum, heimisch in Kleinasien. Höhe bis 30 m. Blätter (S. 44) haarlos, Blattspitze und die Spitzen der Lappen stärker abgerundet und die Blätter schärfer eingeschnitten als bei *L. styraciflua.*

Amberbaum

Liquidambar styraciflua L.
Sommergrün, heimisch in den östlichen und südlichen USA bis Zentralamerika. Höhe bis 45 m. Blüht im Mai, männliche Blüten in grünen, endständigen, aufrechten, 5–7 cm langen Träubchen (rechts), weibliche Blüten in langgestielten, hängenden Köpfen, 1,2 cm breit, Frucht (rechts außen) etwa 2,5–3,5 cm breite Köpfchen von Kapselfrüchten mit geflügelten Samen. Blätter (S. 44) 5- bis 7lappig, feingezähnt, anfangs filzig behaart, dann oberseits dunkelgrün, unterseits mattgrün.

Libocedrus chilensis siehe *Austrocedrus chilensis* (S. 88).

Libocedrus decurrens siehe *Calocedrus decurrens* (S. 92).

**Rainweide
Liguster**

Ligustrum lucidum; Familie Oleaceae
Ein immergrüner Baum oder Busch, heimisch in China, als Zier- und Schattenbaum angebaut, auch in europäischen Städten. Höhe bis etwa 15 m, weniger als Busch. Blüten (links außen) blühen im August bis September, wenn wenige andere Bäume blühen. Frucht reift zu einer schwarzen, ovalen Beere, 1,2 cm lang. Blätter (S. 32) sind dunkelgrün und oberseits stark glänzend. Rinde (links) dunkelgrau, glatt bis feinrissig und streifig.

Liriodendron chinense, **Chinesischer Tulpenbaum;** Familie Magnoliaceae
Sommergrüner Baum der Gebirge in China. Ähnlich, aber im Wuchs und in den Blüten kleiner als *L. tulipifera,* Blätter (S. 43) schmaler.

Tulpenbaum

Liriodendron tulipifera
Sommergrüner Baum, heimisch im östlichen Nordamerika, verbreitet als Zierbaum und in Forsten angebaut, auch in Europa. Höhe 45–60 m. Blüht im Juni bis Juli, Blüten (links außen) endständig, Kelchblätter bald abfallend, Kronblätter tulpenähnlich. Fruchtstand (links) aus Flügelnüssen zusammengesetzt, zuerst grün, dann braun reifend und im Herbst bis Winter von der Zapfenspitze abfallend. Blätter (S. 43) vierlappig, im Herbst orange und gelb (links und S. 188).

Gerbrindeneiche

Lithocarpus densiflorus; Familie Fagaceae
Immergrüner Baum, heimisch in Kalifornien und Oregon, liefert Gerbrinde. Höhe 20–40 m. Unregelmäßig im April oder Mai und September blühend. Männliche Blüten (rechts) in 7,5–10 cm langen Kätzchen. Weibliche Blüten unterhalb der männlichen Kätzchen, Eicheln im ersten Jahr grün, im zweiten Jahr braun, 1,5–2,5 cm lang (rechts außen). Blätter (S. 26) mit 12–14 Nervenpaaren, rotgelb filzig in der Jugend, glatt und glänzend im Alter. Junge Triebe ebenfalls rotbraun filzig. Die Borke ist dick-korkig und tief gefurcht.

Osage-Orangenbaum

Maclura pomifera; Familie Moraceae
Sommergrüner Baum, heimisch in den südlichen und mittleren USA. Die Rinde liefert Gerbstoff und gelbes Färbemittel, aus dem Holz stellten die Osage-Indianer ihre berühmten Waffen her. Als Zier- und Heckenbaum in den USA und selten in Europa angebaut. Höhe bis 12 m. Zweihäusig, blüht im Juni, männliche Blüten (links außen) 1,5–2,5 cm breit, weibliche Blüten gleich groß, grün, aber auf längerem Stiel. Frucht (links) 7,5–12,5 cm groß, erst grün, dann gelb, im November abfallend. Die Pflanze führt Milchsaft. Die Blätter sind auf S. 35 abgebildet. Rinde orangefarben.

Magnolia, **Magnolie;** Familie Magnoliaceae
Sommergrüne und immergrüne Bäume
und Büsche, große, auffällige Zwitterblüten.
Blätter einfach, glattrandig und
wechselständig. Rinde meist sehr aromatisch.
Benannt nach Pierre Magnol, Professor
der Botanik und Medizin in Montpellier,
Ende des 17. Jahrhunderts.

Gurkenbaum

Magnolia acuminata
Sommergrüner Waldbaum der östlichen
USA. Als großer Zierbaum in Parks und
Arboreten angebaut. Höhe 20–30 m,
Durchmesser bis 150 cm. Blüht im Mai,
Blüten unscheinbar (rechts, noch nicht
geöffnet) mit 6 aufrechten, 7 cm langen
gelbgrünen Kronblättern. Fruchtstand (rechts
außen) aufrecht, im Sommer gurkenähnlich
und grün, reift im Herbst orange bis
dunkelrot. Die Blätter sind auf S. 28
abgebildet.

Campbells Magnolie

Magnolia campbellii
Sommergrüner Baum, heimisch im Himalaja,
verbreitet wegen seiner schönen Blüte
angebaut. Höhe 20–40 m, oft tief zwieselig.
Blüht im Februar bis März, Blüten (rechts)
bis 25 cm breit, kräftig rosa bis weiß. Frucht
etwa 20 cm lang. Blätter sind auf S. 28
abgebildet.

Gelber Gurkenbaum

Magnolia cordata
Kleiner sommergrüner Baum oder Busch,
heimisch in den südwestlichen USA. Höhe
bis 6 m. Blüten (rechts außen) unscheinbar,
Kronblätter 4 cm lang. Frucht etwa 2,5–4 cm
lang, rot und oft gebogen. Blätter (S. 32)
sind mehr gerundet als bei den meisten
anderen Arten der Gattung, leicht
herzförmig an der Basis.

Yulanbaum

Magnolia denudata
Sommergrüner Baum, heimisch in China
und seit Jahrtausenden in Tempelgärten
kultiviert. Höhe 9–14 m. Weißhaarige
Winterknospen, blüht im März vor
Laubausbruch, Blüte (rechts) mit 9 weißen,
6 cm langen Kronblättern. Frucht 11 cm
lang, Blätter 8–15 cm lang, mit lang
ausgezogener Spitze.

Fraser-Magnolie

Magnolia fraseri
Sommergrüner Baum, heimisch in den
südlichen Appalachen. Höhe 9–12 m. Blüht
im Mai, Blüten (rechts außen) stark duftend,
7–12 cm lange, anfangs gelbliche, später
weiße Kronblätter. Zapfenartiger, roter
Fruchtstand, Samen rot. Blätter sind auf
S. 28 abgebildet.

Großblütige Magnolie

Magnolia grandiflora
Immergrün, heimisch in den südlichen
USA. Höhe 18–30 m. Blüht im Juli bis
September, Blüten (links) duftend, 20–25 cm
breit. Fruchtstand filzig behaart und
orange-grün, eiförmig, 5 cm lang. Blätter
(S. 27) oberseits glänzend grün, unterseits
dicht rötlich befilzt, kräftig lederig.

Japanische Großblättrige Magnolie

Magnolia hypoleuca, Syn. *M. obovata*
Sommergrüner Baum, heimisch in Japan.
Höhe 15–25 m oder mehr. Blüht im Juni,
Blüten (rechts außen) stark duftend, 20 cm
breit. Fruchtstand 12,5–20 cm lang, rot.
Blätter (S. 28) an den Triebenden gehäuft
und sehr groß, bis 20 × 45 cm.

Nördliche Japanische Magnolie

Magnolia kobus
Sommergrüner Baum, heimisch in Japan.
Höhe 9–12 m. Blüht im April, Blüten
(rechts) 10 cm breit, anfangs leicht filzig.
Fruchtstand rötlich, 5 cm lang, öffnet
selbständig, die roten Samen hängen an
langen Nadelsträngen wie bei *M. acuminata.*
Blatt auf S. 27 abgebildet.

Magnolia x *loebneri* 'Leonard Messel'
Eine Kreuzung, wahrscheinlich zwischen
M. kobus und einer rosa Form der buschigen
M. stellata. Blüht im April, Blüten (rechts
außen) zahlreich, 12 schmale Kronblätter,
5 cm lang, blaß-rosa bis weiß. Blatt auf
S. 32 dargestellt.

Weidenblättrige Magnolie

Magnolia salicifolia
Sommergrüner Baum, heimisch in Japan.
Höhe 6–12 m. Blüht im März, Blüten
(rechts) bis 10 cm breit. Blütenknospen
behaart. Fruchtstand 5–7,5 cm lang, rosa,
mit scharlachroten Samen. Blätter auf S. 24
abgebildet. Die Rinde besitzt einen süßlichen
Limonengeruch.

Soulange-Magnolie

Magnolia x *soulangiana*
Eine Kreuzung zwischen Yulan
(*M. denudata*) und einer buschigen Magnolie
(*M. liliflora*). Beliebter Zierstrauch bis
Halbbaum (bis 7,5 m hoch) in Gärten in
Europa und anderswo. Blüht im späten
April, Blüte (rechts außen) mit bis 12 cm
langen Kronblättern, die bei den
verschiedenen Sorten stets weiß mit
purpur-rosa sind. Ein Blatt ist auf S. 27
abgebildet.

Schirmmagnolie

Magnolia tripetala
Sommergrüner Baum, heimisch in den östlichen USA südlich von Pennsylvanien. Auf guten Standorten als Zierbaum angebaut. Höhe 9–12 m. Blüten (rechts) unangenehm stark duftend, Kronblätter 10–12 cm lang. Fruchtstand (rechts außen) bis 10 cm lang, Samen scharlachrot. Die an der Basis schmal-keilförmigen Blätter (S. 28) stehen an den Triebenden zusammen wie Speichen eines Schirmes.

Magnolia x *veitchii*
Eine sommergrüne Kreuzung zwischen *M. campbellii* und *M. denudata*. Höhe bis 30 m. Blüht im April, Blüten blaßrosa oder weiß, Kronblätter bis 15 cm lang. Blätter (S. 28) zuerst rötlich, später dunkelgrün.

Virginia-Magnolie

Magnolia virginiana
Immergrün im Süden, sommergrün im Norden ihres Verbreitungsgebietes in den östlichen und südöstlichen Vereinigten Staaten. Höhe bis 9 m. Blüht von Juni bis September, Blüten (rechts) duftend, 5–7,5 cm breit. Fruchtstand rot, 5 cm lang, Samen scharlachrot. Blätter (S. 27) vergleichsweise klein. Die südliche var. *australis* hat dicht behaarte Jungtriebe und Blattstiele.

Wilson-Magnolie

Magnolia wilsonii
Sommergrüner Baum oder Busch, heimisch in China. Blüht im Mai bis Juni, Blüten (rechts außen) duftend, 7,5–10 cm breit, an der Unterseite der Triebe hängend. Frucht rosa, 5–7,5 cm lang, die glänzend roten Samen werden im September entlassen. Das Blatt (S. 27) unterseits filzig behaart.

Malus, **Apfel**; Familie Rosaceae
Sommergrüne Bäume mit einfachen, gezähnten Blättern. Blüten in Büscheln, Blütenfarbe Weiß bis kräftig Rosa. Frucht fleischig, rund bis oval. Eine große Anzahl von Sorten unterscheidet sich in den Merkmalen der Blüte oder der Frucht.

Sibirischer Wildapfel

Malus baccata
Heimisch in Ostsibirien, Mandschurien und Nordchina. Höhe 6–15 m. Blüht im April, Blüte (links außen) 3,7 cm breit, mit schmalen, weit auseinanderstehenden Kronblättern. Frucht (links) 1–2 cm breit, gelb bis dunkelrot, können am Baum überwintern. Das Blatt (S. 37) ist auffallend schmal.

Süßer Wildapfel

Malus coronaria
Kleiner Baum, heimisch im östlichen
Nordamerika, vielfach als Zierbaum in
Gärten angebaut. Höhe bis 6–9 m. Blüht
im Mai bis Juni, Blüten (links außen)
angenehm duftend, 2,5–5 cm weit, in
Büscheln zu 4–6. Frucht (links) 2,5–3,7 cm
breit, nicht eßbar und sehr sauer. Blätter
(S. 37) schwach unregelmäßig bis deutlich
dreilappig, Herbstfärbung gelb.
M. coronaria 'Charlottae' ist eine Sorte
mit gefüllten rosa Blüten und ausgeprägter
Herbstfärbung.

Weißdornblättriger Wildapfel

Malus florentina
Kleiner Baum oder Busch, heimisch in
Norditalien, äußerlich an den Gemeinen
Weißdorn (*Crataegus monogyna*, S. 108)
erinnernd. Blüht im Juni, Blüte (links außen)
1,8 cm weit, in Büscheln von 5–7. Frucht
(links) oval, 1,2 cm lang, reift von Gelb
zu Rot im Oktober. Blatt (S. 47) dunkelgrün
oberseits, weißlich behaart unterseits,
weißdornähnlich gelappt.

Japanischer Wildapfel

Malus floribunda
Kleiner Baum, heimisch in Japan,
wahrscheinlich ein Hybride, verbreitet
angebaut in Gärten und Parks und entlang
von Straßen, auch in Europa. Höhe bis
6–9 m. Blüht April bis Mai, Blüten (links
außen) sehr zahlreich, 2,5–3 cm weit, in
Büscheln von 4–7. Frucht (links) 2 cm
breit, reift gelb im Oktober. Das Blatt
ist gewöhnlich stärker gezähnt als das
Beispiel auf S. 37, gelegentlich gelappt.

Oregon-Wildapfel

Malus fusca
Kleiner sommergrüner Baum, heimisch im westlichen Nordamerika, gelegentlich in Gärten und Arboreten angebaut. das harte und schwere Holz wurde früher in der Landwirtschaft verwendet. Höhe bis 6–12 m. Blüht im Mai, Blüten (links außen) 1,8 cm breit, in Büscheln von 6–12. Frucht (links) oval, 1,2–2 cm breit, rot oder gelb, von angenehm kräftigem Geschmack. Blätter (S. 37) verfärben sich leuchtend rot und orange im Herbst.

Hupeh-Wildapfel

Malus hupehensis
Kleiner, sommergrüner Baum, heimisch im Himalaja bis Mittelchina. Die Blätter liefern einen stärkenden Tee. In Europa als Zierbaum angebaut. Höhe bis 12 m. Blüht im April, Blüten (links außen) duftend, 2,5–3,7 cm breit, in Büscheln von 3–7. Frucht (links) 0,8 cm breit, reift von Gelb und Orange zu Rot im September. Blatt oval und spitz zulaufend, 5–10 cm lang, an der Basis abgerundet, oberseits dunkelgrün, unterseits filzig behaart. Junge Blätter können rötlich gefärbt sein. Die Rinde ist dunkelgrau-braun und im Alter plattig aufbrechend.

Prärie-Wildapfel

Malus ioensis
Kleiner, sommergrüner Baum, heimisch in den mittleren USA, ähnlich dem Süßen Wildapfel *(M. coronaria)*. Höhe bis 9 m. Blüht im Juni, Blüten (links außen) 3,7–5 cm breit, in Büscheln von 4–6. Frucht gelb, grün und rundlich, 3,7 cm breit, ähnlich *M. coronaria*, Oberfläche jedoch stumpfer. Blatt (S. 37) und Triebe sind stärker behaart als bei *M. coronaria*.
M. ioensis 'Plena', **Bechtel-Wildapfel,** gefüllte Blüten, 5–6,2 cm breit, weit verbreitet in Gärten in Amerika.

Magdeburg-Wildapfel

Malus 'Magdeburgensis'
Kreuzung zwischen Chinesischem Wildapfel *(M. spectabilis)* und Französischem Paradiesapfel *(M. pumila)*. Blüht im April bis Mai, Blüten (links) 2,5 cm breit, kräftig rosa, Blatt siehe S. 37.

Purpur-Wildapfel

Malus x *purpurea*
Eine in Frankreich entstandene Züchtung mit leuchtend roten Blüten, deren Farbe von einem der Eltern stammt, der sich jedoch schwer kultivieren läßt und selten blüht. Höhe bis 7,5 m. Blüht im April, Blüten (links außen) 4 cm breit, in Büscheln von 6–11. Frucht (links) 2 cm breit, reift von Rot nach Purpurrot. Die Blätter (S. 37) sind purpurrot-grün während des ganzen Sommers, verblassen zu hellem purpurgefärbtem Grün im Herbst (links). Viele andere Hybriden mit purpurroten Blättern, z. B. *Malus* 'Profusion', für den Anbau in Europa geeignet, Blüten sehr zahlreich und dunkelkarmesinrot, werden aber frühzeitig blaß-rosa, Blätter größer, ungefähr 7,5 cm lang.

Chinesischer Wildapfel

Malus spectabilis
Ein dekorativer Baum aus China, wo er seit langem kultiviert wird, wild aber unbekannt ist. Höhe bis 9 m. Blüht im April bis Mai, Blüten (links außen) gewöhnlich sehr zahlreich, 5 cm breit, in Büscheln von 6–8. Die Frucht ist gelb, rund, 2,5 cm breit. Die Blätter sind oval bis fast kreisförmig rund, 5–7,5 cm lang, an der Basis abgerundet, mit ausgezogener Spitze. Die Rinde (links) ist dunkelbraun, feinrissig, oft drehwüchsig, schuppig abschilfernd.

Gemeiner Wildapfel

Malus sylvestris
Kleiner Baum, heimisch in Europa an Waldrändern, in Knicks und Gebüschen. Selten angebaut, aber zweifellos ein Elter der Apfelkultursorten. Höhe bis 9 m. Blüht im späten Mai, Blüte (links außen) 2,5–3,7 cm breit. Frucht (rechts) 2,5 cm breit, reift gelb mit orange-roter Färbung im September bis Oktober, obwohl im Geschmack sauer und bitter, werden sie zur Verbesserung hochwertiger Marmeladen verwendet. Blätter (S. 37) mit teilweise roten Blattstielen. Zweige tragen gelegentlich Dornen. Borke braun und in unregelmäßig viereckige Schuppen aufbrechend.

Mispel

Mespilus germanica; Familie Rosaceae
Ein sommergrüner Baum oder Strauch, heimisch in Südosteuropa und Westasien, als Fruchtbaum seit dem Altertum in ganz Europa angebaut. Die Früchte eignen sich zur Herstellung von Marmeladen und Süßigkeiten, sind roh aber nur überreif eßbar. Vielfach auch verwildert. Höhe bis 6 m. Blüht im Mai bis Juni. Blüten (rechts) weißdornähnlich *(Crataegus),* stehen aber einzeln und sind größer, etwa 2,5–3,7 cm breit. Die charakteristischen Früchte sind 2,5 cm breit und an der Spitze offen. Die Blätter (S. 26) sind filzig behaart und können an alten Bäumen harte Dornen, 1,2–2,5 cm lang, tragen.

Urweltmammutbaum
Chinesisches Rotholz

Metasequoia glyptostroboides; Familie Taxodiaceae
Eine sommergrüne Konifere, endemisch in Mittelchina (Szetschuan), einzige Art der Gattung, vor der Entdeckung im Jahr 1941 nur aus Fossilien bekannt. Höhe bis 35 m, Stammdurchmesser bis 2 m, tiefe Krone, Äste bleiben sehr lange am Baum. Männliche Blüten in lockeren „Kätzchen", weibliche Blüte (links außen) etwa 0,6 cm lang, Entfaltung bei Laubausbruch. Die Blüten stehen in gegenständig beblätterten Zapfen (links), 1,8–2,5 cm lang, reifen im ersten Jahr, Farbe Dunkelbraun. Nadeln (S. 13 und links) lichtgrün, unterseits weißlich, bis 2,5 cm lang, linear und gegenständig (vgl. *Taxodium distichum*). Herbstfärbung rot-braun. Rinde dunkelgrau, später braun bis rot-braun, rissig und abschilfernd.

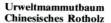

Weiße Maulbeere

Morus alba; Familie Moraceae
Sommergrüner Baum, heimisch ursprünglich in Mittel- und Nordchina, seit Jahrtausenden in Ostasien zur Seidenraupenzucht angebaut und weit über das Ursprungsgebiet hinaus verbreitet. In Mitteleuropa nur vereinzelt in Parks und Gärten zu finden, größere Anlagen sind bisher mißglückt. Höhe bis 15 m, selten 20–30 m. Blüten (rechts) eingeschlechtlich, ein- oder zweihäusig, in Kätzchen, männliche länger als weibliche (1,2 cm). Frucht (rechts außen) eine Scheinbeere, meist weiß, aber auch rötlich oder purpurfarben, 1,2–2,5 cm lang, eßbar, Geschmack fade-süßlich, gelegentlich zur Herstellung von Konfitüren verwendet. Blätter (S. 39) oberseits fast kahl, unterseits längs der Adern kurz behaart, Rand ungleich gesägt, auch schwach drei- bis fünflappig. Milchsaft dünn, fast wässerig. Holz hart, aber leicht zu bearbeiten.

**Gemeine Maulbeere
Schwarze Maulbeere**

Morus nigra
Ein sommergrüner, milchsaftführender Baum, heimisch in Persien und Transkaukasien, seit dem Altertum zur Seidenraupenzucht angebaut. Frucht eßbar und vielfach zur Herstellung von Marmelade und Wein verwendet. Kleiner, oft buschiger Baum, bis 9 m hoch. Meist zweihäusig, aber auch einhäusig mit männlichen und weiblichen Blüten in getrennten Blütenständen, die weiblichen (rechts) 1,2 cm lang, die männlichen etwa doppelt so lang. Der aus dem fleischigen Blütenkelch gebildete, brombeerartige Fruchtstand (rechts außen) reift rot, später violett-schwarz, Geschmack angenehm säuerlich, Fruchtstand fast sitzend. Blätter (S. 39) meist ungelappt, derb, breit eiförmig, an der Basis herzförmig, oberseits dunkelgrün und grau, unterseits hellgrün und filzig behaart. Zur Seidenraupenzucht weniger geeignet als *M. alba*.

Nothofagus, **Südbuche;** Familie Fagaceae
Immergrüne und sommergrüne Bäume in der südlichen Hemisphäre zirkumpazifisch. Weibliche und männliche Blüten in getrennten Blütenständen, männliche in Gruppen von 1–3, weibliche gewöhnlich in Gruppen von 3. Die Früchte ähneln der Buchecker, sind aber kleiner.

Antarktische Südbuche

Nothofagus antarctica
Sommergrüner Baum, heimisch im südlichen Chile bis zur Baumgrenze. Kleiner Baum bis 15 m oder Busch. Blüht im April bis Mai, männliche Blüten (links außen) zahlreich, 0,4 cm lang, weibliche Blüten unscheinbar, grün mit rotem Griffel (links außen, unten). Frucht (links) mit 3 Nüßchen, 0,6 cm lang. Das Blatt (Abb. links und S. 29) ungleichmäßig gezähnt, gewellt und leicht aufgefaltet, glänzend kräftiggrün. Rinde dunkelbraun mit tiefen Rissen und dicken Platten.

Dombeys Südbuche

Nothofagus dombeyi
Immergrüner Baum, heimisch im mittleren Chile und Argentinien, in Europa nur in milden Klimaten in Arboreten angebaut. Höhe 25–30 m. Blüht im späten Mai, männliche Blüten (links außen) mit rotem Staubgefäßen, 0,4 cm lang. Weibliche Blüten klein und unscheinbar wie bei *N. antarctica*. Frucht (links) 0,6 cm lang, reift im Oktober. Blatt (S. 29 und links) glänzend grün, mit dunklen Flecken, unregelmäßig gezähnt. Rinde erst glatt, dunkelschwärzlich-grau mit waagerechten Falten, später rissig und plattig abbrechend, freigelegte Stellen leuchtend orange-rot.

Roblé-Südbuche

Nothofagus obliqua
Sommergrüner Baum, heimisch in Mittelchile und im westlichen Argentinien, bedeutender Waldbaum. Das Holz ist dem der Eiche ähnlich, weshalb die Spanier die Baumart Roblé = Eiche nannten. Höhe 30 m und darüber. Blüht im Mai, männliche Blüten einzeln mit 30–40 Staubgefäßen (links außen), weibliche Blüten nußartig, klein und unscheinbar grün. Früchte (links) 1 cm lang, reifen und öffnen sich im September, um die Nüßchen zu entlassen. Blätter (links und S. 29) 5–8 cm lang, 8–9 gegenständige Adern. Rinde (S. 218) an reifen Bäumen braun und rechteckig-rissig.

Rauli-Südbuche

Nothofagus procera
Sommergrüner Baum, heimisch in den Anden in Chile und im angrenzenden Argentinien, bedeutender Holzlieferant, gelegentlich auch außerhalb Chiles in milden und feuchten Klimaten forstlich angebaut, in Holzqualität und Zuwachs der *N. obliqua* überlegen. Höhe bis 25 m und darüber. Blüht im Mai, männliche Blüten (links außen) 0,6 cm lang, weibliche Blüten unscheinbar klein und grün, nußförmig in den Blattachseln am Triebende. Frucht (links) 1 cm lang, reift und öffnet sich im September. Blätter (S. 29) mit 14–18 gegenständigen Adern. Borke glatt, graubraun mit senkrechten, weiten, dunklen Rissen.

Tupelo

Nyssa sylvatica; Familie Nyssaceae
Sommergrüner Baum, heimisch in den östlichen USA, vorwiegend auf sumpfigen Standorten, aber sehr standortvage. Als Zierbaum in Amerika und Europa angebaut. Höhe bis 30 m. Stamm abholzig, bis 60 cm Durchmesser. Blüht im Juni, Blüten (rechts) zweihäusig, Blütenstände 1,2 cm breite Köpfchen. Weibliche Blüten unscheinbar, 2–8 sitzend am langen Stiel. Steinfrucht (rechts außen) 1,2 cm lang, reift dunkelbläulich-schwarz im Oktober. Blätter (S. 35 und rechts) vorwiegend an Triebenden und auf Kurztrieben gehäuft, elliptisch, Herbstfärbung leuchtend gelb-rot und rot (S. 77), schon sehr früh eintretend.

Ostrya, **Hopfenbuche;** Familie Carpiniaceae
Eine kleine Gattung sommergrüner Bäume,
in vielen Merkmalen ähnlich der Gattung
Carpinus, unterschieden hauptsächlich
durch die Früchte: jedes Nüßchen
vollständig umschlossen von einer blasigen,
dünnen Hülle.

Europäische Hopfenbuche

Ostrya carpinifolia
Heimisch im südlichen Europa, Kleinasien
und Kaukasus. Höhe 15–18 m, im Alter
breitkronig. Blüht im April, männliche
Blüten in 3,7–7,5 cm langen Kätzchen,
weibliche Blüten klein, grün und unscheinbar
zwischen den sich entfaltenden Blättern
(links außen). Fruchtstände (links) 3,7–5 cm
lang, zuerst hellgelblich-grün, im Herbst
hellbraun. In der Form ähnlich den
Fruchtständen des Hopfens. Blätter (S. 33)
mit 12–15 gegenständigen Blattnerven,
oberseits mehr behaart als auf der
Unterseite.

Amerikanische Hopfenbuche

Ostrya virginiana
Heimisch in den östlichen USA, liefert
ein sehr hartes Holz für besondere Zwecke.
Gelegentlich als Zierbaum in Gärten, Parks
und Arboreten angebaut, auch in Europa.
Höhe 9–18 m. Blüht im April, männliche
Blüten (links außen) in 15 cm langen
Kätzchen, weibliche Blüten klein und rötlich
zwischen den sich öffnenden Blättern.
Fruchtstände (links) 3,7–5 cm lang mit
behaarten Stielen, die länger sind als bei
O. carpinifolia, im Herbst hellbraun. Blätter
(S. 33) oberseits behaart, eher filzig
unterseits, Blattstiele behaart.

Sorrels Sauerbaum

Oxydendrum arboreum; Familie Ericaceae
Sommergrüner Baum, heimisch in den
östlichen USA. Angebaut in Parks und
Gärten in den USA und in Westeuropa.
Die säuerlichen Blätter liefern ein Tonikum
und ein harntreibendes Mittel. Höhe bis
18 m, auf trockenen Sandböden auch
buschig. Blüht im Juli bis September, Blüten
(rechts) 0,6 cm, glockig, in engständigen
aufrechten Rispen, 15–25 cm lang. Frucht
eine harte, holzige, eiförmige Kapsel,
0,5–1,2 cm lang. Blätter (S. 27)
wechselständig, eiförmig-elliptisch, oberseits
kahl, glänzend, im Frühjahr bronzegrün,
im Sommer hellgrün, im Herbst leuchtend
scharlachrot (rechts außen), unterseits
grau-weiß und borstig entlang den
Hauptnerven.

Parrotie
Persisches Eisenholz

Parrotia persica; Familie Hamamelidaceae
Sommergrüner Baum oder Strauch, heimisch
vom nördlichen Iran bis zum Kaukasus,
südlich der Kaspischen See. Höhe als Baum
bis 12 m, in oft sehr dichten Gebüschen
niedriger. Blüht im Februar bis März vor
Laubausbruch, Blütenstand (links außen)
1,2 cm breit, Staubgefäße leuchtendrot.
Frucht eine kleine braune Nuß, 1,2 cm
groß, in Gruppen von 3–5. Die Blätter
(S. 32) verfärben sich leuchtend rot, orange
und gelb (links). Rinde (S. 218) glatt und
grau, schuppig aufbrechend, freigelegte
Rinde hellgrün.

Blauglockenbaum

Paulownia tomentosa; Familie
Scrophulariaceae
Sommergrüner Baum, heimisch in China,
angebaut in Japan, in Parks und an Straßen
in Südeuropa, in Gärten und Arboreten
in ganz Europa, ist jedoch nicht winterhart,
vor allem nicht die im Herbst gebildeten
Blütenknospen. Höhe 12–30 m. Blüht
im Mai, Blüte (rechts) 5 cm lang,
bläulich-weiß, in großen, aufrechten Rispen.
Frucht (rechts außen) bis 5 cm lang, bei
der Reifung trocknend und aufbrechend,
Samen zahlreich und geflügelt. Blätter
(S. 42) sehr variabel, kleine Blätter
glattrandig, größere Blätter mit 3 oder
5 flachen Einlappungen, oberseits mit
seidigen Haaren besetzt, unterseits
grau-feinhaarig.

Amur-Korkbaum

Phellodendron amurense; Familie
Rutaceae
Sommergrüner Baum, heimisch im
Amur-Gebiet bis Korea. Höhe 15–25 m.
Blüht im Juni bis Juli, zweihäusig, in
aufrechten, wenig verzweigten Rispen,
Blüte unscheinbar grünlich-gelb, Frucht
(links außen) eine kugelige Steinfrucht,
1,2 cm breit, fünfsamig. Blätter (S. 55)
unpaarig gefiedert, 5–11 gegenständige
Blättchen. Zerriebene Blättchen riechen
stark würzig.

Phellodendron japonicum, **Japanischer
Korkbaum**
Sommergrüner Baum, heimisch in Japan.
Höhe 10–25 m. Blüht im Juni bis Juli,
Blütenstände weiß-filzig, aufrecht, männliche
Rispen (links) 7 cm breit und 10 cm lang,
weibliche Rispen etwas kleiner. Früchte
wie bei *P. amurense* in filzig-behaarten
Rispen. Fiederblättchen etwas breiter und
unterseits filzig behaart statt glatt wie bei
P. amurense.

Picea, **Fichte;** Familie Pinaceae
Immergrüne Koniferen mit nadelartigen Blättern, Blattnarbe rhombisch, höckerförmig auf erhobenem Polster, Nadeln einzeln, meist spiralig um den Zweig stehend. Einhäusig, Zapfen hängend, nicht zerfallend, als Ganzes abfallend, Deckschuppen sehr klein und kaum erkennbar.

Rotfichte

Picea abies
Heimisch in den Gebirgen Süd- und Mitteleuropas, im Norden auf feuchten Böden bis zu einem Niederschlagsminimum von 600 mm ins Tiefland herabgehend. Forstlich angebaut in Europa, versuchsweise in Amerika und Asien. Das vielseitig verwendbare Holz ist das wichtigste Nutzholz Europas. Beliebter Weihnachtsbaum. Höhe 35–55 m. Blüht im Mai, männliche Blüten erdbeerfarben, beim Verstäuben gelb, in Gruppen an den Triebenden (rechts, unterer Zweig). Weibliche Blüte im oberen Teil der Krone, zuerst aufwärts gerichtet, nach der Bestäubung hängend, Blüten und unreife Zapfen grün oder rot (rechts, obere Zweige), reifen zu einem glänzenden Braun im Herbst, 10–15 cm lang (rechts außen). Nadeln steif, zugespitzt, an Jugend- und Schattenzweigen zweiseitig ausgebreitet, an Lichtzweigen spiralig um den Zweig herumstehend (S. 17 und rechts), Knospen braun. Rinde rötlich-braun, anfangs fein-, später grobschuppig. Wuchsform und Borke der Fichte sind sehr variabel.

Drachenfichte

Picea asperata
Heimisch im westlichen China, angebaut in Arboreten, Parks und großen Gärten. Höhe bis 30 m. Blüht im April, Blüten (rechts) 2 cm lang, männliche Blüten rosa, bei Pollenausschüttung gelb, weibliche Blüten dunkelkarmesinrot. Zapfen (rechts außen) 7,5–12,5 cm lang, Samenschuppen abgerundet. Benadelung (S. 17) bläulich, Nadeln dichter in den oberen Teilen der Triebe, untere Nadeln deutlich aufwärts gebogen. Rinde dunkelbraun, dünnschuppig.

Sargent-Fichte

Picea brachytyla
Heimisch im mittleren und westlichen China, angebaut in Arboreten, Parks und großen Gärten. Höhe 25 m. Blüht im Mai, männliche Blüten 1,5 cm lang, erst rot, dann gelb, weibliche Blüten etwas größer am Zweigende (rechts). Zapfen (rechts außen) 6–8 cm lang. Benadelung (S. 17) charakteristisch durch die zweiflächigen, tannenartigen Nadeln (Kennzeichen der Sektion *omorika*), sitzen an den Seiten und der Oberseite der Zweige. Nadeln oberseits hellglänzendgrün, unterseits weiß. Rinde glatt, grau und bedeckt mit weißen Harzflecken.

Siskiyou-Fichte

Picea breweriana
Endemisch in einem kleinen Gebiet in Kalifornien und Oregon um 2000 m Höhe. Wegen seiner hängenden Zweige zweiter Ordnung beliebter Zierbaum. Höhe bis 36 m. Blüht im Mai, männliche Blüten ziemlich kugelig, 1,5 cm groß, weibliche Blüten aufrecht, 2,5 cm lang, gewöhnlich dunkelrosa (rechts, Beispiel in der Abbildung abweichend grün mit rötlichen Spitzen), später purpurrot. Reife Zapfen (rechts außen) mit runden Samenschuppen, braun, weich und größer als bei *P. abies*. Benadelung (S. 17) dunkelgrün, locker, Nadeln deutlich nach der Triebspitze gerichtet. Rinde dunkelrötlich-grau, rundschuppig.

Blaue Engelmannfichte

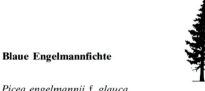

Picea engelmannii f. *glauca*
Eine bläulich-nadelige Form der Engelmannfichte, heimisch in den Gebirgen des westlichen Nordamerikas. Höhe 30–45 m. Blüht im Mai, männliche Blüten dunkelpurpurrot (nicht abgebildet), weibliche Blüten purpurrot (rechts), 3 cm lang. Zapfen (rechts außen) 5–8 cm lang, Samenschuppen leicht gezähnt, im Gegensatz zur Weißfichte (*P. glauca*). Benadelung (S. 17) charakteristisch durch die zum Triebende gerichteten, scharfspitzigen Nadeln, die beim Zerreiben einen Geruch nach Kampfer abgeben. Rinde gelblich-rötlich-braun und dünnschuppig.

Schimmelfichte
Kanadische Weißfichte

Picea glauca
Heimisch im borealen Nadelwald Nordamerikas von Alaska bis Neufundland, in den östlichen USA im montanen Nadelwald. Forstwirtschaftlich bedeutende Baumart, oft in Parks und Arboreten angebaut. Höhe 20–40 m. Blüht im April (rechts), männliche und weibliche Blüten 2,5 cm lang, Zapfen (rechts außen) 3–6 cm lang mit abgerundeten, dünnen und locker stehenden Samenschuppen. Benadelung (S. 17) dichter am Triebende, Nadeln zeigen zum Triebende, bläulich-grau, 2 cm lang, stumpf, vierkantig, beim Zerreiben nach Schwarzer Johannisbeere riechend. Rinde purpurrot-grau, rundschuppig.

Yedo-Fichte

Picea jezoensis var. *hondoensis*
Die Art ist in Ostsibirien von Ajan bis zum Amur, auf den Kurilen und in Sachalin, die var. *hondoensis* in Japan heimisch. Höhe 30 m. Blüht im Mai (rechts), männliche Blüten 2,5 cm lang, weibliche Blüten etwas größer (rechts, unterer Zweig). Zapfen (rechts außen) 5 cm lang mit gezähnten, einwärts gebogenen Schuppen. Nadeln (S. 17) scharfspitzig, unterseits 2 weiße Längsstreifen, aufwärts und vorwärts gebogen, oberseits und seitlich am Zweig sitzend. Die Rinde ist glatt, braun bis graubraun, rissig und plattig abschilfernd.

Koyama-Fichte

Picea koyamai
Heimisch in Mitteljapan im Gebirge zwischen 1500 und 1800 m, auch in Korea. Höhe 18 m. Blüht im Mai (rechts), männliche Blüten 2,5 cm lang, weibliche Blüten dunkelpurpurrot und etwas länger. Zapfen (rechts außen) 10 cm lang, abgerundete und leicht gewellte Schuppen. Bei Austrocknung schrumpfen sie auf die Hälfte zusammen. Nadeln (S. 17) sehr scharfspitzig, vierkantig und bläulich bereift. Die Nadeln sitzen rund um den Zweig, die Nadeln der Zweigunterseite biegen sich jedoch aufwärts, die oberen Nadeln vorwärts. Rinde dunkelbraun bis hellrötlich-grau, mit grauen, abbrechenden Schuppen.

Likiang-Fichte

Picea likiangensis
Verbreitet über ein großes Gebiet im westlichen China und Tibet, zuerst in den Lichiang-Bergen in der Yünnan-Provinz entdeckt. Angebaut als Zierbaum in Gärten, Parks und Arboreten. Höhe bis 45 m. Blüht im April, Blüten (rechts) über die ganze Krone verteilt. Zapfen (rechts außen) meist 5 cm lang, mit abgerundeten, aber gewellten Schuppen. Nadeln (S. 17) variabel von Grün bis Blaugrün, vierkantig, Nadeln auf der Zweigoberseite zeigen in Richtung auf die Zweigspitze. Borke hellgrau und grau mit einigen langen, dunklen Rissen.

Schwarzfichte

Picea mariana
Verbreitung ähnlich wie bei *P. glauca* im borealen Nadelwald Nordamerikas, nach Süden in Gebirgslagen bis Wisconsin und Virginia. Angebaut in Parks und Arboreten, kurzlebig und forstlich wenig bedeutend. Aus den Nadeln wird Fichtenbier hergestellt. Höhe 10, maximal 30 m, schmalkronig im natürlichen Verbreitungsgebiet (s. oben links), breiter bei Anbau außerhalb (s. oben rechts). Blüht im Mai (rechts), männliche Blüten rot, weibliche Blüten gelb-grün, beide 2 cm lang. Zapfen (rechts außen) klein, 3 cm lang, fast kugelig, mattbraun, an kurzen gekrümmten Stielen auf mehrere Jahre am Baum bleibend. Nadeln (S. 17) blau-grün, ähnlich *P. glauca,* aber nicht aromatisch, vierkantig. Jungtriebe behaart. Die Rinde ist rötlich bis purpurrötlich-graubraun und schuppig.

Sibirische Fichte

Picea obovata
Heimisch im borealen Nadelwald Eurasiens von Nordostskandinavien bis Ostsibirien, an das Verbreitungsgebiet der Rotfichte (*P. abies*) östlich anschließend und durch die Zwischenform *fennica* verbunden. Höhe 20–50 m. Blüten (links) und Zapfen (rechts außen) ähnlich *P. abies,* aber die Zapfen sind kleiner, bis 8 cm lang, Samenschuppen breit, eiförmig bis herzförmig, außen ganzrandig. Benadelung (S. 18) ähnlich wie bei *P. abies,* vielleicht etwas spitzer, weniger dicht, und auf der Zweigunterseite an kräftigen Trieben nach vorn und unten deutend. Diese Unterscheidungsmerkmale sind jedoch unsicher. Rinde wie bei der Rotfichte.

Omorikafichte
Serbische Fichte

Picea omorika
Heimisch in Serbien, Bosnien und Montenegro, durch Waldzerstörung auf einige wenige Reliktstandorte zurückgedrängt. Winterharter und schnellwüchsiger Zierbaum, wegen seiner sehr schmalen und tiefen Krone beliebter Gartenbaum. Höhe bis 40 m. Blüht im Mai, männliche Blüten 1,2 cm (rechts oben), weibliche Blüten etwas größer (rechts unten). Zapfen (rechts außen) 2,5–5 cm, gestreckt eiförmig, Samenschuppen breit und abgerundet. Nadeln (S. 18) tannenartig abgeflacht, dachziegelartig die Zweigoberseite bedeckend. Rinde rotbraun, plattig und dünnschuppig.

**Orientalische Fichte
Kaukasus-Fichte
Sapindus-Fichte**

Picea orientalis
Heimisch in den Gebirgen Kleinasiens und im Kaukasus, Zierbaum in Parks und Gärten in Europa und Nordamerika, in feuchten Klimaten auch forstlich angebaut. Höhe 30–50 m, dicht beastete Krone. Blüht im April, männliche Blüten 1,2 cm, rötlich, weibliche Blüten rötlich bis violett-grün, 2,5 cm lang (rechts). Zapfen (rechts außen) 5–9 cm lang, walzig-schmal, reifen glänzend braun. Die Nadeln (S. 18) sind die kleinsten von allen Fichtennadeln, 0,5–1 cm lang, stark glänzend, stumpfspitzig. Borke rötlich-braun, kleinschuppig.

**Tigerschwanzfichte
Toranofichte**

Picea polita
Heimisch in Nord- und Mitteljapan, um 1200 m. Sehr selten in Parks und Gärten in Europa und Nordamerika. Höhe 20–30 m. Blüht im Mai, männliche Blüten 2 cm, weibliche Blüten 2,5 cm (links). Zapfen (rechts außen) 10 cm lang, reifen dunkelbraun, gestreckt eiförmig, Samenschuppen abgerundet. Nadeln sehr derb, hart, scharfspitzig und vom Zweig abstehend, vierkantig (S. 18). Rinde rötlich-braun, in großen, groben Schuppen bis Platten, ähnlich wie bei *P. sitchensis*, abschilfernd.

**Stechfichte
Coloradofichte**

Picea pungens
Heimisch in den Felsengebirgen Nordwestamerikas zwischen 2000 und 2800 m. Winterharter Zierbaum, vor allem die blaubereiften Varietäten *P. p.* 'Glauca', in Parks und Gärten, neuerdings beliebter Weihnachtsbaum. Höhe bis 30 m, selten bis 45 m. Blüht im Mai, die rötlichen männlichen Blüten 2 cm lang, weibliche Blüten 4 cm lang und grün (rechts). Zapfen (rechts außen) 6 cm lang, mit am Rand gezähnten Schuppen, blaßhellbraun. Nadeln (S. 18) vierkantig, scharf stechend, je nach Varietät bläulich-grün bis silber-bläulich-grau. Wuchsform der Varietäten sehr verschieden, Rinde rötlich-graubraun, grobplattig.

Blaue Stechfichte

Picea pungens f. *glauca*
Die unter dem Sammelbegriff *P. pungens*
'Glauca' geführten Sorten der Stechfichte
sind besonders als Zierbaum in Parks,
Gärten und Arboreten geschätzt und werden
auch wegen ihrer Widerstandsfähigkeit
gegen Luftverschmutzung gern angebaut.
Zunehmend beliebter Weihnachtsbaum.
Die Blüten (rechts) und Zapfen (rechts
außen) entsprechen der typischen Form.
Die scharfstechenden, harten, blaubereiften
Nadeln (S. 18) sind leicht von den weicheren
Nadeln der *P. engelmannii* f. *glauca* zu
unterscheiden, die Knospen durch ihre
auswärts gebogenen Schuppen. Sehr viele
in Wüchsigkeit und Form unterschiedene
Zuchtsorten werden unter Handelsnamen
gehandelt.

Amerikanische Rotfichte
Hudsonfichte

Picea rubens, Syn. *P. rubra*
Heimisch in Neuschottland und
Neufundland. Verwendet als Nutzholz
und zur Herstellung von Fichtenbier. Höhe
bis 30 m, in der arktischen Zone strauchig.
Blüht im Mai, männliche und weibliche
Blüten 2–3 cm lang (rechts). Zapfen (rechts
außen) 3–4 cm, spitz-eiförmig, reif glänzend
rotbraun und mit Harz überzogen, sehr
ähnlich wie bei *Picea mariana*, aber nach
Öffnen der Zapfen Schuppen abfallend,
bei *P. mariana* dagegen einige Jahre hängen
bleibend. Nadeln (S. 18) 1–1,5 cm, vierkantig
mit stechender Knorpelspitze, frischgrün
bis gelblich-grün, glänzend (Gegensatz
zu *P. alba, nigra* und *mariana*). Borke
dunkelrot-braun, mit kleinen, gebogenen
Schuppen bis Platten.

Sitkafichte

Picea sitchensis
Verbreitet entlang der amerikanischen
Pazifikküste von Alaska bis nach
Nordkalifornien bis 100 km landeinwärts
und 1000 m Seehöhe, raschwüchsig und
in feuchten Klimaten verbreitet in
Holzbaumplantagen angebaut. Höhe
50–70 m, maximal 90 m, und 5 m
Stammdurchmesser, Alter 800 Jahre. Blüht
im Mai, männliche Blüten rötlich,
2,5–3,7 cm lang, weibliche Blüten etwas
länger, gewöhnlich rötlich-grün bis rot
(rechts). Zapfen (rechts außen) 5–10 cm
lang, Samenschuppen klein, weich und
gewellt. Nadeln (S. 18) dünn, aber steif
und sehr stechend, 1,5–2,5 cm lang. Rinde
(S. 218) dunkelrot-braun bis grau, springt
in kleinen bis groben, muscheligen Platten
ab.

**Westliche Himalaja-Fichte
Morindafichte**

Picea smithiana
Heimisch im westlichen Himalaja, nach dem ersten Präsidenten der Londoner Linnéschen Gesellschaft genannt. Höhe 30–40 m, maximal 60 m, Zweige ähnlich wie bei *P. breweriana,* aber weniger stark ausgeprägt hängend. Blüht im Mai, männliche Blüten 2 cm, weibliche Blüten länger (rechts). Zapfen (rechts außen) bis 18 cm lang, zuerst hellgrün, bei Reife glänzend braun, Samenschuppen abgerundet, später gezähnt. Nadeln (S. 18) länger als bei allen anderen Fichtenarten, nach allen Seiten abstehend. Rinde rötlich-grau, springt in flachen, runden Platten ab.

**Östliche Himalaja-Fichte
Sikkim-Fichte**

Picea spinulosa
Heimisch im östlichen Himalaja in höheren Berglagen. Gelegentlich in Parks und Arboreten. Höhe im Urwald auf günstigen Standorten bis über 60 m. Blüten (rechts) im Mai, männliche 2,5 cm lang, weibliche gering länger. Zapfen (rechts außen) 6–8 cm lang, grün mit purpurfarbenen Rändern der Samenschuppen, reife Zapfen braun. Nadeln (S. 18) unterseits heller, nach dem Triebende zu gerichtet, scharf-spitzig. Die Rinde ist hellgrau, mit flachen Rissen, in rundlichen Platten abbrechend.

Wilsons Fichte

Picea wilsonii
Heimisch in Mittelchina in Gebirgslagen, in Europa und Amerika nur selten in Arboreten und Parks zu finden. Höhe bis 23 m. Blüht im Mai, männliche Blüten 2 cm, weibliche Blüten größer und kräftig rot gefärbt (rechts). Zapfen (rechts außen) länglich zylindrisch, 4–7 cm lang, Schuppen rund, frühestens ein Jahr nach der Reife abfallend. Nadeln (S. 18) dick, stechend-spitzig, vierkantig, 0,8–1,5 cm lang, dunkelgrün. Rinde rötlichgrau-braun, dünnschuppig abfallend.

Picrasma

Picrasma quassioides; Familie Simaroubaceae
Sommergrüner Baum, heimisch in Japan, Korea, China und Himalaja. Sehr dekorativ, aber außerhalb des natürlichen Verbreitungsgebiets wenig angebaut. Höhe bis 12 m, oft buschig. Blüht im Juni, Blüte (links außen) 0,5 cm in lockerer Rispe. Frucht (links) 1 cm lang, reifen rot im September oder Oktober. Fiederblätter (S. 55) mit neun- bis dreizehnpaarigen Blättchen, färben sich im Herbst gelbrot bis scharlachrot.

Pinus, **Kiefer;** Familie Pinaceae
Immergrüne baumartige oder strauchige Koniferen. Blätter nadelartig, lang und dünn, einzeln nur an jungen, ein-, höchstens vierjährigen Pflanzen, sonst in Gruppen von 2–5 (6–8) an Kurztrieben, an der Basis von aus Schuppen gebildeten Nadelscheiden umgeben. Einhäusig, Blüten getrenntgeschlechtlich, männliche Blüten an Stelle von Kurztrieben, weibliche Blüten aus Quirlknospen entstehend. Zapfen mit verkümmerten Deckschuppen und großen, verholzenden Samenschuppen, meist im 2. bis 3. Jahr reifend.

Weißborkenkiefer

Pinus albicaulis
Heimisch im westlichen Nordamerika in 1500–3000 m Seehöhe. Kleiner Baum bis 15 m Höhe oder strauchig an exponierten Standorten. Blüht im Juni, männliche Blüten rot und in Büscheln, weibliche Blüten (rechts) 1,2 cm lang. Zapfen (rechts außen) 3,5–7,5 cm lang, die dicken Schuppen mit scharfem Nabel reifen von Purpurrot zu Braun. Öffnen sich nach Abfallen am Boden, Samen groß und eßbar, ohne Flügel, 1,2 cm lang. Fünfnadelig (S. 21), gelegentlich 6, selten 8, mit hellen Längsstreifen an allen Seiten, 5–6 cm lang. Knospen dunkelrot-braun, Schuppen dicht angepreßt. Rinde älterer Bäume glatt und fast weiß.

Grannenkiefer
Borstenkiefer

Pinus aristata
Heimisch im Gebirge oberhalb 2600 m in Colorado, Neumexiko, Arizona. Höhe 5–15 m, Alter in den White Mountains in Kalifornien bis 5000 Jahre. Blüht im Juni, männliche Blüten dunkelrot, weibliche Blüten (rechts) purpurrot, 0,6 cm lang. Zapfen (rechts außen) 8 cm lang, mit auffälligen, langen, borstigen Nadeldornen. Fünfnadelig, Nadeln (S. 21) kurz und gedrungen, Innenseiten heller als die kräftig grünen Außenseiten, an den Triebenden flaschenbürstenartig zusammengedrängt.

Davidskiefer

Pinus armandii
Heimisch in China, wo sie von dem französischen Missionar und Naturwissenschaftler Armand David gesammelt wurde, sowie in Burma und Formosa. Angebaut in Arboreten. Höhe 20–25 m. Blüht im Juni, männliche Blüten (rechts oben) gelb, oft vereinzelt, weibliche Blüten (rechts unten) purpurfarben. Zapfen (rechts außen) 7,5–15 cm lang, dickschuppig, bei Reife hellbraun. Fünfnadelig, die langen, weichen Nadeln (S. 22) sind oft im unteren Teil geknickt, als wären sie gebrochen. Stomata nur auf den Innenseiten in 4–6 weißen, deutlichen, feinen Perlenschnüren. Die Nadeln fallen schon im 2. Lebensjahr ab, teilweise kahle Jungtriebe und ein- bis zweijährige Zweige und zahlreiche Harztropfen sind charakteristisch.

Knopfzapfenkiefer

Pinus attenuata
Heimisch im westlichen Nordamerika von Oregon südwärts. Höhe 9–30 m. Blüht im Mai, männliche Blüten orange-braun, in großen Büscheln an der Basis der Jungtriebe, weibliche Blüten (rechts, im Beispiel am Wipfeltrieb) 1,5 cm lang, gewöhnlich in Wirteln. Zapfen (rechts außen) 10–13 cm lang, Nabel knopfförmig aufgewölbt mit dornartiger Spitze, vor allem an der Außenseite. Die Zapfen können bis 40 Jahre am Baum bleiben, bis sie sich nach einem Feuer oder dem Tod des Baumes öffnen. Zapfen oft harzfleckig. Dreinadelig (S. 21), Knospen zylindrisch und harzig. Rinde (S. 218) dunkelgrau, feinschuppig, oft von trockenem Harz bedeckt. *P. attenuata* ist in Mitteleuropa nicht lebensfähig.

Mexikanische Weißkiefer

Pinus ayacahuite
Heimisch in Guatemala und Mexiko in Gebirgstälern von 2500 bis 3000 m Seehöhe. Höhe bis 30 m und darüber. Blüht im Juni, die gelben männlichen Blüten in dichten Büscheln an der Jungtriebbasis, weibliche Blüten rot, 1 cm lang (rechts). Zapfen (rechts außen) bis 15–30 cm lang, reifen hellbraun und öffnen sich schon während der Reifung, Schuppenspitzen grünlich harzig, Schuppen an der Basis zurückgebogen. Samenflügel 2,5 cm lang, Samen 0,6 cm. Fünfnadelig (S. 22), Nadeln dünn und weich-biegsam.
P. ayacahuite var. *veitchii*
Eine Varietät von Mexiko, die mit der typischen Form oft verwechselt wird. Die Form hat größere, 1,2 cm lange Samen mit kürzeren breiteren Flügeln. Die Zapfen werden bis 38 cm lang.

Bankskiefer

Pinus banksiana
Heimisch im nordöstlichen Nordamerika, vollkommen frosthart und anspruchslos, geeignet für arme Sandböden, Holz jedoch wenig wertvoll. Verbreitet in Parks und Arboreten, selten in Forsten in Europa angebaut. Höhe bis 20 m, meist niedriger, gelegentlich nur strauchig. Blüht im Mai, männliche Blüten gelb oder rotgelb, in Büscheln an der Basis von Jungtrieben, weibliche Blüten rot und stechend, 0,5 cm lang (rechts). Zapfen (rechts außen) 3–5 cm lang, spitz zulaufend und oft gekrümmt, reifen hellbraun und bleiben noch lange an den Zweigen sitzen und öffnen sich zum Teil erst unter dem Einfluß der Hitze von Waldbränden. Die Bankskiefer ist daher oft eine der ersten Baumarten, die Brandflächen besiedeln. Zweinadelig (S. 19), Nadeln kurz, 2–4 cm, gedreht und gespreizt, hellgrün.

Chinesische Weißborkenkiefer

Pinus bungeana
Heimisch im nordöstlichen und mittleren China, angebaut in Arboreten, selten in Gärten und Parks. Höhe bis 30 m, der Stamm oft zwieselig, gelegentlich strauchartig. Blüht im Mai, männliche Blüten gelb in Büscheln an der Basis von Jungtrieben, weibliche Blüten gelblich-grün, 1 cm lang (rechts). Zapfen 5–8 cm lang, Nabel kurz-dornspitzig. Samen hart, 0,8 cm lang mit kurzem Flügel. Dreinadelig (S. 21), Nadeln glänzend und steif. Rinde (S. 218) glatt, dunkelgrau, großplattig abschilfernd und weißlich junge Rinde freilegend, an die Rinde von Platanen erinnernd. Die Oberfläche der Rinde alter Bäume ist fast vollständig glatt und weiß, platanenähnlich, z.B. an alten Exemplaren im Park des kaiserlichen Sommerpalastes bei Beijing, China.

Zirbelkiefer
Arve

Pinus cembra
Heimisch in den Alpen und Karpaten bis zur Baumgrenze, außerdem im nördlichen Rußland und Sibirien als var. *sibirica*, als Zierbaum in Parks und Arboreten angebaut. Höhe 20–30 m, langsam wachsend, Alter bis 1000 Jahre. Blüht im Mai (rechts oben männlich, unten weiblich). Zapfen (rechts außen) 6–8 cm lang, eiförmig, reifen braun und fallen im 3. Jahr ab. Die Schuppen öffnen sich nicht, die flügellosen, großen und eßbaren Samen werden erst frei, wenn der Zapfen verrottet oder durch Tiere zerstört wird. Fünfnadelig, Nadeln (S. 22) 5–8 (12) cm lang, steifer und etwas dicker als bei *P. strobus*, Innenseite bläulich-grau-grün. Junge Triebe orange-rot, filzig behaart.

**Mexikanische Steinkiefer
Pinyon**

Pinus cembroides
In mehreren Varietäten, heimisch in
Arizona, Kalifornien und Mexiko. Die
eßbaren Nüsse werden gehandelt. Höhe
12–15 m. Blüht im Mai, männliche Blüten
gelb in dichten Büscheln, weibliche Blüten
(rechts) rötlich-grün an den Triebspitzen.
Zapfen (rechts außen) mehr oder weniger
kugelig, 2,5–5 cm breit und lang, nur 25–30
Schuppen, die sich im Herbst öffnen, um
den flügellosen, 1–2 cm großen Samen
zu entlassen. Dreinadelig (gelegentlich
zwei-), Nadeln (S. 21) säbelförmig gebogen,
scharfspitzig, 2–5 cm lang, an Triebenden
pinselartig gehäuft. Die Varietäten
unterscheiden sich in der Anzahl der Nadeln
am Kurztrieb (1, 2 und 4) und der
Nadeldicke.

**Drehkiefer
Strandkiefer**

Pinus contorta
In 4 Varietäten heimisch im westlichen
Nordamerika von Alaska bis Kalifornien,
im Osten bis in das Felsengebirge. Angebaut
in Parks, Gärten und Forsten. Höhe
25–35 m. Blüht im Mai, männliche Blüten
zahlreich, gelb, 2 cm lang, weibliche Blüten
rot, 0,6 cm lang (rechts). Zapfen (rechts
außen) eiförmig, meist gebogen, 3–5 cm
lang. Nabel scharfspitzig, Schuppen öffnen
sich am Baum. Zweinadelig (S. 19), Nadeln
stark gedreht, 3–5 cm lang. Zweige ebenfalls
gedreht. Rinde rötlich-braun, tiefrissig,
rechteckig-plattig.

Langnadelige Drehkiefer

Pinus contorta var. *latifolia*
Langnadeligere Varietät, heimisch im
Felsengebirge von Alaska bis Colorado.
Einige Herkünfte dieser Varietät haben
sich bei Aufforstungen im mittleren und
nördlichen Europa bisher bewährt. Höhe
25–30 m, schmalkroniger als der Typ. Blüht
im Mai, Blüten wie beim Typ var. *contorta*
(rechts). Zapfen (rechts außen) mehr
rötlich-braun, kürzer und rundlicher als
beim Typ. Einige Zapfen können
geschlossen am Baum einige Jahre sitzen
bleiben. Nadeln (S. 19) länger, breiter und
heller, die Rinde dünner und glatter als
beim Typ.

Riesenzapfen-Kiefer

Pinus coulteri
Heimisch in Kalifornien und
Nordwestmexiko. Samen eßbar. Angebaut
in Arboreten und Gärten in milden
Klimaten, in Mittel- und Nordeuropa nicht
lebensfähig. Höhe bis 30 m. Blüht im Juni,
männliche Blüten dunkelpurpur, dann
gelb (rechts oben), weibliche Blüten rot,
1,5 cm lang (rechts unten). Zapfen (rechts
außen) sind die schwersten (bis 2,3 kg)
und, neben *Pinus ayacahuite* var. *veitchii*,
größten (bis 30 cm Länge) aller
Kiefernzapfen. Zapfen an der Basis krumm,
hellbraun, Schuppen mit scharfen, nach
innen gekrümmten Dornspitzen. Samen
ebenfalls groß, 1,2 cm lang mit etwa doppelt
so langem Flügel. Die Zapfen bleiben am
Baum meist geschlossen und für mehrere
Jahre sitzen, einige öffnen sich jedoch
im Herbst und entlassen den Samen.
Dreinadelig, Nadeln 25–30 cm lang (S. 21),
kräftig und steif, im 2. Jahr häufig gekniet.

Weichkiefer

Pinus flexilis
Heimisch in den östlichen Felsengebirgen
von Kanada bis Kalifornien und Neumexiko.
Höhe bis 20 m, meist weniger, und auf
schlechten, exponierten Standorten oft
buschig. Blüht im Juni, männliche Blüten
gelb oder rötlich-gelb, weibliche rot, oft
in Gruppen, 0,6 cm lang (rechts). Zapfen
(rechts außen) 8–20 cm lang, ähnlich
P. albicaulis, aber länger und öffnen sich
bei Reife, einzeln oder in Gruppen von
2–3. Fünfnadelig, Nadeln (S. 22) 3–7 cm
lang, steif, nicht knickend, Kanten glatt
und nicht feingezähnt wie bei den meisten
fünfnadeligen Kiefern. Nur gelegentliche
Zähnung nahe der Nadelspitze.

**Aleppokiefer
Seekiefer**

Pinus halepensis
Heimisch im Mittelmeergebiet und
Kleinasien, besonders auf trockenen, heißen
Böden, auf Bergen und an der Küste. Das
Harz wurde von den Griechen im Altertum
bei der Weinherstellung verwendet, heute
liefert es Terpentinöl. Höhe 10–15 m,
Stamm häufig knorrig und gedreht. Blüht
im Mai, weibliche Blüten (rechts) 1 cm
lang. Zapfen (rechts außen) 8–10 cm lang,
rotbraun bis fast gelb, meist in drei
Gruppen, sitzen mehrere Jahre am Zweig.
Zwei-, sehr selten dreinadelig, hellgrün,
dünn, 6–10 cm lang. Nadelscheiden
zurückgebogen (S. 19).

Schlangenhautkiefer

Pinus heldreichii var. *leucodermis,* Syn.
Pinus leucodermis
Heimisch in Bosnien, Herzegowina,
Montenegro (1000–2000 m), bis nach
Norditalien, häufiger als die typische Form,
auch als eigene Art angesehen. Höhe
15–30 m. Blüht im Mai, männliche Blüten
zahlreich, gewellt, weibliche
dunkelpurpurrot, 0,8 cm (rechts). Zapfen
(rechts außen) reifen im 2. Jahr, hellbraun,
5–8 cm lang. In der Abbildung sind einige
Nadelbündel am Trieb entfernt worden,
um den jungen Zapfen im 1. Sommer besser
zu zeigen. Zweinadelig, Nadeln (S. 19)
dunkelgrün, scharfspitzig, Rand fein gesägt,
pinselförmig an den Triebspitzen gehäuft.
Nach dem Nadelabfall schlangenhautartig
gefelderte Zweigoberfläche.

Holfords Kiefer

Pinus x *holfordiana*
Eine in England gezogene Hybride von
Mexikanischer Weißkiefer *(P. ayacahuite)*
und der Tränenkiefer *(P. wallichiana).*
Gelegentlich in Arboreten und Gärten.
Höhe bisher 30 m. Blüht im Juni, männliche
Blüten gelb, in dichten Büscheln an der
Basis der Jungtriebe, weibliche Blüten
dunkelrot, schmal, 2 cm lang (rechts).
Zapfen (rechts außen) reifen im 2. Jahr
von Grün bis holzig Rötlich-hellbraun,
20–30 cm lang. Schuppen öffnen sich am
Zweig. Samen geflügelt. Fünfnadelig, Nadeln
(S. 22) an der Außenseite glänzend grün,
an der Innenseite blaßgrau-bläulich-grün.
Vergleiche Beschreibungen der Elternarten.

Jeffrey-Kiefer

Pinus jeffreyi
Heimisch im Südoregon bis 1000 m Seehöhe
und in Kalifornien bis 3000 m an die Zone
der *P. ponderosa* anschließend. Angebaut
als Zierbaum in Gärten und Parks in Europa
und Nordamerika. Höhe 30–60 m, maximal
70 m. Blüht im Juni, männliche Blüten
rötlich, dann gelb, weibliche Blüten
dunkelpurpur, 0,8 cm (rechts). Zapfen
(rechts außen) größer als bei *P. ponderosa,*
bis 20 cm, stark zurückgebogene
Nabeldornen, Zapfen öffnen sich am Zweig,
Samen geflügelt. Dreinadelig, Nadeln (S. 21)
ähnlich *P. ponderosa,* bei Zerreiben starker
Zitronengeruch. Borke glatt, wenige tiefe
Risse, sehr dunkelbraun.

Gebirgs-Strobe

Pinus monticola
Heimisch im westlichen Nordamerika von Britisch-Kolumbien bis Kalifornien, frosthart, aber anfällig gegen Blasenrost und daher nur gelegentlich in Amerika und Europa angebaut. Höhe 50–60 m, maximal 70 m, 2 m Stammdurchmesser, gewöhnlich aber sehr viel kleiner. Blüht im Juni, männliche Blüten hellgelb in dichten Büscheln an der Basis von Jungtrieben, weibliche Blüten rot, 0,5 cm lang (rechts). Zapfen (rechts außen) werden bis 25 cm lang, gewöhnlich leicht säbelförmig und mit Harzflecken bedeckt. In Europa werden die Zapfen gewöhnlich nur 10–15 cm lang. Fünfnadelig wie alle anderen blasenrostanfälligen Kiefern, Nadeln (S. 22) 4–10 cm lang, olivgrün, feingezähnt und fassen sich rauh an. Junge Triebe sind bräunlich filzig behaart, wodurch die Art leicht von der Weymouthskiefer *(P. strobus)* unterschieden werden kann.

Bischofskiefer

Pinus muricata
Heimisch an der Küste von Kalifornien. In Europa als Zierbaum und vor allem wegen ihrer Unempfindlichkeit gegen Salz als Windschutz an Stränden mit mildem Klima angebaut. Höhe meist um 15 m, gelegentlich bis 30 m. Blüht im Mai, männliche Blüten in langen Ähren statt in gedrängten Büscheln, weibliche Blüten rötlich, 0,6 cm lang, 3–5 in einem Wirtel (rechts). Zapfen (rechts außen) 7–8 cm lang, mit kräftigen Nabeldornen. Die Zapfen bleiben mindestens 25 Jahre am Baum und entlassen die geflügelten Samen erst, wenn sich die Schuppen unter der Einwirkung von Hitze (Waldbrand) geöffnet haben. Zweinadelig, Nadel (S. 19) steif, glänzend und dunkelgrün.

Österreichische Schwarzkiefer

Pinus nigra ssp. *austriaca*
Heimisch in den Ost- und Südostalpen und Karpaten zwischen 150 und 300 m Seehöhe. Frosthart und verbreitet in Gärten und Parks, gelegentlich auch forstlich angebaut. Höhe 30–40 m (50 m). Blüht im Mai, männliche Blüten goldgelb, weibliche Blüten rot, 0,5 cm lang (rechts). Zapfen (rechts außen) 4–8 cm lang, symmetrisch, ungestielt, glänzend hellbraun, öffnen sich am Zweig. Zwei-, selten dreinadelig, Nadeln (S. 19) sehr derb, weniger gedreht und lang als in den folgenden Unterarten.

Krimkiefer

Pinus nigra var. *caramanica*
Heimisch auf dem Balkan, in den Südkarpaten und auf der Krim sowie im Kaukasus und Kleinasien. Höhe 20–30 m, breitkronig. Blüht im Mai, Blüten ähnlich wie bei der Österreichischen Schwarzkiefer (rechts). Zapfen (rechts außen) ähnlich denen der beiden anderen Unterarten, öffnen sich am Zweig, werden aber meist bald von Tieren zerstört und sind daher oft schwer zu finden. Die Abbildung zeigt unreife Zapfen. Nadeln (S. 19) wie vor, aber länger als bei ssp. *austriaca* und gerader als bei ssp. *calabrica*. Die Rinde der Jungtriebe ist rotgelb.

Korsische Kiefer

Pinus nigra ssp. *calabrica* (= var. *maritima*, = ssp. *laricio*)
Heimisch in Korsika, Süditalien und Sizilien, als schnellwachsende und anspruchslose Baumart bei Aufforstungen in Westeuropa, vor allem in Großbritannien, auf großen Flächen verwendet. Auch als Zierbaum in Parks, Gärten und in Arboreten. Höhe 35–45 m, schmalkroniger und feinastiger als die vorigen Unterarten. Blüht im Mai, männliche Blüten gelb, weibliche Blüten rot, 0,5 cm lang (rechts). Zapfen (rechts außen) 5–8 cm lang, öffnen sich bei Reife. Nadeln (S. 19) 8–16 cm lang, etwas gedreht, länger als bei den vorigen Unterarten. Benadelung lockerer, nicht so stark büschelig wie bei ssp. *austriaca*. Die Borke ist auf S. 218 abgebildet.

Japanische Weißkiefer

Pinus parviflora
Heimisch in den Gebirgen von Japan, als frostharter und raschwüchsiger Zierbaum in Parks und Gärten, vor allem in einer niedrigen, knorrigen Wuchsform bis 10 m. Die typische Form wächst bis 15–30 m hoch, Krone breit und dicht, Äste abstehend. Blüht im Juni, männliche Blüten in langen Ähren, hellpurpurrot oder später gelb, weibliche Blüten altrosa, 1,2 cm lang, und oft zahlreich im Wirtel (rechts). Zapfen (rechts außen) 5 cm lang, einzeln oder in Büscheln, fast sitzend, bis 7 Jahre am Ast bleibend. Fünfnadelig, Nadeln (S. 22) 4–6 cm lang, etwas gedreht, dunkelgrün, zweifarbig.

Mazedonische Kiefer

Pinus peuce
Heimisch in verschiedenen kleinen Arealen in Südjugoslawien, Albanien und Griechenland, in Arboreten und Parks angebaut. Höhe 10–20 m, maximal 40 m, tief beastet. Blüht im Juni, männliche Blüten hellgelb, weibliche Blüten dunkelrot, 1,2 cm lang (rechts), Zapfen (rechts außen) 8–13 cm lang, harzfleckig, Schuppen öffnen sich am Baum. Fünfnadelig, Nadeln (S. 22) ähnlich wie bei *P. strobus*, etwas steifer, leicht zweifarbig, an Jungtrieben anliegend (rechts unten).

Seestrandkiefer
Bordeaux-Kiefer

Pinus pinaster
Heimisch im westlichen Mittelmeer bis 1200 m Seehöhe, als anspruchsloser und schnellwachsender Baum für Dünenaufforstungen und zur Harzgewinnung in Westeuropa und Kalifornien angebaut. Höhe 20–40 m. Blüht im Mai, männliche Blüten goldgelb, zahlreich, weibliche Blüten dunkelrot, 1,8 cm lang (rechts), Zapfen (rechts außen) bis 15 cm lang, spitzkegelig, glänzend gelbbraun, in zwei- bis viergliedrigen Quirlen sternartig um Ast oder Stamm stehend (daher auch Sternkiefer), nabeldornig, harzig, abwärts gekrümmt. Zweinadelig, Nadeln (S. 20) sehr lang, 12–20 cm, an jungen Pflanzen häufig dreinadelig, Jungtriebe blau bereift. Borke (S. 219) rotbraun oder dunkelbraun, tief rissig und plattig abschilfernd.

Pinie

Pinus pinea
Heimisch im gesamten Mittelmeerraum, wärmebedürftig, gedeiht nicht in Mitteleuropa. Im Mittelmeergebiet und Frankreich für Dünen- und Karstaufforstungen verwendet. Samen eßbar, roh, geröstet oder gekocht. Höhe 15–30 m, Krone breit und schirmförmig gewölbt. Blüht im Juni, männliche Blüten goldgelb, in Büscheln, weibliche Blüten blaßgelblich-grün, 1,2 cm lang (rechts). Zapfen 8–15 cm lang, bis 10 cm breit, nußartige, dickschalige Samen, Zapfenreife erst im 3. Jahr, Schuppen öffnen sich beim Trocknen in der Sonne. Zwei-, sehr selten dreinadelig, Nadeln (S. 20) hellgrün bis dunkelgrün, leicht gedreht, steif, spitz, Rand feingezähnt, 10–15 cm lang. Benadelung oft locker. Rinde (S. 219) rötlich-braun mit tiefen Rissen, in langen Platten abschilfernd.

Gelb-Kiefer

Pinus ponderosa
Heimisch im westlichen Nordamerika, in den Kaskaden und im Felsengebirge von Britisch-Kolumbien bis Kalifornien und Mexiko. Nadellänge und Zapfengröße sehr variabel. Zierbaum in Parks und Arboreten, forstlicher Anbau außerhalb ihres Verbreitungsgebietes, vor allem in Mitteleuropa, nicht sehr erfolgreich. Höhe bis maximal 70 m. Blüht im Mai, männliche Blüten rot, 3 cm lang, weibliche ebenfalls rot (rechts). Zapfen (rechts außen, einige Nadelbündel entfernt) 8–15 cm lang, reifen von Purpurrot bis Dunkelbraun, Samen geflügelt. Dreinadelig, Nadeln (S. 21) 12–25 cm lang, derb, spitz, dunkelgrün, büschelig an Zweigenden gehäuft. Jungtriebe bräunlich bis grünlich, nicht bereift. Sehr dicke Schuppenborke.

Monterey-Kiefer
Radiata-Kiefer

Pinus radiata (Syn. *P. insignis*)
Heimisch in einem Reliktareal an der Küste Kaliforniens, wichtige Industrieholzart im Mittelmeergebiet und in Südafrika, Australien, Neuseeland und Chile. Raschwüchsig, anspruchslos, aber nicht winterhart. Höhe 30–45 m, maximal 65 m. Blüht im April, männliche Blüten leuchtend gelb in großen Büscheln, weibliche Blüten dunkelpurpurrot, 1,8 cm lang (rechts). Zapfen (rechts außen) 7–14 cm lang, gekrümmt, in Wirteln, bleiben geschlossen am Ast oder Stamm bis 30 Jahre und darüber sitzen. Meist dreinadelig, Nadeln (S. 21) bis 12 cm lang, schmal, scharfspitzig, auffallend frischgrün.

Amerikanische Rotkiefer

Pinus resinosa
Heimisch im nordöstlichen Nordamerika, anspruchslos, auf trockenen, felsigen und sandigen Böden vorkommend und verbreitet in Aufforstungen, Parks und Gärten angepflanzt. Höhe 20–30 m. Blüht im Mai, männliche Blüten dunkelpurpurrot, in Büscheln, weibliche Blüten (rechts) rötlich-purpur, 1 cm lang. Zapfen (rechts außen) 4–6 cm lang, braun, ohne Nabeldornen, öffnen sich im Herbst des 2. Jahres, Samen geflügelt. Zweinadelig, Nadeln (S. 20) 12–17 cm lang, dicht stehend, brechen leicht. Jungtriebe gelblich-rot, Bruchstellen riechen nach Zitrone. Die Rinde des Stammes in der Kronenregion ist orange-rot.

Nördliche Pechkiefer

Pinus rigida
Heimisch in den nordöstlichen USA, in
Arboreten angebaut, aber von geringem
Zier- und Holzwert, hat sich in Europa
bei forstlichem Anbau nicht bewährt. Blüht
im Mai, männliche Blüten rot, in Büscheln,
weibliche Blüten hellrot, 1 cm lang, in
Wirteln um den Trieb (rechts). Zapfen
(rechts außen) 3–6 cm lang, können mehrere
Jahre um Zweig oder Stamm verbleiben,
Schuppen mit scharfen Nadeldornen.
Dreinadelig, Nadeln (S. 21) erst hellgrün,
später dunkelgrün, steif und gedreht,
7–14 cm lang, kürzer als bei anderen
dreinadeligen Kiefern. Der Stamm trägt
auffallend büschelig angehäufte Jungtriebe.

**Weymouthskiefer
Strobe**

Pinus strobus
Heimisch im östlichen Nordamerika,
verbreitet in Mitteleuropa in Forsten, Parks
und Gärten angebaut, jedoch anfällig gegen
Blasenrost. Höhe 25–50 m, kegelförmige
Krone, schlechte Astreinigung. Blüht im
Juni, männliche Blüten gelblich-grün, in
dichten Büscheln, weibliche Blüten
rötlich-grün, 1 cm lang (rechts). Zapfen
(rechts außen) 8–20 cm lang, schmal, reifen
von Grün nach Braun, harzfleckig, ohne
Nabeldornen, Schuppen öffnen sich weit,
Samen geflügelt. Fünfnadelig, Nadeln (S. 22)
nur bis 10 cm lang, stumpfspitzig, blaugrün,
leicht zweifarbig. Jungtriebe gelegentlich
mit kleinen Haarbüscheln unter der Basis
der Kurztriebe (Unterschied zu *P. peuce*
und *P. wallichiana*, deren Nadelansatz
kahl ist). Rinde bleibt lange glatt,
dunkelgrün-grau.

**Gemeine Kiefer
Föhre
Forche**

Pinus sylvestris
Hat von allen europäischen Baumarten
die größte Verbreitung von Spanien und
Schottland im Westen bis Ostsibirien im
Osten, im Norden bis zur polaren
Waldgrenze, im Süden bis in die Gebirge
des Mittelmeergebietes, des Balkans und
Kleinasiens. In Europa und Amerika als
Zier- und Nutzholzbaum angepflanzt. Höhe
10–40 m, maximal 50 m. Blüht im Mai,
männliche Blüten rund und gelb, in Büscheln
oder vereinzelt, weibliche Blüten rötlich,
0,5 cm lang (rechts). Zapfen 2,5–7 cm
lang, gekrümmt, reifen im 2. Jahr von Grün
nach Braun bis Rotbraun, Nabel zentral
ohne Stachelspitze, bei Reife weit offen.
Samen geflügelt. Zweinadelig, Nadeln (S. 20)
je nach Standort 2–8 cm lang, gedreht,
dunkel bis bläulich-grün, Rinde (S. 219)
des Stammes rotbraun-orange, dünnschuppig
im Kronenbereich und an den Zweigen,
Borke sehr variabel.

Chinesische Tafelkiefer

Pinus tabuliformis
Heimisch in China und Korea, angebaut
in Arboreten, seltener in Parks. Höhe bis
25 m. Blüht im Mai, männliche Blüten
hellgelblich, oval, lange Ähren bildend,
reife Blüten dunkelpurpur, 0,5 cm lang
(rechts). Zapfen (rechts außen) 5–6 cm
lang, reifen von Leuchtendgrün zu Hell-
bis Dunkelbraun, Samenschuppen mit sehr
kleinen Nabeldornen, mehrere Jahre am
Zweig verbleibend. Zwei-, gelegentlich
dreinadelig, Nadeln (S. 20) leuchtend grün.
Charakteristisch für die Chinesische
Tafelkiefer sind die waagerecht, mehr oder
weniger in Etagen tafelförmig angeordneten
Zweige.

Japanische Schwarzkiefer
Kuro-matsu

Pinus thunbergii
Heimisch in Japan und Korea, vor allem
angebaut zur Rekultivierung von Dünen
und Ödland im Heimatgebiet, außerhalb
in Gärten, Parks und Arboreten. In Japan
wichtig in der Landschaftsgärtnerei und
der Kultur von Zwergbäumen. Höhe je
nach Standort sehr unterschiedlich, bis
40 m. Blüht im Juni, männliche Blüten
rot, später gelb, gebüschelt, weibliche Blüten
purpurrot, 0,5 cm lang (rechts). Zapfen
(rechts außen) 4–6 cm lang, festsitzend
und im Gegensatz zu *P. densiflora* zahlreich,
zuweilen in Dutzenden zusammenstehend,
kleine Nabeldornen. Zweinadelig, Nadeln
(S. 20) 6–11 cm lang, kräftig, steif,
scharfspitzig, stechend, etwas gedreht, an
den Triebspitzen gehäuft. Knospen weiß
bis grauweiß.

Bergkiefer
Spirke

Pinus uncinata, Synonym *P. mugo* var.
rostrata
Heimisch in den Pyrenäen und Alpen,
angebaut in Gärten, Parks und Arboreten,
auch zur Wiederaufforstung armer Böden.
Höhe bis 25 m. Blüht im Juni, männliche
Blüten hellrot bis gelb, in großen, dichten
Büscheln, weibliche Blüten
dunkelrötlich-purpur, 0,5 cm lang (rechts).
Zapfen 2–5 cm lang, fast sitzend, braun
bis dunkelrot-braun, Nabel mit kurzem,
gebogenem Stachel und schwärzlichem
Ring. Zweinadelig, Nadeln (S. 20) steif,
Innenseiten gerieft, hell- bis dunkelgrün,
Knospen stark harzig.

Virginia-Kiefer

Pinus virginiana
Heimisch in den östlichen USA von Georgia bis Pennsylvania. Gelegentlich in Arboreten angebaut, Höhe 15 m, selten bis 25 m, buschig, kurzlebige, anspruchslose Pionierbaumart. Blüht im Mai, männliche Blüten rot, später gelb, weibliche Blüten rötlich-weiß, 0,5 cm lang, ährenartig (rechts). Zapfen (rechts außen) sitzend, fast symmetrisch, 4–7 cm lang, gelegentlich kürzer und mehr eiförmig. Samenschuppen mit 2–3 mm langem Nabeldorn. Zweinadelig, Nadeln (S. 20) 4–7 cm lang, steif, kräftig, gedreht und fein gezähnt. Jungtriebe spiralig gewunden mit typischem violett-grauem Reif. Äste waagerecht in unregelmäßigen Schlangenwindungen.

Tränen-Kiefer
Himalaja-Kiefer

Pinus wallichiana
Heimisch im Himalaja zwischen 1600 und 4000 m. Angebaut als Zierbaum in Parks, Gärten und Friedhöfen. Höhe 30–50 m, Krone pyramidal bis breit, Zweige dünn, schnellwüchsig, aber frostempfindlich. Blüte im Juni, männliche Blüten rötlich-gelb, weibliche Blüten blaßrötlich-grün, blaßpurpurgrün, 2 cm lang (rechts). Zapfen 15–30 cm lang (rechts außen), gewöhnlich in Gruppen, mit tränenartigen Harztropfen. Fünfnadelig, Nadeln (S. 22) 13–20 cm lang, an der Basis gekniet und daher charakteristisch hängend. Rinde orange-braun, gelegentlich rissig und plattig.

Kohuhu

Pittosporum tenuifolium; Familie Pittosporaceae
Immergrüner Baum, heimisch in Neuseeland, angebaut in Gärten und in Gärtnereien zur Schmuckgrüngewinnung. Höhe bis 9 m. Blüht im Mai, Blüten (links außen) 1,8 cm breit, süß duftend, vor allem ab Abend. Frucht (links) 1,2 cm breit, trocknet und schrumpelt während der Reifung. Blätter (S. 27) blaßgrün, glänzend mit welligem Rand. Verschiedene Zuchtformen unterscheiden sich in der Blattfarbe (purpur, gold oder panaschiert).

Gemeine Platane

Platanus acerifolia, Syn. *P.* x *hispanica,*
P. hybrida; Familie Platanaceae
Sommergrüner Baum, wahrscheinlich
Hybride zwischen Orientplatane
(P. orientalis) und Westlicher Platane
(P. occidentalis). In Städten als Straßen-
und Parkbaum angebaut, widerstandsfähig
gegen Luftverschmutzung. Höhe bis über
30 m. Blüht im Mai, männliche und
weibliche Blüten in getrennten Köpfchen,
unscheinbar, weibliche Blütenstände
endständig, rötlich-grün, männliche
Blütenstände achselständig, gelblich-grün
(rechts). 2–4 Fruchtstände an einem Stengel
(rechts außen), 2,5 cm breit, verfärben
im Herbst braun und zerfallen im
Spätwinter. Blätter (S. 46) sehr variabel
hinsichtlich der Tiefe der Einlappung, der
Randzähnung und der Blattgröße.
Herbstfärbung gelb und orange (S. 188
und rechts außen). Die Rinde (S. 219)
glatt, in großen Platten abbrechend und
helle, junge Rinde freilegend.

Orientplatane

Platanus orientalis
Sommergrüner Baum, heimisch im südlichen
Balkan und am Rand des Kaspischen
Meeres. Als Schatten- und Zierbaum in
Europa und im Mittleren Osten, vor allem
an Straßen und auf Plätzen angebaut. In
Westeuropa seltener als die vorige Art.
Blüht im Mai, Blüten (rechts) und
Blütenstände wie bei der vorigen Art, aber
gewöhnlich 3–6 Köpfchen an jedem Stiel
(rechts außen). Blätter (S. 46) tiefer gelappt
mit schmaler Mittelzunge, Rand stärker
gezähnt. Rinde ebenfalls abblätternd, aber
rauher und knotiger.

Chilenischer Podocarpus

Podocarpus andinus; Familie Podocarpaceae
Immergrüner Baum, heimisch in Chile
und Argentinien. Gelegentlich in Arboreten.
Höhe bis 15 m, auf guten Böden auch
mehr. Blüht im Juni, zweihäusig, männliche
Blüten gelb, 2,5 cm lang, in Büscheln,
weibliche Blüten klein, unscheinbar grün
und endständig (links außen). Frucht (links)
1,8 cm lang, erst grün, reif gelb. Das süße
Fleisch um die steinige Nuß ist eßbar.
Blätter (S. 13) von älteren Bäumen und
Seitenzweigen sind schmal und zugespitzt,
stumpf dunkelgrün oberseits, 2 bläuliche
Längsstreifen unterseits. Die Blätter stehen
allseits vom Trieb ab.

Populus, **Pappel;** Familie Salicaceae
Sommergrüne Bäume mit wechselständigen, ungeteilten Blättern. Meist zweihäusig, männliche und weibliche Blüten in Kätzchen. Früchte kleine Kapseln, Samen mit wolligen Haarschöpfen.

Weißpappel

Populus alba
Heimisch im westlichen und mittleren Europa und in Zentralasien, in Europa und Nordamerika an Straßen, in Parks und Gärten und in Windschutzstreifen, vor allem nahe der Küste, angebaut. Höhe bis 30 m, weniger in windreichen Gebieten. Blüht im April vor dem Blattausbruch, männliche Blüten karmesinrot, behaart, weibliche Blüten grünlich-gelb, beide in Kätzchen (rechts). Samenflug im Juni. Blätter (S. 47) gelappt, bei Laubausbruch weiß-filzig, später glänzend dunkelgrün oberseits, weiß unterseits. Rinde (rechts außen) glatt, weißlich oder grau mit Lenticellen in horizontalen Bändern, später rauhrissig und dunkel.

Balsam-Pappel

Populus balsamifera
Weitverbreitet im nördlichen Nordamerika, gelegentlich als Zierbaum und in Arboreten und zur Züchtung in Europa angebaut. Höhe bis 30 m, auf guten Standorten darüber. Blüht im März, männliche Blüten (rechts) leuchtend rot-gelb, weibliche Blüten grünlich. Reife Fruchtkätzchen bis 30 cm lang. Blätter (S. 40) kreisrund oder leicht herzförmig mit abgerundetem oder zugespitztem Blattende, dunkelgrün oberseits, heller unterseits. Bildet Wurzelbrut. Winterknospen mit dicker Harzschicht, die nach Balsam riecht. Die Rinde ist rechts außen abgebildet.

Schwarzpappelhybriden

Populus x *canadensis,*
Synonym *P.* x *euramericana*
Eine Gruppe von Hybriden zwischen der Europäischen Schwarzpappel *(P. nigra)* und der Baumwollpappel *(P. deltoides),* sehr raschwüchsig und gesund, leicht zu vermehren und verbreitet in Holzplantagen angebaut. Eine große Anzahl von Klonen sind im Handel verfügbar, zwei davon werden im folgenden beschrieben.

Regenerata-Pappel

Populus x *canadensis* 'Regenerata'
Ein weiblicher Klon, der 1814 in Frankreich entstanden ist und seitdem in Westeuropa angebaut wird, in Großbritannien auch entlang von Eisenbahnlinien. Heute wegen einer bakteriellen Krankheit nur noch wenig verwendet. Höhe 30 m. Blüten (rechts) im März und April, Frucht (rechts außen) reift im Juni, ist jedoch meist steril. Die Blätter sind auf S. 40 abgebildet.

Robusta-Pappel

Populus x *canadensis* 'Robusta'
Ein männlicher Klon, entstanden Ende
des 19. Jahrhunderts in Frankreich. Sehr
wuchskräftig und gesund, verbreitet in
Westeuropa angebaut als Windschutz,
Straßenbaum, Zierbaum und zur
Holzerzeugung. Höhe 35 m. Blüten (rechts)
leuchtend rot, März, Kätzchen 6 cm lang.
Blätter (S. 40) rotbraun bei Laubausbruch,
bläulich-grün im Sommer.

Graupappel

Populus canescens
Heimisch im südlichen, mittleren und
westlichen Europa, verbreitet als Zierbaum
und Windschutz, vor allem nahe der See
angebaut. Höhe 30 m. Blüht im März,
männliche Blüten (oben rechts) rötlich-grün
und seidig grau, Kätzchen 5–10 cm lang,
weibliche Blüten (rechts) grünlich und
seidig, Kätzchen 2–5 cm lang.
Fruchtkätzchen (rechts außen) 10 cm lang,
Samenflug im Juni. Blätter (S. 40) bei
Laubausbruch filzig weiß, später Oberseite
glatt, Unterseite noch schwach filzig behaart.
Die Graupappel wird auch als Hybride
zwischen Weißpappel (*P. alba*) und
Zitterpappel (*P. tremula*) angesehen. Borke
dunkelgrau-braun und gefurcht, im unteren
Stammteil, im Kronenbereich (S. 219) weiß
mit schwarzen Streifen und Lenticellen.

Baumwoll-Pappel

Populus deltoides
Heimisch im östlichen Nordamerika. In
Europa angebaut entlang von Straßen,
als Windschutz und zur Holzerzeugung,
verwendet für die Züchtung von
Hochleistungssorten. Wichtigster
Pappelholzlieferant in den USA. Höhe
30 m und darüber. Blüht im März,
männliche Blüten (rechts) rot, Kätzchen
5 cm lang, weibliche Blüten grünlich,
Kätzchen bis 10 cm lang. Die Fruchtkätzchen sind Trauben von 20–30 cm
Länge mit etwa 25 kurzgestielten,
dunkelgrünen Fruchtzapfen. Samenflug
im Juni. Blätter (S. 40) mit feinhaarigem
Rand und Drüsen an der Basis der
Blattspreite. Knospen und Blätter duften
stark nach Balsam.

Großzähnige Pappel

Populus grandidentata
Heimisch im östlichen Nordamerika. Höhe
kaum 20 m. Blüht im März, männliche
Blüten rot mit seidigen Haaren, weibliche
Blüten (rechts außen) grünlich, Kätzchen
3–6 cm lang. Fruchtkätzchen 10–15 cm
lang, Fruchtkapseln dünnwandig,
zweiklappig, reifen im Mai oder Juni. Blätter
S. 40) ähnlich wie bei *P. tremuloides*, aber
stärker gezähnt.

Chinesische Halsbandpappel

Populus lasiocarpa
Heimisch im mittleren China und Korea, angebaut als Kuriosität wegen ihrer sehr großen Blätter in Arboreten und Parks. Höhe bis 20 m. Blüten (rechts) April bis Mai, männliche rötlich, weibliche gelblich-grün, Kätzchen 10 cm lang. Kätzchen sind häufig gemischt-geschlechtlich, Blüten auch zwitterig. Fruchtkätzchen (rechts außen) bis 20 cm lang, Samenflug im Juni. Blätter (S. 42) sehr groß, bis 22 × 35 cm, Blattstiel rot.

Schwarzpappel

Populus nigra
Die echte Schwarzpappel ist heimisch in Europa und Westasien, recht selten, aber die vielen Varietäten und Züchtungen sind weitverbreitet. Viele hiervon sind sehr wüchsige Nutzholzbäume, jedoch oft nicht sehr attraktiv; hiervon werden zwei im folgenden beschrieben.

Behaarte Schwarzpappel

Populus nigra var. *betulifolia*
Heimisch im nördlichen und mittleren Europa, angebaut entlang von Straßen, in Parks und Gärten. Höhe um 30 m. Blüten im März, männliche (rechts) rot, weibliche grünlich, Kätzchen 5 cm lang. Fruchtkätzchen 8 cm lang, Samenflug im Juni. Blätter (S. 40) mit zur Blattspitze gebogenen Zähnchen und abgeflachtem Stiel. Jungtriebe, Blattstiele, Hauptnerven und Blütenstiele sind filzig behaart im Gegensatz zur unbehaarten typischen Form. Rinde (rechts außen) braun, rissig, charakteristische Wucherungen.

Lombardische Pappel

Populus nigra 'Italica'
Ein männlicher Klon eines Baumes aus der Lombardei, der im 18. Jahrhundert durch Stecklinge vermehrt wurde. Verbreitet in Europa und Nordamerika angebaut. Höhe 30 m und darüber. Blüten (rechts) im März bis April, Kätzchen 5 cm lang. Blätter (S. 40) ähnlich der typischen Form, auch Blattstiel und Triebe unbehaart. Die Rinde (rechts außen) grau-braun, gewöhnlich spannrückig und rissig, oft mit Wasserreisern besetzt. Die langgestreckte, säulenartige Wuchsform ist charakteristisch.

**Zitterpappel
Aspe**

Populus tremula
Heimisch in Europa, Nordafrika und Asien.
Oft durch Wurzelbrut dichte Gebüsche
bildend. Höhe 30 m. Blüten im Februar,
männliche Kätzchen rötlich mit grauen,
seidigen Haaren, 5–10 cm lang, weibliche
(rechts) ebenfalls grau und seidig.
Fruchtkätzchen (rechts außen) 10–13 cm
lang, Samenflug im Mai. Blätter (S. 40)
fast kreisrund mit gewölbtem Rand, an
Wurzelbrut gelegentlich keilförmig. Blattstiel
seitlich zusammengedrückt, die
Blattspreite bewegt sich beim geringsten
Windhauch. Drüsen am oberen Ende des
Blattstieles verfärben sich im Herbst gelb.
Rinde grau, glatt mit waagerechten Wülsten.

**Amerikanische Zitterpappel
Amerikanische Aspe**

Populus tremuloides
Größtes Verbreitungsgebiet aller
nordamerikanischen Bäume vom Pazifik
bis Atlantik, von Mexiko bis zur arktischen
Baumgrenze. Gelegentlich in Europa
angepflanzt, verwendet in der Züchtung.
Höhe 30 m und darüber. Blüten im Februar
bis März, männliche Kätzchen rötlich mit
langen, silbrigen Haaren, 5 cm lang,
schmaler als bei *P. tremula;* weibliche
(rechts) ähnlich. Fruchtkätzchen 15 cm
lang, Samenflug im Mai. Blätter (S. 40)
fast kreisrund, Rand feingezähnt, nicht
gewellt. Blattstiel ebenfalls seitlich
zusammengedrückt. Rinde heller und mehr
gelblich als bei *P. tremula,* an jungen
Bäumen waagerechte, dunkle Flecken.

Westliche Balsam-Pappel

Populus trichocarpa
Heimisch im westlichen Nordamerika von
Alaska bis Kalifornien. In Westeuropa
häufig entlang von Straßen, im
Windschutzstreifen und Parks angebaut,
auch zur Züchtung verwendet. Höhe bis
60 m. Blüten im März, männliche Kätzchen
(rechts) kräftig rot, 5 cm lang, weibliche
Kätzchen grünlich. Fruchtkätzchen bis
15 cm lang, dreiklappige, filzige Kapseln,
Samenflug im Juni. Blattgröße (S. 40)
variabel, 5 cm bis 25 cm Länge. Knospen
und junge Blätter duften stark nach Balsam.
Rinde (rechts außen) grünlich-graubraun,
in der Jugend glatt, später flach-rissig.

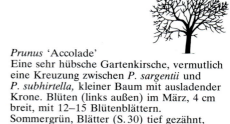

Prunus; Familie Rosaceae
Eine artenreiche Gattung von Bäumen und Sträuchern, gewöhnlich mit Büscheln weißer oder rötlicher, fünfzähliger Blüten und mit einsamiger Frucht. Vielfach wegen der Blüten oder Früchte angebaut.

Prunus 'Accolade'
Eine sehr hübsche Gartenkirsche, vermutlich eine Kreuzung zwischen *P. sargentii* und *P. subhirtella,* kleiner Baum mit ausladender Krone. Blüten (links außen) im März, 4 cm breit, mit 12–15 Blütenblättern. Sommergrün, Blätter (S. 30) tief gezähnt, Herbstfärbung rot und gelb.

Amerikanische Rotpflaume

Prunus americana
Ein sommergrüner Baum oder Strauch, heimisch in den östlichen USA. In vielen Varietäten in den USA als Fruchtbaum angebaut. Höhe bis 9 m. Blüten (oben links) im April, 1,2–2,5 cm breit. Frucht rund, 2,5 cm breit, reift von Gelb nach Leuchtendrot, Fruchtfleisch gelb. Blätter (S. 31) unterseits mit kleinen Büscheln feiner Haare, Blattstiel leicht filzig.

Vogelkirsche

Prunus avium
Sommergrüner Baum, heimisch in Europa. Elter für die meisten kultivierten Kirschensorten in Europa, obwohl die Frucht wegen ihres bitteren Geschmackes kaum eßbar ist. Das rotbraune Holz wird für den Möbelbau und die Herstellung von Musikinstrumenten geschätzt. Blüten (links außen) im April, 2,5 cm breit, in Büscheln auf vorjährigen Trieben. Frucht (links) 2 cm breit, hell- bis dunkelrot, süß oder bitter. Blätter (S. 31) grob-stumpfzähnig, runzelig, Blattstiel rötlich mit 1–2 großen Drüsen, Herbstfärbung gelb und rot. Rinde (links unten) rot-grau bis rot-braun, mit waagerechten Reihen von Lenticellen, unregelmäßig längsrissig, abschilfernd und ringförmig sich ablösende dünne Rindenstreifen.

Prunus avium 'Plena'
Sorte mit gefüllter Blüte, in Gärten und Parks und entlang von Straßen als Zierbaum angebaut. Höhe bis 12 m. Blüht im frühen Mai, Blüten (links außen) gefüllt, 4 cm breit, 30–40 Kronblätter. Fruchtbildung ist selten. Blätter und Rinde sind ähnlich wie bei der typischen Form.

Kirschpflaume

Prunus cerasifera
Sommergrüner Baum, heimisch auf dem Balkan, in Mittel- und Westeuropa als Fruchtbaum, Zierbaum und in Hecken angepflanzt. Höhe 9 m. Blüte (links außen) 2 cm breit, Krone weiß, blüht im März vor der ähnlichen Schlehe (*P. spinosa*). Frucht bis 3 cm dick, hängend, hellrot oder gelblich, fad-säuerlich. Blätter (S. 31) oberseits glänzend dunkelgrün, unterseits heller, bis 6 cm lang, gerillter, kahler Blattstiel.

Rotblättrige Kirschpflaume

Prunus cerasifera 'Pissardii', Syn. *P. cerasifera* var. *atropurpurea*
Beliebter und häufiger Zierbaum an Straßen, in Parks und Gärten. Blüht im März, Blüten (links) 2 cm breit, blaßrosa, sehr zahlreich, wenn die Blütenknospen nicht von Dompfaffen zerstört worden sind, Blätter rotbraun. Frucht 3 cm breit, dunkelrot bis purpurrot. Blätter (S. 31) werden im Herbst dunkelpurpur-rotbraun.

Echte Mandel

Prunus dulcis, Syn. *P. amygdalus*, *P. communis*
Kleiner sommergrüner Baum, wahrscheinlich heimisch in Südwestasien und im Balkan, wegen seiner attraktiven Blüten und eßbaren Nüsse verbreitet in Europa, USA, Australien und Südafrika angebaut. Höhe bis 10 m. Blüht im März bis April, Blüten (links außen) rosa oder weiß, bis 5 cm breit. Steinfrucht eiförmig, bis 6 cm lang, filzig mit saftlosem Fleisch, später aufspringend, Steinkern grubig. Blätter lanzettlich, oberseits drüsig.

Prunus 'Hillieri'
Sommergrüne Zierkirsche. Höhe bis 10 m. Blüht im April, Blüten (links) 3 cm breit auf langen Stielen (in Abb. noch nicht entwickelt). Blätter (S. 31) doppelt gezähnt, in der Jugend rotbraun. *Prunus* 'Spire' stammt aus der gleichen Kreuzung und hat ähnliche Blüten, aber eine enge Krone, etwa 3 m breit an der Kronenbasis und 8 m hoch.

Hülsenblättrige Kirsche

Prunus ilicifolia
Immergrüner Baum oder Strauch, heimisch in Kalifornien, angebaut als Zierbaum im westlichen und südlichen Europa. Höhe bis 10 m. Blüht in Kalifornien im Mai, in Westeuropa später. Blüte (links außen) 0,8 cm breit, in gestielten Ähren 4–8 cm lang. Frucht (links) 1,2 cm breit, scharfspitzig, reift von Grün über Rot nach Dunkelpurpurrot im November und Dezember. Blätter (S. 36) ähneln der Hülse (*Ilex aquifolium*), glänzend dunkelgrün mit stechenden, scharfspitzigen Zähnchen.

Lorbeerkirsche

Prunus laurocerasus
Immergrüner Strauch, heimisch im östlichen Europa im Gebiet des Kaspischen Meers, seit dem 16. Jahrhundert als Zierpflanze in ganz Europa angebaut. Höhe bis über 6 m. Blüht im April, Blüte 0,8 cm breit, in 7–13 cm langen Ähren (links außen). Frucht (links) 1,2 cm lang, reift von Grün über Rot nach Schwarz im September. Blätter (S. 26) glänzend grün, ledrig, mit wenigen kleinen Zähnchen am Rand. Viele Varietäten sind im Handel, die sich in Wuchsform, Blattgrößen und -farben unterscheiden.

Portugiesische Lorbeerkirsche

Prunus lusitanica
Immergrüner Strauch, heimisch in Spanien und Portugal, in fast ganz Europa als Zierstrauch in Gärten angebaut. Höhe 6–12 m. Blüht im Juni, Blüten (links außen) zahlreich, 1,2 cm breit, in 15–25 cm langen Ähren. Frucht (links) eiförmig, 0,8 cm lang, reift dunkelpurpurrot im Oktober. Blätter (S. 26) kleiner, weicher und dünner als bei der Lorbeerkirsche *(P. laurocerasus)*, oberseits glänzend grün, feingezähnt.

Mandschurische Kirsche

Prunus maackii
Sommergrüner Baum, heimisch in der Mandschurei, in Korea und im angrenzenden Rußland, als Zierbaum in Gärten angebaut. Blüht im Mai, duftende Blüte (links außen) 1,2 cm breit, in 5–8 cm langen Ähren. Blätter (S. 31) unterseits mit kleinen Flecken, filziger Blattstiel. Rinde (S. 219) glänzend braun oder goldbraun, löst sich in papierdünnen Streifen ab.

Steinweichsel

Prunus mahaleb
Sommergrüner Baum, heimisch in Mittel- und Südeuropa, wegen seiner Blüten in Gärten angebaut, eingeführt im östlichen Nordamerika. Höhe bis 12 m. Blüht im April bis Mai, duftende Blüte (links) 1,2 cm breit in aufrechten, 5–12 cm langen Trauben. Frucht erbsengroß, erst gelblich, dann rot, zuletzt im September schwarz, sehr herb. Blätter (S. 31) klein, eiförmig, Hauptnerven unterseits behaart, Blattstiel ohne Drüsen.

Traubenkirsche

Prunus padus
Sommergrüner Baum oder Strauch, heimisch in Europa und Asien. Oft an Straßen, in Gärten und Parks angebaut. Höhe bis 15 m. Blüht im Mai, Blüte (links außen) duftend, 1,2 cm breit, in 7–15 cm langen Trauben. Frucht (links) 0,6 cm breit, schwarz, Geschmack bitter, verwendet zum Würzen von Spirituosen. Reife im Juli bis August. Blätter (S. 31) feingezähnt mit zottiger Behaarung an den Blattrippen, Blattstiel drüsig. Rinde glatt, dunkelgrau-braun und unangenehm riechend. Beliebte Sorten für Gärten und Straßenbepflanzung sind:
P. padus 'Plena', mit größeren, gefüllten Blüten, die länger halten.
P. padus 'Watereri', Blütentrauben bis 20 cm lang, Blätter unterseits mit auffälligen Haarbüscheln.

Pennsylvanische Wildkirsche

Prunus pennsylvanica
Sommergrüner Baum, heimisch im nördlichen Nordamerika von der Atlantikküste bis zum Felsengebirge. Kurzlebiger Pionier ('Fire Cherry'), bildet einen Vorwald als Schutz für andere, empfindlichere Baumarten. Höhe bis 12 m. Blüht im April bis Mai, Blüten (links außen) 1,2 cm breit. Frucht rund, 0,6 cm groß, reift rot. Die Blätter (S. 25) feingezähnt, Blattstiel kahl.

Pfirsich

Prunus persica
Sommergrüner Baum, vermutlich ursprünglich in China heimisch, aber seit dem Altertum weitverbreitet in Asien und Europa, später auch in Nordamerika und der südlichen Hemisphäre angebaut. Höhe 3–9 m. Blüht im April vor Laubausbruch, Blüte (links) 3–4 cm breit, trüb-rosa. Frucht kugelig, samtartig filzig, gelbfleischig, Stein gefurcht und hart. Blätter (S. 25) lanzettlich, allmählich zugespitzt, 8–15 cm lang, kurzgestielt.

Sargent-Kirsche

Prunus sargentii
Sommergrüner Baum, heimisch im nördlichen Japan und in Sachalin, angebaut an Straßen und in Parks und Gärten in Europa und Nordamerika. Höhe bis 25 m. Blüht im April, Blüten (links außen) 3–4 cm breit, in dichtstehenden Paaren. Frucht rund, 0,8 cm weit, schwarz, vereinzelt. Blätter (S. 31) mit langer, schmaler Blattspitze, grobzähnig, drüsig an der Blattbasis. Herbstfärbung auffallend leuchtend orange und rot, schon Ende September, vor anderen Bäumen (links).

Schwarze Traubenkirsche

Prunus serotina
Sommergrüner Baum, heimisch in Nordamerika, die Frucht wurde verwendet, um Weinbrand und Rum zu würzen, das Holz zur Möbelherstellung. In Europa in Gärten und Parks, forstlich als biologisch günstige Mischbaumart angebaut, verwildert aber leicht und kann zum lästigen Forstunkraut werden. Höhe bis 30 m. Blüht im Mai bis Juni, Blüte (links außen) 0,8 cm breit, in 10–15 cm langen Trauben. Frucht (links) 0,8 cm breit, reift im September schwarz. Blätter (S. 31) oberseits dunkelgrün und glänzend, unterseits heller mit zottiger Behaarung an der Mittelrippe, Blattstiel 1–2,5 cm lang mit unregelmäßigen Drüsen. Die Rinde duftet kräftig bitter, braunschwarz, schuppig.

Tibetanische Kirsche

Prunus serrula
Sommergrüner Baum, heimisch im westlichen China, angebaut in Gärten und Parks wegen der dekorativen Rinde. Höhe bis 15 m. Blüht im April, Blüte (links außen) 1,6 cm breit, in Büscheln von 2–3. Frucht rot, oval, 1,2 cm lang. Blätter (S. 25) schmal und feingezähnt. Rinde (links) glänzend rotbraun, schält in dünnen Streifen ab.

Japanische Kirsche

Prunus serrulata
Vermutlich ursprünglich in China heimisch, in Japan angebaut, heute nicht sehr häufig. In Japan sind viele verschiedene Sorten mit dekorativen Blüten erzeugt worden, die gewöhnlich unter dem Artnamen *P. serrulata* laufen, obwohl ihre Abstammung unklar ist. Der japanische Name für diese Gruppe ist Sato Zakura – Einheimische Kirsche. Einige hiervon werden im folgenden beschrieben:

Prunus 'Amanogawa'
Ein sehr schmalkroniger, sommergrüner Baum bis 8 m hoch, ideal für kleine Gärten. Blüht im April, die duftenden Blüten (links außen) sind 2,5 cm breit, 9 Kronblätter. Blätter (S. 30) sind rotbraun bei der Blattentfaltung, im Herbst gelb.

Prunus 'Hokusai'
Sommergrüner Baum, bis 8 m hoch. Blüht im April bis Mai, Blüten (links) 5 cm breit mit 12 Kronblättern. Blätter (S. 30) rotbraun bei der Entfaltung, dann grün, im Herbst orange und rot.

Prunus 'Kanzan', Syn. 'Sekiyama'
Die Namen 'Kanzan' und 'Sekiyama' sind von dem chinesischen Charakter 'Heiliger Berg' abgeleitet. Eine beliebte Kirsche für Gärten und Straßenränder. Höhe bis 12 m. Blüht im April bis Mai, Blüte (links außen) 5,5 cm breit mit 30 Kronblättern. Blätter (S. 30) mit langen Zähnchen besetzt, dunkelrötlich-grün bei Blattentfaltung während der Blüte und färben sich schließlich im Herbst goldgelb oder gelegentlich rot. Die Rinde ist links abgebildet.

Prunus 'Mikurama-gaeshi'
Kleiner, sommergrüner Baum, wegen seiner aufrechten Beastung und schmalen Krone geeignet für kleine Gärten und für Hecken. Blüht Mitte April, Blüte (links außen) hat einen leichten Apfelgeruch, 5 cm breit, gewöhnlich einzeln, 5 Kronblätter, Zweige sonst kahl. Blätter (S. 30) mit kurzen Zähnchen, zuerst rotbraun, dann grün und schließlich dunkelrot und gelb im Herbst.

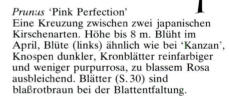

Prunus 'Pink Perfection'
Eine Kreuzung zwischen zwei japanischen Kirschenarten. Höhe bis 8 m. Blüht im April, Blüte (links) ähnlich wie bei 'Kanzan', Knospen dunkler, Kronblätter reinfarbiger und weniger purpurrosa, zu blassem Rosa ausbleichend. Blätter (S. 30) sind blaßrotbraun bei der Blattentfaltung.

Prunus 'Shirofugen'
Sommergrüner Baum, Höhe bis 8 m. Blüht im Mai, Blüten 5 cm breit (links außen), etwa 30 Kronblätter, zuerst rosa, im Verlauf der Blüte rosaweiß ausbleichend. Blätter (S. 30) purpurrot-braun mit rotem Blattstiel bei der Blattentfaltung, dunkelkupferbraun im Herbst.

Prunus 'Shirotae'
Ein sommergrüner Baum, bis 9 m hoch. Blüht im April, Blüten (links) halbgefüllt, 5 cm breit, leicht duftend. Blätter (S. 30) bei der Blattentfaltung blaßgrün, Blattrand mit Zähnchen mit langen, aalförmigen Spitzen.

Große Weißkirsche

Prunus 'Tai-Haku'
Sehr alte japanische Kirschsorte, die fast ausgestorben war, aber jetzt wieder von einem einzelnen Baum in Sussex vermehrt worden ist. Blüht im April, Blüte (links außen) einzeln, bis 6 cm breit. Blätter (S. 30) rotbraun in der Jugend, grün im Sommer, gelb und orange im Herbst. Der Blattrand ist mit Zähnen besetzt.

Prunus 'Ukon'
Ein sommergrüner Baum, beliebt wegen seiner ungewöhnlichen Blüten (links) mit einer hellgrünen bis gelblich-grünen Farbe. Blüten halbgefüllt, 5 cm breit, öffnen sich Ende April. Blätter (S. 30) zuerst rotbraun-grün und rot, purpurbraun im Herbst.

Schlehe

Prunus spinosa
Sommergrüner, dorniger Busch oder kleiner Baum, heimisch in Europa und Nordasien, angebaut und verwildert im östlichen Nordamerika. Die Früchte werden zur Herstellung von Schlehenschnaps, das zähe Holz wurde früher in der Landwirtschaft verwendet. Höhe bis 5 m als Busch, bis 6 m als kleiner Baum. Blüht im März bis April vor Laubausbruch, Blüte (links außen) 1,2 cm breit, reinweiß. Frucht (links) 1,2 cm breit, säuerlich. Blätter (S. 31) klein, spitzsägezähnig, Mittelrippe unterseits behaart. Zweige mit harten und spitzen Dornen.

Japanische Frühlingskirsche

Prunus subhirtella
Sommergrüner Baum, heimisch in Japan, angebaut in Gärten und Parks. Höhe bis 9 m. Blüht im März bis April, Blüte (links außen) 1,8 cm breit. Frucht schwarz, rund, 0,8 cm breit. Blätter (S. 31) unregelmäßig gezähnt, Mittelrippe unterseits und Blattstiel filzig behaart.
P. subhirtella 'Autumnalis', **Japanische Herbstkirsche**
Halbgefüllte, rosa Blüten, Blüte im November und Dezember, gelegentlich auch im Frühjahr.

Virginia-Kirsche

Prunus virginiana
Sommergrüner Baum oder Strauch, heimisch in den östlichen und mittleren USA, gelegentlich angebaut und verwildert in Mittel- und Westeuropa. Höhe bis 5 m. Blüht im Mai, Blüte (links) 0,8 cm breit, in 8–15 cm langen Trauben. Frucht rund, rot, 0,8 cm breit. Blätter (S. 31) mit auffälligen Haarbüscheln in den Achseln der Blattrippen.

Yoshino-Kirsche

Prunus x *yedoensis*
Sommergrüner Baum, vermutlich eine Kreuzung zwischen der Frühlingskirsche (*P. subhirtella*) und der Oshima-Kirsche (*P. speciosa*). Häufig in japanischen Städten, in Nordamerika und in Europa angebaut. Höhe bis 15 m. Blüht im März bis April, duftende Blüte (links außen) 2,5 cm breit, hellrosa oder weiß, Blütenstiel rot. Frucht (links) 1cm breit, reift schwarz im August, Geschmack bitter. Blätter (S. 30) doppelsägezähnig, oberseits glänzend, unterseits an den Blattrippen behaart.

Pseudotsuga, **Douglasie**; Familie Pinaceae
Immergrüne Nadelbäume, Nadeln flach, nach der Basis zu etwas schmaler werdend, Blattnarbe quer-elliptisch auf niedrigem Polster. Deckschuppe dreispitzig und weit über die Samenschuppe hervorragend.

Großzapfige Douglasie

Pseudotsuga macrocarpa,
Syn. *P. douglasii* var. *macrocarpa*
Heimisch in Kalifornien, gelegentlich in Gärten und Arboreten angepflanzt. Höhe 10–30 m. Blüht im April, männliche Blüten gelblich, 1,2 cm lang, weibliche Blüten rötlich-grün, 5 cm lang (rechts). Zapfen 10–17 cm lang, 5–8 cm dick. Die dreizackigen Deckschuppen ragen nur wenig über die Samenschuppen hinaus. Nadeln (S. 16) leicht gebogen, matt-blau-grün, unterseits zwei weiße Längsstreifen, an unteren Zweigen gescheitelt. Rinde (rechts außen) blaugrau mit weiten, rötlich-braunen Rissen.

Küsten-Douglasie
Grüne Douglasie

Pseudotsuga menziesii,
Syn. *P. douglasii*,
P. taxifolia
Heimisch im westlichen Nordamerika, von Britisch-Kolumbien bis Kalifornien und Neumexiko. In Gärten, Parks und Forsten in Europa angebaut. Bedeutende Nutzholzart. Höhe 60–90 m, maximal über 100 m. Blüht im März bis April, männliche Blüten gelb an der Unterseite der Triebe, weibliche Blüten gelblich-grün oder rötlich-grün an den Enden vorjähriger Triebe, 1,8 cm lang (rechts), Deckschuppen weit über Samenschuppen herausragend (rechts außen), Samenschuppe bei der Reife braun und klaffend. Nadeln (S.16) gescheitelt oder nach allen Seiten abstehend, sehr dicht bis sehr locker, unterseits 2 Stomatareihen, bei Zerreiben aromatischer, zitronenartiger Geruch. Rinde an alten Bäumen stark borkig, dunkelrot-braun, rauh mit tiefen, weiten Rissen.

Graue Douglasie

Pseudotsuga menziesii var. *glauca*,
Syn. *P. douglasii* var. *glauca*
Diese auch als Unterart angesehene Varietät
ist heimisch in den kontinentalen östlichen
Felsengebirgen von Montana bis Mexiko,
gelegentlich in Arboreten angebaut. Höhe
25–40 m, blüht im März bis April,
männliche Blüten (rechts) stumpf-rötlich,
0,8 cm, weibliche Blüten dunkelrot, 1,8 cm.
Zapfen (rechts außen) bis 8 cm lang,
dreispitzige Deckschuppen nach außen
gekrümmt. Nadeln (S. 16) blau-grün, bereift,
nicht glänzend, 1,5–2,5 cm lang, wenig
aromatisch. Rinde dunkelgrau-braun und
schuppig.

Hopfenbaum

Ptelea trifoliata; Familie Rutaceae
Sommergrüner Baum, heimisch im südlichen
Kanada und in den östlichen USA, in
Europa in Gärten angepflanzt, gelegentlich
verwildert. Höhe bis 8 m, oft buschig. Blüht
im Juni bis Juli, Blüte (links außen) grünlich
bis reinweiß, 0,8 cm breit, in 5–8 cm breiten
Dolden. Frucht (links) bis 3 cm breit, reift
zu einer hellen Strohfarbe. Blätter (S. 50)
mit 3 Fiederblättchen. Blätter, Rinde und
unreife Früchte sind bei Zerreiben stark
aromatisch.

Kaukasische Flügelnuß

Pterocarya fraxinifolia; Familie Juglandaceae
Sommergrüner Baum, heimisch im Kaukasus
und nördlichen Iran, gelegentlich als Zier-
oder Nutzholzbaum in Europa angepflanzt.
Höhe bis 30 m, Stamm oft sehr abholzig.
Blüht im April, männliche Kätzchen
7–15 cm lang, dicht und grün, weibliche
Kätzchen 8–13 cm lang, locker, Griffel
rot (links). Frucht (rechts außen)
unsymmetrische, geflügelte Nuß, 1,8 cm
breit, an 30–50 cm langen Kätzchen.
Wechselständige, gefiederte Blätter (S. 54)
20–60 cm lang, 7–27 sitzende Blättchen,
oberseits glänzend dunkelgrün und kahl,
unterseits mattgrün, weiße Sternhaare in
den Achseln. Hauptblattstiel kahl und
rund.

Flügelnuß-Hybride

Pterocarya x rehderiana
Eine Kreuzung zwischen der Kaukasischen Flügelnuß *(P. fraxinifolia)* und der Chinesischen Flügelnuß *(P. stenoptera)*, Ende des 19. Jahrhunderts in den USA entstanden. Sommergrüner Baum, Höhe 25 m. Blüht April bis Mai, männliche Kätzchen dicht, 8 cm lang, weibliche Kätzchen locker (rechts), Fruchtstände (rechts außen) wie bei *P. fraxinifolia,* die Früchte etwas kleiner. Blätter (S. 54) mit 5-25 Blättchen, Hauptblattstiel mit schmalen Flügeln (der chinesische Elter hat kräftig geflügelte Hauptblattstiele).

Pyrus, **Birne;** Familie Rosaceae
Sommergrüne Bäume mit einfachen, gezähnten Blättern, charakteristisch geformten Früchten mit grießig-körnigem Fruchtfleisch.

Mandelblättrige Birne

Pyrus amygdaliformis
Heimisch im südlichen Europa, vor allem im Mittelmeergebiet, gelegentlich als Zierbaum in anderen Teilen Europas angebaut. Höhe bis 12 m, auch buschig. Blüht im April, Blüten (links außen) 2,5 cm breit, in Büscheln zu 8–12, gelegentlich mehr. Früchte (links) mehr kugelig als birnenförmig, 2,5 cm breit, reifen gelblich-braun im Oktober. Blätter sehr variabel, gewöhnlich schmal, 3–6 cm lang, 1–2 cm breit, anfangs mit hellen Härchen, später kahl und glänzend an der Oberseite, Unterseite fast haarlos.

Gemeine Birne

Pyrus communis
Vermutlich eine Kreuzung zwischen Zuchtsorten und Wildarten. Verwildert in fast ganz Europa, in vielen Sorten in Obstgärten und Gärten angebaut. Höhe 10–15 m. Blüht im April bis Mai, Blüte (links außen) 2,5–4 cm breit, in Büscheln, Frucht (links) charakteristisch birnenförmig, bis über 10 cm lang, reift im Herbst gelb, gelbgrün bis rot, Fruchtfleisch süß. Blätter (S. 37) ebenfalls variabel, meist mehr oder weniger oval, in der Jugend gelegentlich behaart, später kahl. Rinde (S. 219) dunkelbraun und kleinschuppig.

Weidenblättrige Birne

Pyrus salicifolia
Heimisch im Kaukasus und in Kleinasien, südlich und südwestlich des Kaspischen Meeres. Als Zierbaum in Europa in Gärten angepflanzt. Höhe um 6 m. Blüht im April, Blüten (links außen) 1,8 cm breit. Frucht um 2,5 cm lang (links), nicht sehr schmackhaft. Blätter (S. 24) anfangs seidig behaart, später oberseits dunkelgrün und kahl (vgl. die beiden Abbildungen links). Die mehr hängende *P. salicifolia* 'Pendula' wird häufig angebaut.

Quercus, **Eiche;** Familie Fagaceae
Einhäusig, Blüten eingeschlechtlich, männliche Blüten in schlanken Kätzchen, weibliche Blüten einzeln in einer Hülle, Frucht Eichel im holzigen Becher. Viele Arten sind sommergrün, andere immergrün oder halb-immergrün.

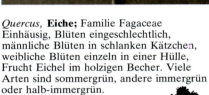

Kalifornische Immergrüne Eiche Encina

Quercus agrifolia
Immergrün, heimisch in Kalifornien, außerhalb nur in Arboreten. Höhe bis 25 m, oft buschig und niedrig mit niedrig liegenden Zweigen. Blüht im Mai bei Laubausbruch (rechts). Die sitzenden oder fast sitzenden Eicheln sind konisch, 3,5 cm lang, oft vom Becher bis zur Hälfte umschlossen (rechts außen), reifen im gleichen Jahr und fallen im Oktober ab. Blätter (S. 29) 2,5–5 cm lang, oberseits glänzend, dunkelgrün, unterseits mit Büscheln feiner Härchen in den Nervenachseln.

Weißeiche

Quercus alba
Sommergrün, heimisch im mittleren und östlichen Nordamerika. Das Holz wird im Schiffbau, Möbelbau und für Eisenbahnschwellen und Fässer verwendet. Höhe 20–35 m im Tiefland, buschig im Bergland. Blüht mit Blattausbruch im Mai (rechts). Die Eicheln (rechts außen) 1,8 cm lang, gewöhnlich sitzend, auch gestielt, fallen im Oktober des 1. Jahres ab. Blätter (S. 48) 12–23 cm lang, oberseits glänzend dunkelgrün, unterseits anfangs filzig behaart. Farbe bei Laubausbruch Violett-Grün, Herbstfärbung dunkelrot, Blätter bleiben oft den ganzen Winter über am Baum.

Sumpf-Weißeiche

Quercus bicolor
Laubabwerfend, heimisch in den
südöstlichen USA. Das Holz wird als
Bauholz, Möbelholz, Eisenbahnschwellen
und im Zaunbau verwendet. Höhe bis
25 m. Eicheln (rechts) 2,5 cm lang, etwa
zu einem Drittel bis zur Hälfte vom Becher
umschlossen. Sie reifen in einem Jahr und
fallen im Oktober. Blätter (S. 49) 7–18 cm
lang, oberseits dunkelgrün, unterseits filzig
behaart. Die Astrinde schält sich
platanenartig ab.

Mirbecks Eiche
Algerische Eiche

Quercus canariensis, Syn. *Q. mirbeckii*
Sommergrün, heimisch im nördlichen Afrika
und Spanien. Höhe bis 35 m. Eicheln (rechts
außen) 2,5 cm lang. Blätter (S. 49) 9–15
cm lang, unterseits auf der Mittelrippe
wollig-haarig, vor allem nahe der Blattbasis.
Die Blätter bleiben bis tief in den Winter
am Baum.

Kastanienblättrige Eiche

Quercus castaneifolia
Sommergrün, heimisch in den Wäldern
südlich und südwestlich des Kaspischen
Meeres. Ein sehr auffallender, schöner
Baum, trotzdem selten in Arboreten. Höhe
bis 30 m. Blüht bei Laubausbruch April
bis Mai (rechts), die weiblichen Blüten
sind in den Endachseln der Jungtriebe
zu erkennen. Die Eicheln (rechts außen)
reifen im 2. Jahr und fallen im Oktober
ab, 2,5 cm lang. Blätter (S. 26) 7–19 cm
lang, oberseits glänzend dunkelgrün,
unterseits stumpf, grau und behaart.

Zerreiche

Quercus cerris
Sommergrün, heimisch im südlichen und
mittleren Europa und Südostfrankreich
durch Alpen und Apenninen bis zu den
Karpaten. Häufig gepflanzt in Gärten,
Parks, Arboreten und entlang von Straßen,
verwildert leicht. Höhe 40 m. Das Holz
hat geringen Wert. Blüht im Mai, die
weiblichen Blüten in den Blattachseln an
der Triebspitze. Eicheln (rechts außen)
haben große, wollige Becher und fallen
im Oktober ab, 2,5 cm lang. Blätter (S. 49)
6–13 cm lang, Ober- und Unterseite behaart,
Größe und Form sehr variabel. Die Rinde
ist auf S. 219 dargestellt.

Immergrüne Canyon-Eiche

Quercus chrysolepis
Immergrün, heimisch im westlichen Nordamerika von Oregon entlang den Küstengebirgen bis 2800 m Seehöhe bis nach Südkalifornien verbreitet. Das Holz wurde in der Landwirtschaft verwendet. Selten in Arboreten. Kleiner Baum oder Strauch, nur ausnahmsweise mehr als 18 m hoch. Kronen bis 45 m breit. Blüht im Mai, die weiblichen Blüten in den Achseln junger Blätter (rechts). Die Eicheln (rechts außen), noch unreif, werden bis 4 cm lang. Die Blätter sind glattrandig wie im Bild rechts oder stechpalmenähnlich wie im Bild rechts außen (S. 24). Blattlänge 2,5–9 cm.

Scharlacheiche

Quercus coccinea
Sommergrün, heimisch in den nordöstlichen USA bis 1500 m Seehöhe. Verbreitet in Gärten und Parks wegen der eindrucksvollen Herbstfärbung angebaut. Höhe bis 30 m. Blüht (rechts) im Mai mit dem Ausbruch der leuchtendgelben Blätter, weibliche Blüten in den Achseln junger Blätter. Die Eicheln (rechts außen), etwa 2 cm lang, reifen im Oktober. Blätter (S. 48) sind oberseits kräftiggrün, unterseits blaßgrün während des ganzen Sommers, verfärben sich leuchtend rot etwa 6 Wochen vor Blattabfall (S. 188). Blattlänge 7–15 cm.

Daimio-Eiche

Quercus dentata
Sommergrün, heimisch in Japan, Korea und China, gelegentlich in Arboreten. Höhe bis 25 m. Blüht im Mai, Eicheln (rechts) 1,2–1,8 cm lang, zur Hälfte im Becher, der mit großen, lanzettlichen, behaarten, nach außen gebogenen Schuppen bedeckt ist. Samenfall im Oktober. Blätter (S. 49) werden im Herbst braun und bleiben während des Winters oft am Baum, sehr groß, bis über 30 cm lang, beidseitig zuerst behaart, später oberseits glatt.

Ungarische Eiche

Quercus frainetto
Sommergrün, heimisch im südlichen Italien, auf dem Balkan und in Rumänien, leicht anzubauen. Höhe bis 30 m. Blüht im Mai, Eicheln (rechts außen) 1,2–2 cm lang, fallen im Oktober ab. Blätter (S. 49) bis 20 cm lang, oberseits im Sommer dunkelgrün, unterseits haarig und auch grün.

Lucombe-Eiche

Quercus x *hispanica* 'Lucombeana'
Eine natürliche Kreuzung zwischen
Q. cerris und *Q. suber* in Südeuropa, in
vielen Gärten und Arboreten angebaut.
Halb-immergrün, im Herbst werden die
Blätter zum Teil braun, bleiben aber bis
zum folgenden Laubausbruch am Baum,
außer in extrem kalten Wintern. Höhe
bis 30 m. Blüten (rechts) Ende Mai. Die
weiblichen Blüten in den Blattachseln an
der Spitze der Jungtriebe. Die Eicheln
(rechts außen) reifen im 2. Jahr. Blätter
(S. 48 und rechts mit braunrandigen Blättern
des Vorjahres) 5–13 cm lang, oberseits
glänzend grün, unterseits grau-filzig. Die
Borke kann mehr oder weniger korkig
sein und der von *Q. suber* ähneln.

Stechpalmen-Eiche

Quercus ilex
Immergrün, heimisch und charakteristisch
für die Mittelmeerregion, häufig in Parks,
Gärten und an Straßen. Die dichte und
breite Krone macht den Baum sehr
wirkungsvoll. Läßt sich gut beschneiden.
Das harte und dauerhafte Holz wird in
der Stellmacherei verwendet, auch für
Rebpfähle und Holzkohle. Höhe bis 30 m,
breitkronig. Blüten (rechts) erscheinen
bei Laubausbruch, weibliche Blüten in
den Achseln der neuen Blätter. Die Eicheln
(rechts außen), bis 1,8 cm lang, fallen im
Oktober ab, nicht selten als starke Mast.
Die Blätter (S. 29) sind sehr unterschiedlich
in der Größe, 3,5–8 cm lang, am Rand
spitz gezähnt oder glatt. Junge Blätter
sind beidseitig behaart, ältere Blätter
oberseits glänzend dunkelgrün. Die Rinde
(S. 219) ist fast schwarz und bricht
klein-quadratisch auf.

Spindel-Eiche

Quercus imbricaria
Laubabwerfend, heimisch in den mittleren
und östlichen USA auf fruchtbaren
Hangböden, feuchten Talböden.
Gelegentlich als Zierbaum in Nordamerika
angepflanzt, selten in Arboreten in Europa.
Früher wurde das Holz für die Herstellung
von Dachschindeln benutzt. Kleiner Baum
bis 15 m, selten 25 m hoch. Blüten (rechts)
erscheinen im Mai bis Juni bei
Laubausbruch, die weiblichen Blüten in
den Blattachseln des Jungtriebes. Die
Eicheln (rechts außen, noch unreif) werden
bis 1,5 cm lang, mehr oder weniger kugelig.
Die jungen Blätter haben eine sehr schöne
gelbe Farbe bis Juni, das reife Blatt (S. 28)
ist 10–18 cm lang, gewöhnlich glattrandig,
aber gelegentlich dreilappig nahe der
Blattbasis.

Kalifornische Schwarzeiche

Quercus kelloggii
Sommergrün, heimisch in den Tälern und Küstengebirgen Kaliforniens und Oregons bis 2000 m Seehöhe. In Arboreten auch in Europa angebaut. Die Eicheln dienten früher den Indianern als ein Hauptnahrungsmittel, das Holz als Brennholz. Höhe bis 27 m. Blüht (rechts) im Mai bei Laubausbruch, die weiblichen Blüten in den Blattachseln. Die Eicheln (rechts außen) sind 4 cm lang und liegen tief im Becher, reifen im 2. Jahr und fallen im Oktober ab. Blätter (S. 48) 7–15 cm lang, oberseits glänzend-dunkelgrün, unterseits heller.

Lorbeer-Eiche

Quercus laurifolia
Halb-immergrün, heimisch in einem breiten Streifen entlang der Südküste von Nordamerika, sonst selten und nur in Arboreten angebaut. Höhe bis 30 m. Blüht im Mai, Eicheln (rechts) in flachen, glatten Bechern. Blätter (S. 24) 7–10 cm lang, gelegentlich nahe der Spitze gelappt. Die im Bild gezeigten Blätter sind an der Basis breiter als gewöhnlich.

Leas Bastard-Eiche

Quercus x *leana*
Sommergrün, eine natürliche Kreuzung zwischen *Q. imbricaria* und *Q. velutina* in den südöstlichen USA, in einigen europäischen Arboreten angebaut. Höhe bis 20 m. Eicheln (rechts außen) fallen im Oktober ab. Blätter (S. 49) sind sehr variabel in Form und Behaarung.

Libanon-Eiche

Quercus libani
Sommergrün, heimisch in Syrien, Libanon und Kleinasien, ein hübscher Baum, in der Natur weniger häufig als in Arboreten und Parks. Höhe bis 21 m. Blüten (rechts) erscheinen bei Laubausbruch im März bis April, weibliche Blüten in den Blattachseln. Die Eicheln (rechts außen) sind 2,5 cm lang und fallen im Oktober ab. Die sehr charakteristischen Blätter (S. 26) sind 5–10 cm lang.

Ludwigs-Eiche

Quercus x *ludoviciana*
Sommergrün, eine natürliche Hybride zwischen *Q. phellos* und wahrscheinlich *Q. falcata* var. *pagodifolia*. Entstanden in Louisiana. Blätter sind sehr variabel, bis 18 cm lang (S. 48).

Kaukasische Eiche

Quercus macranthera
Sommergrün, heimisch im Kaukasus und nördlichen Iran, nicht sehr häufig, nur in Arboreten angebaut. Höhe bis 25 m. Blüht im Mai. Eicheln (rechts) bis 3 cm lang, fallen im Oktober ab. Blätter (S. 49) bis 15 cm lang.

Moosbecher-Eiche

Quercus macrocarpa
Sommergrün, heimisch im östlichen Nordamerika vom tiefen Süden bis weit in den Norden. Das Holz ist stark und dauerhaft. Höhe bis 50 m. Blüht im Mai, Eicheln (rechts außen) sehr unterschiedlich in der Größe, aber im Süden bis 5 cm lang, Becher mit fransenförmigen ‚moosartigen' Spitzen am Rand. Blätter (S. 49) 10–25 cm lang.

Schwarzer-Peter-Eiche

Quercus marilandica
Sommergrün, heimisch in den südöstlichen und östlichen USA, unregelmäßig wachsender Baum armer Böden, bis 10 m hoch. Blüht (rechts) im späten Mai, weibliche Blüten in den neuen Blattachseln. Eicheln klein, 1,8 cm lang, Blätter (S. 49) sehr charakteristisch, 7–18 cm lang.

Bambusblättrige Eiche

Quercus myrsinifolia
Immergrün, heimisch im südlichen China und Japan, selten, angebaut nur in Arboreten. Höhe bis 15 m, angebaut meist buschig. Die jungen Blätter sind kräftig purpurrot. Eicheln (rechts außen) klein, 1,8 cm lang, in Bechern mit auffälligen konzentrischen Ringen. Blatt s. S. 26.

Quercus nigra, **Wasser-Eiche**
Sommergrün, heimisch in den südöstlichen USA. Höhe bis 25 m. Die Blätter können ähnlich *Q. marilandica* nach der Spitze zu breiter werden oder ähnlich *Q. phellos* lang und schmal sein. Die Blätter bleiben grün und frisch am Baum bis Januar.

Nageleiche

Quercus palustris
Sommergrün, heimisch in den nordöstlichen USA. In Arboreten angebaut. Höhe bis etwa 25–30 m, Blüten (rechts) erscheinen im Mai mit den leuchtendgelben Blättern, die weiblichen Blüten stehen in den neuen Blattachseln. Die Eicheln (rechts außen, noch unreif im 1. Jahr) reifen im 2. Jahr, 1,2 cm lang und zu einem Drittel vom Becher umschlossen. Blätter (S. 48) sind tief gelappt, 7–13 cm lang, unterseits braune Haarbüschel. Herbstfärbung (S. 189).

Traubeneiche
Wintereiche

Quercus petraea, Syn. *Q. sessiliflora*
Sommergrün, heimisch in Europa und
Westasien. Holz wertvoll und vielseitig
verwendbar. Höhe bis 30–40 m, sehr
langlebig. Blüht (rechts) im Mai, weibliche
Blüten in den Blattachseln am Ende der
Jungtriebe. Eicheln (rechts außen) sitzend
im Gegensatz zu *Q. robur*. Eicheln 3 cm
lang, Schuppen am Becher zahlreicher
als bei *Q. robur*. Blätter (S. 48) 7–13 cm
lang, mit 1–3 cm langem Blattstiel, Nerven
vorwiegend in die Lappen verlaufend, im
Gegensatz zur *Q. robur*.

Weidenblättrige Eiche

Quercus phellos
Heimisch in den südöstlichen USA,
gewöhnlich sommergrün, aber im südlichen
Teil ihres Verbreitungsgebietes fast
halb-immergrün. Wächst in Feuchtland
meist in der Nähe von Wasserläufen oder
Sümpfen. Höhe 20–30 m. Blüht (rechts)
im Mai, weibliche Blüten in den
Blattachseln. Eicheln (rechts außen, schlecht
ausgebildete Exemplare) 1,2 cm lang, zu
weniger als der Hälfte vom Becher
umschlossen. Blätter (S. 24) bis 10 cm lang,
in der Form ähnlich Weidenblättern, bei
Laubausbruch gelb, dann leuchtendgrün,
im Herbst goldgelb und sehr dekorativ
(S. 189).

Armenische Eiche
Pontische Eiche

Quercus pontica
Sommergrün, heimisch im Kaukasus und
Nordostanatolien. Strauch oder kleiner
Baum bis 8 m hoch. Bemerkenswert sind
die großen, 10–20 cm langen Blätter (S. 29),
die an Walnußblätter erinnern. Eicheln,
2,5–4 cm lang, reifen zu einem dunklen
Mahagonirot. Herbstfärbung gelb (S. 189).

Kastanien-Eiche

Quercus prinus
Sommergrün, heimisch in den östlichen
USA, häufig auf felsigem Boden und daher
auch Felsen-Eiche genannt. Vielseitig
verwendbares, hartes Holz. Höhe bis 30 m.
Blüht (rechts) bei Laubausbruch im April,
früher als die meisten anderen Eichenarten.
Die Eicheln (rechts außen) sind 2,5–4 cm
lang und fallen im Oktober ab. Blätter
(S. 49) ähneln der Edelkastanie (*Castanea
sativa*), 15–20 cm lang, gleichmäßig gelappt,
oberseits dunkelgrün, unterseits silbrig-weiß
und dicht filzig behaart. Borke fast schwarz
und tiefrissig.

187

Haareiche
Flaumeiche

Quercus pubescens
Sommergrüner Baum, heimisch im südlichen
Europa, Westasien und im Kaukasus.
Raschwüchsig bis zu einer Höhe von 20 m.
Blüht (rechts) Ende Mai, die weiblichen
Blüten sitzen in den Blattachseln der
Jungtriebe. Eicheln (rechts außen), 2,5 cm
lang, fallen im Oktober ab. Blätter (S. 48)
sind zuerst behaart, werden oberseits glatt
und kahl während des Sommers, 5–9 cm
lang. Das Blatt auf S. 48 ist nicht typisch,
die Blätter in den beiden Abbildungen
rechts sind sehr viel typischer. Die
Winterknospen und Jungtriebe sind fein
behaart.

Pyrenäische Eiche

Quercus pyrenaica
Sommergrün, heimisch im südlichen Europa
und Marokko, gelegentlich in Arboreten
angebaut. Höhe bis 18 m. Blüht erst im
Juni, dann aber meist sehr reichlich.
Gleichzeitig erscheinen die sehr stark
behaarten Blätter (rechts), die weiblichen
Blüten stehen in den Blattachseln. Eicheln
(rechts außen) einzeln oder bis zu 5 gehäuft,
fast sitzend oder an aufrechtem, behaartem
Fruchtstiel, eiförmig-länglich, Becher mit
filzigen Schuppen. Blätter (S. 48) variabel,
6–20 cm lang mit 5–6 Einlappungen.
Blattstiel und Blattfläche dicht behaart,
oberseits langsam verkahlend.
Q. pyrenaica var. *pendula* mit hängenden
Zweigen und schmalen Blättern, häufiger
angebaut als die typische Form.

Stiel-Eiche

Quercus robur, Syn. *Q. pedunculata*
Sommergrün, fast ganz Europa, im Norden
bis Schottland, Südschweden und
Südfinnland, im Osten bis zum Ural, im
Süden Kaukasus und Kleinasien mit
Ausnahme der südrussischen Steppe, im
Süden Balkan, Italien, nördliches Spanien;
winterhärter und trockenresistenter als
die Trauben-Eiche und daher weiter
verbreitet. Im Mittelalter Grundlage der
Schweinemast und des Schiffbaus in Europa,
auch heute noch gesuchtes Nutzholz. Höhe
30–40 m, Krone unregelmäßig locker,
knorrig. Blüht (rechts) im Mai, Früchte
langgestielt, Eicheln (rechts außen) mit
hellen Längsstreifen, olivfarben, 1,8–3 cm
lang, fallen im Oktober ab. Blätter (S. 48)
10–13 cm lang, kurzgestielt, am Blattgrund
Öhrchen, Seitennerven in Buchten und
Lappen gehend (Unterscheidungsmerkmale
zu *Q. petraea*). Viele Sorten, z. B.: *Q. robur*
'Filicifolia', Blatt s. S. 48.
Q. robur f. *purpurascens,* Blatt s. S. 48.

Roteiche

Quercus rubra, Syn. *Q. borealis*
Sommergrün, weitverbreitet in den östlichen
USA vom mittleren Florida bis Kanada
und vom Atlantik bis zum Rand der Prärien.
Holz vielseitig verwendbar, aber weniger
wertvoll als bei *Q. petraea* und *Q. robur.*
Höhe bis 45 m, Stammdurchmesser bis
2 m. Blüht (rechts) im Mai, Eicheln (rechts
außen) breit-eiförmig, rotbraun glänzend,
mit Längsstreifen, am Grunde abgeflacht.
Becher kahl mit angedrückten Schuppen,
reift im 2. Jahr, 1,8 cm lang. Blätter (S. 48)
10–30 cm lang, erst leuchtend gelbgrün,
dann oberseits dunkelgrün, unterseits
hellgrün, im Herbst leuchtendrot bis
braunrot. Wegen ihrer günstigen
ökologischen Eigenschaften, schnellem
Wachstum und schönen Belaubung
weitverbreitet angebaut in Forsten, Gärten,
Parks und als Straßenbaum.

Shumard-Eiche

Quercus shumardii
Sommergrün, heimisch in den südöstlichen
USA, vor allem in Auewäldern des
Mississippi-Tales, wertvollste der
amerikanischen Roteichen. Höhe bis 35 m.
Blüht (rechts) bei Ausbruch der gelb-filzigen
Blätter im Mai, Eicheln (rechts außen)
2,5 cm lang. Die Blätter (S. 48)
unterschieden von *Q. rubra* und *Q. coccinea*
durch Büschel bleicher Härchen an der
Unterseite, Blätter 7–9 cm lang,
Herbstfärbung rot (S. 189).

Korkeiche

Quercus suber
Immergrün, heimisch im westlichen
Mittelmeergebiet, angebaut für die
Produktion von Kork im Heimatgebiet
und in Kalifornien, sonst in Arboreten.
Korkgewinnung durch Ablösen der Borke
in 10jährigem Umlauf, wirtschaftlich wichtig
in Spanien, Portugal und Nordafrika. Höhe
bis 20 m, oft buschig und knorrig. Blüht
(rechts) Mai bis Juni, weibliche Blüten
wie bei anderen Eichen in den Achseln
der Jungtriebe. Eicheln (rechts außen)
reifen im 1. Jahr, 1,2–3 cm lang, fallen
im Oktober ab. Blätter (S. 29) oberseits
glänzend dunkelgrün, unterseits grau-filzig,
2–7 cm lang.

Mazedonische Eiche

Quercus trojana, Syn. *Q. macedonica*
Immergrün, heimisch im südöstlichen Italien und auf dem Balkan. Höhe bis 20 m, breit ausladend. Blüht (rechts) bei Laubausbruch im Mai, weibliche Blüten in den Blattachseln. Eicheln (rechts außen), 1,8–3 cm lang, fallen im Oktober ab. Das Blatt auf S. 49 ist nicht sehr typisch, die Blätter in den Abbildungen rechts zeigen die typische Form besser, vor allem die eigentümliche Nervatur. Die Blätter sind kahl und von Laubausbruch an grün, 3–7 cm lang.

Turners Eiche

Quercus x turneri
Sommergrün oder halb-immergrün, eine Kreuzung zwischen *Q. ilex* und *Q. robur,* künstlich gezogen von S. Turner in England im 18. Jahrhundert. Häufig angebaut in Gärten und Arboreten in Europa wegen der attraktiven Form und Belaubung, Höhe bis 16 m. Blüht (rechts) Mai bis Juni, weibliche Blüten in den Achseln der jungen Blätter. Eicheln (rechts außen) ähnlich *Q. ilex,* 1,8 cm lang, auf langen Stielen, fallen im Oktober ab. Blätter (S. 49) 6–11 cm lang, bleiben am Baum bis mindestens Februar, gelegentlich erst nach Blattausbruch abfallend, wie an dem abgebildeten Zweig zu erkennen ist.

Gelbeiche

Quercus velutina
Sommergrün, heimisch und zum Teil auf trockenen Böden sehr häufig im östlichen Nordamerika. Rinde und Splint sind gelb und werden zur Gewinnung eines gelben Färbemittels und von Gerbstoff verarbeitet. Höhe 20–30 m. Blüht (rechts) bei Laubausbruch im Mai bis Juni, weibliche Blüten in den Blattachseln. Eicheln einzeln oder paarweise, im 2. Herbst reifend, 1–2 cm lang, oft behaart. Die Blätter sind sehr variabel, das Beispiel auf S. 48 ist nicht typisch und sollte dem Blatt von *Q. coccinea* (S. 182 und 48) ähnlicher sein, wenn auch an der Basis weniger tief querabgeschnitten. Blätter dicklich-ledrig, 12–30 cm lang, anfangs sternhaarig, oberseits rasch verkahlend und glänzend dunkelgrün, unterseits mit bleibenden bräunlichen Achselbärtchen und mattgelbgrün.

Essigbaum
Hirschkolben-Sumach

Rhus typhina; Familie Anacardiaceae
Sommergrüner kleiner Baum oder Strauch, heimisch im östlichen Nordamerika, verbreitet angebaut in Gärten und Parks in Europa, vielfach verwildert. Höhe 3–12 m. Blüten (links außen) im Juni bis Juli, zweihäusig, weibliche Blüten in dichten, behaarten Kolben, 10–20 cm lang, männliche Blütenstände lockerer. Frucht (links) entsprechend in 10–20 cm langen Fruchtständen, filzig-behaart, karmesinrot. Blätter (S. 58) weich-filzig behaart, Herbstfärbung hell-orange und besonders bei weiblichen Pflanzen mit karmesinroten Blütenständen farblich sehr wirkungsvoll.

Lack-Essigbaum

Rhus verniciflua
Sommergrüner Baum, heimisch im Himalaja und China, in anderen Teilen Ostasiens und gelegentlich in Europa angebaut. Der giftige Saft wird in China und Japan zu einem schwarzen Lack verarbeitet, das aus den Früchten extrahierte Öl wurde in China bei der Kerzenherstellung verwendet. Höhe bis 20 m. Blüten (links außen) im Juli in großen, offenen Blütenständen bis 25 cm lang, Früchte (links) 0,6 cm breit, reifen gelblich-braun. Blätter (S. 58) gefiedert, 30–60 cm lang mit 7–13 kurzstieligen Blättchen, unterseits weich filzig.

Scheinakazie

Robinia pseudoacacia,
Familie Leguminosae
Sommergrüner Baum, heimisch im Osten und Mittelwesten der USA, angebaut als Zierbaum, in Schutzpflanzungen, auch zur Holzerzeugung, verwildert auf Ödland und an Bahndämmen. Höhe bis 25–30 m, Wurzelbrut bildend. Weiße, duftende Schmetterlingsblüten (rechts) in dichten Trauben, 10–20 cm lang, Einzelblüten 1–2 cm lang. Schotenfrucht 5–11 cm lang, 4–8 nierenförmige, braune Samen, leere Schoten verbleiben bis zum nächsten Jahr. Unpaarige Fiederblätter (S. 57) 15–20 cm lang, 7–19 Blättchen. Die Zweige tragen kurze, kräftige Dornen. Rinde (S. 220) dunkelbraun und tiefrissig. Zahlreiche Garten-Sorten, darunter *R. pseudoacacia* 'Frisia' mit goldgelben Blättern.

Klebrige Scheinakazie

Robinia viscosa
Sommergrüner Baum, heimisch in Carolina und in vielen Teilen der östlichen USA verwildert, angebaut als Zierbaum in der ganzen gemäßigten Klimazone. Höhe bis 12 m. Blüten (rechts) im Juni, schwach duftend, Trauben 12 cm lang. Schotenfrucht 5–9 cm lang, Samen rotbraun. Jungtriebe, Blattstiele, Blütentraubenstiele und Schoten klebrig behaart, Dornen nur schwach entwickelt. Blätter (S. 57) 17–30 cm lang, 8–21 Blättchen.

Salix, **Weide**; Familie Salicaceae
Vorwiegend sommergrüne Bäume und Sträucher mit einfachen, wechselständigen, meist schmalen Blättern, zweihäusig, mehr oder weniger aufrechte Kätzchen, Früchte kleine Kapseln mit vielen kleinen Samen, die durch seidige Haarschöpfe vom Wind verbreitet werden.

Silberweide

Salix alba
Weit verbreitet in Europa, Nordasien und Nordafrika, vor allem an Flußufern. Meist baumartig, Höhe 6–25 m. Blüht April bis Mai, männliche Kätzchen (links außen) 6 cm lang, bogig, zylindrisch, gelb, weibliche Kätzchen 5 cm lang (links), Samenflug im Juni. Blätter (S. 25) 6–10 cm lang, zuerst hellgrün, dann dunkelgrün, oberseits mit weißen, seidigen Haaren, unterseits weiß-filzig, Blattstiel ohne Höcker.

Salix babylonica, **Trauerweide**
Heimisch in China, angebaut in Gärten und Parks der gesamten gemäßigten Klimazone. Heute oft durch die Goldene Trauerweide (*S.* x *chrysocoma*) ersetzt. Höhe bis 10 m. Blüht April bis Mai, männliche Kätzchen (links außen) gelb, weibliche Kätzchen grün, 1,8 cm lang. Die schmalen Blätter sind 7–18 cm lang, zugespitzt, kahl, oberseits dunkelgrün, unterseits etwas heller, Rand scharf gesägt. Zweige gelb-grün oder braun, sehr lang und hängend.

Salweide

Salix caprea
Kleiner Baum oder Strauch, heimisch von Europa bis Nordostasien. Höhe bis 10 m, oft buschig. Blüht (links) vor Laubausbruch im März bis April, männliche Kätzchen seidig-grau, dann gelb, weibliche Kätzchen grün, beide 3 cm lang. Frucht grüne Kapseln, Samenflug im Mai. Blätter (S. 32) ziemlich breit, an roten, behaarten Stielen, oft recht faltig, unterseits mit grauen, weichen Haaren. Triebe anfangs grau behaart, später glänzend rotbraun.

Goldene Trauerweide

Salix x *chrysocoma*
Syn. *S. alba* 'Tristis'
Eine Hybride, verbreitet in Parks und Gärten angebaut. Höhe bis 20 m. Kätzchen, gewöhnlich männliche (links außen), im April, 7 cm lang und aufwärts gebogen, gelegentlich kommen männliche und weibliche Blüten in einem Blütenstand vor. Blätter (S. 25) mit seidigen Haaren auf beiden Seiten, heller als bei *S. babylonica*. Zweige und Triebe sind gelblich-braun-goldfarbig.

Aschweide

Salix cinerea
Kleiner Baum oder Strauch, heimisch in Europa und Nordostasien. Höhe bis 10 m, gewöhnlich kleiner. Kätzchen (links) im März bis April, ähnlich *S. caprea*, aber schlanker. Samenflug im Mai. Blätter (S. 25) ähnlich wie bei *S. caprea*, aber schmaler und weniger gewellt. Jungtriebe sind braunhaarig. Hybridisiert spontan mit *S. caprea*.

Knackweide

Salix fragilis
Heimisch in Europa und Westsibirien, südlich des Irans, wächst an Flußufern. Triebe knacken leicht an ihrer Basis ab, daher der Name. Die abgesprungenen Zweige schlagen unter günstigen Bedingungen leicht Wurzeln, wodurch sich die Art rasch entlang von Flußufern verbreitet. Höhe bis 25 m. Kätzchen im April, männliche Kätzchen (links außen) gelb, 1,8–5 cm lang. Weibliche Kätzchen grün, reife Fruchtkätzchen (links) 10 cm lang, Samenflug im Mai. Blätter (S. 25) schmal und am Rand grob gezähnt, anfangs leicht behaart, später glänzend grün und kahl.

Zickzackweide

Salix matsudana 'Tortuosa'
Eine Züchtung der seltenen Peking-Weide (*S. matsudana*), verbreitet angebaut in Straßen, Gärten und Parks. Höhe bis 12 m. Die Kätzchen (links außen) sind weiblich und blühen im April, 2 cm lang. Samenflug im Juni. Blätter und Triebe (S. 25 und links) sind eigenartig gedreht und schlangenartig gebogen.

195

Schwarzweide

Salix nigra
Heimisch im östlichen Nordamerika. Höhe bis 12 m. Kätzchen blühen im April, männliche Kätzchen (links außen) gelb, 2,5–5 cm lang, weibliche Kätzchen grün, gleich lang, Samenflug im Mai und Juni. Blätter (links außen) schmal und dünn, oft sichelförmig, oberseits hellgrün und schwach glänzend, unterseits etwas matter, grün und oft an den Nerven behaart.

Lorbeerweide

Salix pentandra
Heimisch in Mittel- und Nordeuropa und Kleinasien, gelegentlich in Gärten und Parks angebaut. Meist Strauch, selten Baum bis 10, maximal 20 m. Kätzchen (links) April bis Mai, männliche Kätzchen goldgelb, bis 6 cm lang, weibliche grün, schlanker und kürzer. Fruchtkätzchen (Mitte links) bis 10 cm, Samenflug im Juni. Blätter (S. 25) dunkelgrün, schwach glänzend, 5–10 cm lang, bis 3 cm breit.

Mandelweide

Salix triandra, Syn. *S. amygdalina*
Kleiner Baum oder Strauch, heimisch in Europa, Westasien und Sibirien. Höhe bis 10 m. Kätzchen im März bis April, männliche schlank und gelb, weibliche grün. Samenflug im Mai bis Juni, Blätter (S. 25) schmal, feingesägt, oben dunkelgrün und glänzend, kahl. Rinde in Schalen ablösend.

Korbweide

Salix viminalis
Aufrechter Strauch oder kleiner Baum bis 10 m. Verbreitet in Europa bis Nordostasien. Kätzchen April bis Mai, männliche (links) seidig-grau mit gelben Staubgefäßen, 2 cm lang, weibliche grün, Samenflug im Juni. Blätter (S. 24) schmal, mit eingerolltem Rand, oberseits stumpfgrün, unten seidig-silbergrau behaart.

Schwarzer Holunder
Holler

Sambucus nigra; Familie Caprifoliaceae
Sommergrüner Strauch, seltener Baum, heimisch in Europa, Nordafrika, Westasien, in Gehölzen, Gebüschen und auf Ödland. Blüten und Früchte in der Hausmedizin gegen Erkältungen verwendet. Höhe bis 10 m. Blüten (rechts) Juni, 0,6 cm breit, in bis 20 cm breiten, flachen Doldenrispen. Frucht (rechts außen) reift August bis September, 0,6 cm breit, eßbar, vitaminreich. Blätter (S. 53) gefiedert, Blättchen 5–7, gezähnt, Zweige grau, dicht mit großen Lenticellen bedeckt, unangenehm riechend, Mark weiß, schwammig.

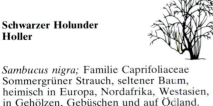

Sassafras albidum, **Sassafras;** Familie Lauraceae
Hoher, sommergrüner Baum, heimisch in den östlichen USA. Holz und Rinde wohlriechend, ölhaltig. Höhe bis 25 m. Zweihäusig, Blüten klein, gelblich, in lockeren Doldenbüscheln. Früchte oval, dunkelblau, 1 cm lang. Blätter (S. 47) ungeteilt oder zwei- bis dreilappig, Herbstfärbung gelb und orange, scharf süßlich duftend.

Prinz-Albert-Eibe

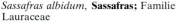

Saxegothaea conspicua; Familie Podocarpaceae
Immergrüner Nadelbaum, heimisch in Chile und Argentinien. Buschig oder schlank baumartig mit hängenden Ästen, bis 20 m hoch. Blüten (links außen) im Mai, männliche Blüten kräftig rötlich-purpur, 0,2 cm lang; weibliche Blüten hellbläulich-grün, einhäusig. Zapfen bläulich-grün (links), 1,2 cm lang. Nadeln (S. 13) flach, steif und gebogen mit scharfer Spitze, 2 weißliche Stomatastreifen unten.

Schirmtanne

Sciadopitys verticillata; Familie Taxodiaceae
Immergrüner Nadelbaum, heimisch in Japan in der Kastanienregion, vereinzelt angebaut in Gärten. Höhe 20–30 (bis 40) m. Blüten (rechts) im April bis Mai, männliche gelb, 1,2 cm lang, in Büscheln am Triebende, weibliche dunkel. Zapfen (rechts außen) 7–10 cm lang, Samen- und Deckschuppe verwachsen, Rand der Samenschuppen zurückgerollt, Reife im 2. Jahr, öffnen sich und zerfallen am Baum. Nadeln als verwachsene Doppelnadeln (S. 18), quirlständig und schirmförmig ausgebreitet, 6–15 cm lang, glänzend grün. Rinde rötlich-braun, in langen Streifen abrollend, Holz weiß, elastisch, vielseitig verwendbar und wertvoll.

Küstensequoie

Sequoia sempervirens; Familie Taxodiaceae
Immergrüner Nadelbaum, heimisch im pazifischen Küstengebiet im südlichen Oregon und in Kalifornien. Bedeutender Nutzholzbaum, in Europa gelegentlich in Gärten und Parks als Zierbaum angebaut. Höhe 70–90 m, maximal über 110 m, Alter bis über 2000 Jahre. Blüht (links außen) im Februar, männliche Blüten gelblich-braun, 0,6 cm lang, endständig, weibliche Blüten grün. Zapfen (links) 1,5–2 cm lang, reif holzig-braun. Nadeln eibenähnlich, zweizeilig gescheitelt (S. 13), an fertilen Zweigen kurz, fast schuppenförmig, allseits abstehend. Die Rinde (S. 220) ist stark längsrissig, rötlich-braun, weich und schuppig.

Mammutbaum

Sequoiadendron giganteum,
Syn. *Sequoia gigantea, Wellingtonia g.*
Familie Taxodiaceae
Immergrüner Baum der Sierra Nevada.
Als Zierbaum angebaut. Höhe 65 m, ca.
4000 Jahre alt. Einhäusig, männliche Blüten
gelb (rechts), weibliche grün (rechts außen).
Zapfen 5–6 cm lang, dornige
Schuppenschilder, 1,5 cm lang, Samenreife
im 1. Jahr. Nadeln (S. 12) 0,5 cm lang,
dreizeilig, an fertilen Zweigen mehr
schuppenförmig.
Sophora japonica, **Pagoda-Baum;** Familie
Leguminosae. Heimat: China. Höhe bis
25 m. Blatt S. 57, Blüten weiß, in großen
Trauben.

Sorbus, **Mehlbeere** und **Vogelbeere;**
Familie Rosaceae
Sommergrüne Bäume, Mehlbeere mit
glattrandigen oder gelappten Blättern,
Vogelbeeren mit Fiederblättern. Blüten
klein, in Dolden, Früchte beerenartig.

Amerikanische Bergvogelbeere

Sorbus americana
Heimisch im östlichen Nordamerika, wegen
der dekorativen Früchte und Herbstfärbung
in Gärten und Parks angepflanzt. Die
Früchte wurden in der Hausmedizin
verwendet. Höhe bis 10 m. Oft buschig.
Blüte im Mai (links außen), 0,3 cm breit,
in Dolden bis 10 cm breit. Frucht (links)
0,6 cm groß. Blätter (S. 56) mit 11–17
Fiederblättchen, Mittelrippe grün bis rot,
Herbstfärbung hellgelb.

Mehlbeere

Sorbus aria
Heimisch im mittleren und südlichen
Europa, besonders auf Kalkboden. Vielfach
als Zierbaum in Parks, Gärten und an
Straßen angebaut. Viele Kultursorten.
Höhe 3–10, maximal 25 m. Blüte (links
außen) im Mai, 1,2 cm breit, in
schirmförmigen Rispen, im September
mehlige, fade schmeckende, rote Beeren.
Blatt (S. 34) unregelmäßig doppelt gesägt,
oberseits dunkelgrün, unterseits
mehlweiß-filzig. Herbstfärbung gelb und
braun.

Vogelbeere

Sorbus aucuparia
Heimisch in Europa, Nordafrika und
Kleinasien, charakteristischer Baum der
Mittelgebirge und verbreitet angepflanzt
in Gärten, Parks und entlang von Straßen.
Die Beerenfrüchte wurden in der
Hausmedizin und zur Herstellung von
Konfitüren verwendet. Höhe bis 15 m.
Blüht im Mai, Blüten (links außen) in
Doldentrauben, 10–15 cm breit. Früchte
(links) reifen scharlachrot im September,
eßbar. Unpaarig-gefiederte Blätter (S. 56),
9–15 Blättchen, gezähnt, sattgrün, nur
jung unterseits behaart. Blattknospen lang,
schlank und filzig-behaart. Rinde (S. 220)
glänzend grünlich-grau-braun mit Lenticellen
besetzt.

Japanische Vogelbeere

Sorbus commixta
Heimisch in Japan, Korea und Sachalin,
gelegentlich in Gärten und an Straßen
angebaut. Höhe bis 15 m. Blüten (links
außen) im Mai in Doldentrauben, 8 cm
breit. Früchte 0,8 cm breit, reifen leuchtend
orange-rot im August bis September. Die
Fiederblätter (S. 56) mit 11–15 Blättchen,
oberseits dunkelgrün, unterseits
weißlich-filzig behaart. Herbstfärbung
tiefpurpurn, dann rot. Ein gutes
Erkennungsmerkmal ist die spitze, glänzend
rote Blattknospe, 1 cm lang.

Speierling

Sorbus domestica
Heimisch in Südeuropa, Nordafrika und
Westasien, häufig als Zierbaum und
Fruchtbaum angepflanzt. Frucht sehr sauer,
aber genießbar im überreifen Zustand
oder nach Frost, zur Herstellung von Bier
verwendet. Höhe 10–18 m. Blüten (links
außen) im Mai, 1,2 cm breit, in
Doldentrauben bis 10 cm breit. Frucht
(links) 2,5 cm lang, reif grünlich-rot bis
braunrot. Fiederblätter (S. 56) mit 11–21
Blättchen, unpaarig, ungezähnt,
weißlich-wollig, später verkahlend, grün
bis gelblich-grün. Knospen kahl, gelbgrün
und klebrig. Rinde dunkelbraun und
grauschwarz, schuppig gefleckt.

Chinesische Scharlach-Vogelbeere

Sorbus 'Embley', Syn *S. discolor*
Eine in China gezüchtete Form, in Parks, Gärten und an Straßen angepflanzt. Höhe bis 15 m. Blüten (links außen) im Mai in Doldentrauben. Früchte reifen orange-rot im September. Fiederblätter (S. 56) mit 11–15 Blättchen, unterseits kahl. Herbstfärbung (links) scharlachrot, später dunkelpurpur, in umgekehrter Folge als bei *S. commixta*, Blätter verbleiben ziemlich lange am Baum. Blattknospen 1,2 cm lang oder länger, mit tiefroter Spitze.

Hupeh-Vogelbeere

Sorbus hupehensis
Heimisch im westlichen China, in Europa in Gärten und Parks angebaut. Höhe bis 15 m. Blüten (links außen) 0,8 cm breit mit rötlich-purpurfarbenen Staubgefäßen in Doldentrauben, 7–15 cm breit, im Mai. Früchte (links), 0,6 cm breit, reifen weiß oder rosa im September und bleiben bis spät im Winter am Baum. Fiederblätter (S. 56) mit 11–13 dunkelbläulich-grünen Blättchen, gezähnt nur an der Spitze, Mittelrippe rot und gerieft. Herbstfärbung rot.

Schwedische Mehlbeere

Sorbus intermedia, Syn. *S. scandica*
Heimisch in Skandinavien, Finnland und den baltischen Staaten sowie in Nordostdeutschland. Beliebter Zierbaum im nördlichen Europa, in Gärten und Parks, widerstandsfähig gegen Luftverschmutzung und daher besonders geeignet als Stadt- und Straßenbaum. Höhe bis 10 m. Blüten (links außen) im Mai, 1,2 cm breit mit hellrötlichen Staubgefäßen, in filzigen Doldenrispen, 7–10 cm breit. Früchte (links) 1,2 cm breit, glänzend grün, reifen orange- bis scharlachrot im September. Blätter (S. 47) fiederartig gelappt, dunkelgrün, unten weiß-grau-filzig, Lappen gesägt. Blattknospen grün oder dunkelrötlich-braun mit grauer Behaarung.

Vogelbeere

Sorbus 'Joseph Rock'
Ein Zierbaum aus China, gelegentlich in Gärten angebaut. Höhe bis 10 m. Blüht im Mai, Frucht (links außen) reift goldgelb und bleibt während des Winters am Baum. Fiederblätter (S. 56) mit 15–19 Blättchen, Herbstfarbe Orange-Rot und Purpur (links)

Fontainebleau-Speierling

Sorbus latifolia
Heimisch in Mittel- und Westeuropa. Vermutlich eine Hybride zwischen dem Speierling *(S. torminalis)* und einer Mehlbeerenart. Höhe bis 18 m. Blüten (links außen) im Mai auf haarigen Stielen, Früchte (links) reifen gefleckt braun im September. Blätter (S. 47) sind breiter als bei anderen Mehlbeerarten, flache Einlappungen in der Blattmitte, oberseits dunkelgrün, unterseits weiß-filzig, Mittelrippe und Stiel haarig. Borke dunkelbraun, schilferig abfallend.

Pyrenäen-Mehlbeere

Sorbus mougeotii
Heimisch in den Westalpen und Pyrenäen, kommt als Strauch oder kleiner Baum auf Berghängen in den Hochlagen vor. Blüte (links außen) im Mai, 1,2 cm breit. Früchte (links) reifen im September, etwas gefleckt. Blätter (S. 47) sind schmaler und tiefer gelappt als bei *S. latifolia;* oberseits glänzend dunkelgrün, unterseits weiß-filzig.

Sargent-Vogelbeere

Sorbus sargentiana
Heimisch im westlichen China, angebaut
in Gärten und Parks, oft auf die Gemeine
Vogelbeere *(S. aucuparia)* gepfropft. Höhe
bis 10 m. Blüht (links außen) im Juni in
Doldentrauben mit 15–20 cm Durchmesser
(der Blütenstand in der Abbildung ist
erheblich kleiner). Die Blütenstengel sind
weiß behaart. Frucht (links) 0,6 cm breit,
in großen Trauben. Fiederblatt (S. 55)
größer als bei der Gemeinen Vogelbeere
(S. aucuparia) und bis 35 cm lang mit 7–11
Blättchen. Herbstfarbe leuchtend
Scharlachrot und Orange. Blattknospen
tiefrot und glänzend, mit Harztropfen
bedeckt.

Speierling-Hybride

Sorbus x *thuringiaca*
Eine Kreuzung zwischen *S. aria* und
S. aucuparia, gelegentlich in Gärten und
an Straßen angepflanzt. Höhe bis 12 m
Blüte (links außen) im Mai, 1,2 cm breit,
in 6–10 cm breiten Doldentrauben mit
behaarten Stengeln. Früchte (links) 1,2 cm
breit, reifen im September, gelegentlich
gefleckt. Fiederblätter (S. 47) tief gelappt
mit 1–4 Fiederblattpaaren an der Basis,
oberseits dunkelgrün, unterseits weiß-filzig.
Blattknospe 0,8 cm lang, dunkelrot-braun.
Die Rinde ist glatt, stumpfgrau mit flachen
Rispen.

Elsbeere

Sorbus torminalis
Heimisch in Europa, Nordafrika, Nahost
und im Kaukasus. Die Frucht ist sehr sauer,
aber im überreifen Zustand genießbar,
früher wurde sie in der Hausmedizin
verwendet. Höhe bis 25 m. Blüte (links
außen) im Mai, 1,2 cm breit, Blütenstand
locker, 10 cm breit, Blütenstengel behaart.
Frucht (links) 1,2 cm lang, gefleckt, reift
im September. Blätter (S. 47) von denen
anderer Sorbusarten unterschieden, in
der Form ahornähnlich, drei- bis fünfpaarig
gelappt, glänzend leuchtend grün auf beiden
Seiten, Herbstfärbung tiefrot. Die
Blattknospen sind rund, glänzend grün.
Die Rinde ist dunkelbraun oder grau, reißt
in schuppigen Platten.

Fox-Mehlbeere

Sorbus 'Wilfred Fox'
Eine Kreuzung zwischen Mehlbeere
(*S. aria*) und der Himalaja-Mehlbeere
(*S. cuspidata*), genannt nach dem Botaniker
Fox, der die Gattung *Sorbus* bearbeitet
hat. Höhe bis 12 m. Blüte (links außen)
im Mai, 1,8 cm breit, mit kräftigrosa
Staubgefäßen, Doldentrauben etwa 8 cm
breit. Frucht bis 2 cm breit, reift goldbraun
im September. Blätter (S. 34) sind flach
gelappt mit zwölf- bis fünfzehnpaarigen
Nerven. Oberseits verkahlend, dunkelgrün,
unterseits hellgrün und filzig. Blattknospen
oval, grün und braun. Rinde
dunkelpurpurgrau, feinschuppig.

Japanische Scheinkamelie

Stewartia pseudocamellia; Familie Theaceae
Sommergrüner Baum, heimisch in Japan,
gelegentlich in Gärten angebaut. Höhe
bis 20 m, gewöhnlich weniger. Blüte ähnlich
wie bei *S. sinensis*, 5 cm breit mit Büscheln
von leuchtendroten Staubgefäßen und
breiten Kronblättern mit welligem Rand.
Die Blütenknospen werden zwischen 2
rot-spitzigen Deckblättern angelegt und
brechen im Juli bis August auf. Blätter
(S. 26) oberseits stumpfgrün, unterseits
glänzend mit kleinen Haarbüscheln in den
Nervenachseln, glattrandig, gelegentlich
gewellt. Herbstfärbung gelb und scharlachrot
(rechts), Rinde orange-braun, beim
Abschälen wird hellorangefarbene neue
Rinde freigelegt (rechts außen).

Chinesische Scheinkamelie

Stewartia sinensis
Sommergrüner Baum, heimisch im mittleren
China, angebaut in Arboreten. Höhe bis
10 m. Die duftenden Blüten (rechts) öffnen
sich im Juli, 3,5–5 cm breit, Blütenknospe
umgeben von einem fünflappigen Deckblatt,
Lappenspitzen rot. Blätter (S. 26) größer
als bei *S. pseudocamellia*, beiderseits
leuchtend grün. Der rote Blattstiel ist
behaart und verfärbt sich karmesinrot im
Herbst. Rinde (S. 220)
dunkelkupferig-braun, abschilfernd, neue
Rinde glatt, hellgrau, grün oder cremig.

Schneeballbaum

Styrax japonica; Familie Styracaceae
Sommergrüner Baum, heimisch in China und Japan, in Gärten als Zierbaum angebaut. Höhe bis etwa 11 m. Blüten (links außen) oft sehr zahlreich, die Unterseiten der Zweige sind oft dicht bedeckt mit Gruppen von 3–4 Blüten. In der Abbildung ist nur eine Gruppe zu sehen. Blüte im Juli, 2,5 cm breit. Frucht (links) 1,2 cm lang, Blätter (S. 35) feingezähnt, kurzstielig, oberseits glänzend, unterseits stumpfer und mit kleinen Haarbüscheln in den Blattachseln.

Großblättriger Schneeballbaum

Styrax obassia
Sommergrüner Baum, heimisch in Japan, in Gärten weniger beliebt als *S. japonica*. Höhe bis 14 m. Duftende Blüten (links außen) im Juni, 2,5 cm breit, Blütenstände bis 20 cm lang, vom Zweigende herabhängend. Frucht (links) 1,8 cm lang, bedeckt mit weichen, braunen Haaren. Blätter (S. 39) fast rund mit ausgeprägter Blattspitze an älteren Bäumen, oberseits ziemlich behaart. Junge Bäume haben oft Blätter mit Zähnung nahe der Blattspitze.

Taiwania cryptomerioides, **Taiwanie**
Familie Taxodiaceae
Immergrüner Nadelbaum, heimisch in Formosa, China und Burma. Höhe bis 14 m. Zapfen (nicht abgebildet) ähnlich denen von *Cunninghamia lanceolata*. Belaubung (S. 12) ähnlich wie bei *Cryptomeria japonica,* aber Nadeln stärker bläulich gefärbt und verengen sich von der Basis bis zum scharfspitzigen Nadelende.

Sumpfzypresse

Taxodium distichum; Familie Taxodiaceae
Sommergrüne Konifere, in Frischwassersümpfen der südöstlichen USA, Atemwurzeln bildend. Angepflanzt in Gärten und Parks. 30–50 m hoch. Pollenflug im April, Blütenstände dann 10–30 cm lang. Weibliche Blüten winzige, grüne Zäpfchen, 0,2 cm lang (rechts, an der Basis der männlichen Kätzchen). Zapfen (rechts außen) 2,5 cm lang und breit, erst grün, dann braun. Nadeln (S. 13) wechselständig, zart, zweireihig, lichtgrün, Herbstfärbung stumpf-orange bis gelb-braun, fallen samt den jüngsten Trieben im Herbst ab. Triebe wechselständig bis fast gegenständig. Rinde (S. 220) rötlich-braun, feinrissig und faserig. Stamm oft spannrückig mit starkem Stammanlauf (vgl. *Metasequoia glyptostroboides*).

Taxus, **Eibe;** Familie Taxaceae
Immergrüne, baumförmige oder buschige Koniferen. Zweihäusig, Samen von fleischigem Arillus halbumschlossen. Nadeln flach und schmal.

Gemeine Eibe

Taxus baccata
Heimisch in Europa, im nördlichen Kleinasien und westlichen Nordafrika. Angebaut als Schutz, zur Zierde und als grüne Skulptur. Blätter und Samen giftig, Holz hart, dauerhaft und hochgeschätzt. Höhe bis 25 m. Blüte (links außen) März bis April, männliche Blüten gelb, 0,6 cm, weibliche Blüten winzig und grün. Frucht (links) 1,2 cm. Nadeln (S. 14) zweigescheitelt, tannenähnlich, aber zugespitzt. Rinde (S. 220) dunkelbraun und rotbraun, in dünnen Streifen abschilfernd.

Irische Eibe

T. baccata 'Fastigiata'
Eine Kulturform mit aufgerichteter Verzweigung. Meist weiblich und vielfach in Gärten und auf Friedhöfen angepflanzt.
T. baccata 'Fastigiata Aureomarginata', **Goldene Irische Eibe.** Eine Form mit goldfarbenen Jungtrieben (S. 14). Ausschließlich männlich.
T. baccata 'Fructo-luteo', **Gelbfrüchtige Eibe.** Eine Form mit orange-gelben Früchten (links außen).
Taxus brevifolia, **Pazifische Eibe**
Heimisch an der pazifischen Küste von Nordamerika. Höhe bis 12 m. Blüten ähnlich wie bei *T. baccata,* Frucht mit rotem, fleischigem Becher, Samen grün. Nadeln (S. 14) oberseits dunkelgrün, unterseits mittelgrün.

Chinesische Eibe

Taxus celebica
Heimisch in China, gelegentlich in Arboreten angebaut. Höhe bis 8 m. Männliche Blüten (links) 0,2 cm, verstreut an den Unterseiten der Triebe, Pollenflug Februar bis März. Früchte wenig zahlreich, 0,6 cm breit, grün mit dunkelgrüner Frucht, selten reifend. Nadeln (S. 14) gelblich-grün auf beiden Seiten, locker.

Japanische Eibe

Taxus cuspidata
Heimisch in Japan, in Europa in Arboreten und vielfach in Gärten angepflanzt. Ausladender, buschiger Baum bis 15 m. Männliche Blüten (links außen) 0,2 cm, Pollenflug Februar bis März. Weibliche Blüten winzig und grün, ähnlich wie bei *T. baccata,* Frucht eigentümlich (links), 0,8 cm, mit dunkelgrau-grünem Samen. Nadeln (S. 14) gebogen oder gerade aufwärts gerichtet, scharfspitzig, steif, oberseits dunkelglänzend grün, unterseits gelblich-grün.

Sporenblattbaum

Tetracentron sinense;
Familie Tetracentraceae
Sommergrüner Baum, heimisch in China, in Arboreten und gelegentlich in Gärten angebaut. Höhe bis 15 m. Blüten in Kätzchen, 9–15 cm lang, die im Frühjahr erscheinen und sich während des Sommers allmählich vergrößern und öffnen. Die Abbildung rechts zeigt die Kätzchen im Mai, rechts außen im August. Blätter (S. 42) ähnlich *Cercidiphyllum japonicum,* jedoch wechselständig und von sporenartigen Auswüchsen der Zweige und Äste ausgehend.

Thuja, **Lebensbaum;** Familie Cupressaceae
Immergrüne, baum- oder strauchartige Koniferen mit schuppenförmigen, angepreßten Nadeln. Einhäusig, Zapfen klein mit wenigen Schuppen und mit geflügelten Samen.

Abendländischer Lebensbaum

Thuja occidentalis
Heimisch im östlichen Nordamerika, als Zier- und Heckenpflanze in Nordamerika und Europa angebaut. Zwergformen werden häufiger angebaut als die typische Form. Höhe bis 15 m. Blüten (links außen) im März bis April, männliche Blüten dunkelrot, weibliche Blüten dunkelbräunlich-gelb (links außen, unten), beide 0,1 cm. Zapfen (links) reifen von Gelb nach Grün, 1,2 cm lang, 8–10 Schuppen. Nadeln (S. 10) oberseits dunkelgrün, unterseits gelblich, bei Zerreiben nach Apfel riechend.

Orientalischer Lebensbaum

Thuja orientalis
Heimisch in China, Turkistan, Korea, in vielen Kulturformen in Japan, Europa und Nordamerika angebaut. Höhe 18–30 m, schmalkronig, Zweige vertikal orientiert. Blüte (links außen) im März, männliche Blüten dunkelgelb, weibliche Blüten stumpf bläulich-grün, 0,1 cm. Zapfen (links) 1,8 cm, gewöhnlich sechsnabeldornige Schuppen, reifen von bereift Blau-grün zu Braun und öffnen sich im Herbst.
Nadeln (S. 10) dunkelgrün auf beiden Seiten, geruchlos.
T. orientalis 'Elegantissima' (links). Eine kleinwüchsige Sorte mit aufgerichteten Zweigen. Blätter sind im Sommer goldspitzig, bleichen zu Grün während des Winters. Ein geeigneter und beliebter Baum für kleine Gärten oder für Kübel.

Riesenlebensbaum

Thuja plicata
Heimisch im westlichen Nordamerika, bedeutender Nutzholzbaum. In Europa angebaut zur Holzzucht, als Zier- und Schutzpflanze und als Hecke. Höhe je nach Standort 40 bis 70 m, maximal 90 m. Blüte (links außen) im März, männliche Blüten dunkelrot, hellgelb zur Zeit des Pollenfluges, weibliche Blüten gelblich-grün, beide 0,2 cm lang. Nadeln schuppenförmig (S. 10), oberseits dunkelgrün, glänzend, unterseits heller mit grauen Markierungen (Spaltöffnungen), Geruch aromatisch-fruchtig.

Japanischer Lebensbaum

Thuja standishii
Heimisch im mittleren Japan, angebaut in Arboreten und Gärten. Höhe bis 20 m, schmale, dichte Krone. Blüten (links außen) im März, männliche dunkelrötlich, während der Pollenausschüttung gelb, weibliche bräunlich-grün, beide sehr klein, 0,1 cm breit. Zapfen (links) 1,2 cm groß, 10–12 Schuppen, reifen von Leuchtendgrün zu Dunkelbraun im gleichen Herbst. Nadeln (S. 10) stumpf, gelblich-grün oder grau-grün, unterseits grau-grüne Spaltöffnungsflecken, schuppenblättrig, Kantenblätter stumpf (bei *T. plicata* zugespitzt). Die Verzweigung oft unregelmäßig, Triebe häufig sichelförmig gebogen, beim Zerreiben zitronenartiger Geruch.

Hiba-Lebensbaum

Thujopsis dolabrata; Familie Cupressaceae
Immergrüner Nadelbaum, heimisch in Japan, mäßig winterhart, beliebter Parkbaum auf guten Böden, schattenertragend, oft nur strauchförmig. Höhe bis 20 m, schmalkronig und langsam wüchsig. Blüht im April bis Mai, männliche Blüten dunkelschwärzlich-grün, weibliche bläulich-grün, 0,1 cm lang. Zapfen (rechts außen) 1,2–2 cm lang, 6–10 dornige Schuppen, fleischig, reifen von Bläulich-Grün nach Dunkelbläulich-Braun, öffnen sich am Zweig, je Schuppe 4–5 schmal geflügelte Samen. Nadeln (S. 11) breit eiförmige Schuppen, oberseits glänzend grün, unterseits mit weißen Stomataflecken und -bändern. Rinde (rechts) dunkelrötlich-braun, in Streifen abschilfernd.

Tilia, **Linde;** Familie Tiliaceae
Sommergrüne Bäume, Blätter
wechselständig, zweiteilig, meist herzförmig
und gesägt, Blüten in Trugdolden, Stiel
meist zur Hälfte an einem zungenförmigen,
bleichgrünen Fruchtblatt angewachsen,
Frucht ein kleines, einsamiges Nüßchen.

Amerikanische Linde

Tilia americana
Heimisch im östlichen Nordamerika, als
Schatten- und Zierbaum, in Nordamerika
und Europa angebaut. Wichtiger
Honigbaum. Höhe 20–40 m. Blüht im
Juli, Blüten (links außen) 1,2 cm breit
an behaartem Stiel, Hochblatt bis 10 cm
lang. Frucht 0,3 cm breit, rippenlose, filzige
Nuß. Blätter (S. 41) breit eiförmig, bis
20 cm lang, symmetrischer als sonst bei
Linden üblich, Rand sägezähnig, oberseits
matt dunkelgrün und kahl, unterseits
mittelgrün, schwach glänzend, an den
Seitennerven Achselbärtchen. Rinde (links)
dunkelgrau-braun und grobrissig, Jungtriebe
glänzend rot, im 2. Jahr olivenrot bis grau.

Winterlinde

Tilia cordata, Syn. *T. parvifolia*
Heimisch in Europa, besonders im Osten,
im Kaukasus und Sibirien, häufig in Parks,
Gärten, an Straßen und auf Plätzen
angepflanzt. Wichtiger Honigbaum. Höhe
bis 30 m. Blüten (links außen) im Juli,
1,2 cm breit, in fünf- bis neunblütigen
Scheindolden, stark duftend. Frucht (links)
0,6 cm breit, schwach gerippt, zottig-filzig.
Blätter (S. 41) 3–6 cm lang, oberseits
sattgrün, unterseits heller bläulich-grün
und rotbraun gebärtet in den Nervenachseln
und an der Blattbasis. Rinde glatt, grau
bis dunkelgrau, im Alter mit großen Rispen
und Schuppen.

Krim-Linde

Tilia x *euchlora*
Vermutlich eine Kreuzung zwischen
T. cordata und *T. dasystila* aus dem
Kaukasus. In Europa in Parks, Gärten
und an Straßen angepflanzt. Großer Baum
mit überhängender Bezweigung, bis 20 m.
Blüten (links außen) im Juli, größer und
gelber als bei anderen Linden, 3–7 in
hängender Scheindolde, stark aromatisch
und auf Bienen betäubend wirkend. Frucht
(links) eiförmig, dicht zottig-filzig, 1,2 cm
lang. Blätter (S. 41) schief herzförmig,
feingesägt, bis 10 cm lang, glänzend
dunkelgrün, unterseits heller und braun
gebärtet in den Nervenachseln. Rinde glatt,
stumpf grau mit einigen tiefen Rissen.
Die Krim-Linde wird wegen ihrer
Widerstandsfähigkeit und glänzenden
Belaubung oft anderen Lindenarten
vorgezogen.

Zwischenlinde

Tilia x europaea, Syn. *T. x vulgaris*, *T. hollandica*
Gilt als Kreuzung zwischen *T. cordata* und *T. platyphyllos* und ist wahrscheinlich in Holland natürlich entstanden. Bevorzugter Straßenbaum und als Zierbaum in Parks und Gärten, häufiger als einer der Eltern. Höhe 30–40 m. Duftende Blüten (links außen) im Juli in hängenden, vier- bis elfblütigen Fruchtdolden. Frucht (links) 0,8 cm lang und filzig. Blätter (S. 41) hellgrün und kahl außer unterseits in den Nervenachseln, oft bedeckt von glänzendem Harz oder Honigtau, der von Blattläusen stammt. Ein gutes Erkennungsmerkmal sind die zahlreichen Klebäste am Stamm, vor allem an der Stammbasis, oft auf stark ausgewucherten Stammrosen. Die Blätter dieser Triebe sind oft sehr viel größer als üblich.

Olivers Linde

Tilia oliveri
Heimisch in Mittelchina und gelegentlich in Gärten und Arboreten in Europa angebaut. Höhe bis 25 m. Blüten (links außen) im Juni, große, hellgrüne Hochblätter, 10 cm lang. Frucht (links) 1,2 cm breit, weich-filzig. Blätter (S. 41) stumpf-grün, oberseits glatt, unterseits silbrig behaart. Die Rinde ist glatt, grau, mit dünnen, dunklen Streifen und dreieckigen Einsenkungen an alten Blattspuren.

Trauerlinde

Tilia petiolaris
Entweder heimisch im Kaukasus oder eine Züchtung, in Gärten, Parks und an Straßen angepflanzt. Höhe bis 25 m. Stark duftende Blüten (links außen) im Juli, mit betäubender Wirkung auf Bienen. Frucht schwach fünffurchig, 1–2 cm lang, selten mit keimfähigem Samen. Blätter (S. 41) oberseits dunkelgrün, unterseits filzig, Blattstiel filzig. Zweige überhängend, Rinde dunkelgrau mit engen Furchen und Rispen.

Sommerlinde

Tilia platyphyllos
Heimisch in Europa und Kleinasien, angepflanzt in Parks und Alleen. Höhe 30–40 m. Blüten (links) Ende Juni, 1–2 cm breit. Frucht filzig behaart, drei- bis fünfrippig, 1–2 cm groß. Blätter (S. 41) lebhaft grün, unterseits heller und weich behaart, besonders an der Mittelrippe, in den Nervenachseln und am Blattstiel. Rinde dunkelgrau mit engen Rissen und Rippen.

Ungarische Silberlinde

Tilia tomentosa, Syn. *T. argentea*
Heimisch in Südosteuropa und Westasien, in Europa in Parks und Gärten angebaut. Höhe bis 30 m. Stark duftende Blüten (links außen) Ende Juli, wirken betäubend auf Bienen. Frucht (links) 0,6–1,2 cm lang, filzig behaart mit 5 Rippen. Blätter (S. 41) dunkelgrün, spitz gezähnt, im Herbst goldgelb, unterseits weiß-filzig. Rinde reifer Bäume dunkelgrau und gerippt, rissig.

Kalifornische Muskatnuß
Stinkeibe

Torreya californica,
Syn. *T. myristica;*
Familie Taxaceae
Immergrüner Nadelbaum, heimisch in Kalifornien, in Europa als Zierbaum angebaut. Höhe bis 30 m. Männliche Blüten (rechts) 0,8 cm lang, gelb während des Pollenfluges im Juni, zweihäusig, weibliche Blüten winzig, grün an der Triebbasis. Frucht (rechts außen) 3–7 cm lang, leuchtend grün mit purpurfarbenen Streifen, enthält einen großen braunen Samen. Blätter (S. 13) dunkelgelblich-grün 2 weiße Bänder unterseits, Nadelende hart-spitzig.

Torreya nucifera, **Japanische Muskatnuß, Nußeibe**
Kleiner Baum oder Strauch, heimisch in Japan. Höhe bis 10 m. Männliche Blüten eiförmig, hellgrün, 0,2 cm lang, weibliche klein und grün. Frucht 2,5 cm breit, ähnlich wie bei *T. californica,* Arillus grünbraun, Kern fleischig-ölig. Blätter (S. 13) glänzend dunkelgrün, 2 weiße Bänder unterseits, duften charakteristisch.

Tsuga, **Hemlock**; Familie Pinaceae
Immergrüne Nadelbäume mit kleinen, flachen Nadeln und kleinen, verholzten Zapfen.

Östliche Hemlock
Schierlingstanne

Tsuga canadensis
Heimisch im nordöstlichen Nordamerika, in Westeuropa in Gärten, Arboreten, Parks und gelegentlich zur Holzzucht in Forsten angebaut. Die Rinde ist sehr gerbstoffreich Höhe bis 20–30 m, selten bis 50 m. Blüten (links außen) im Mai, männliche 0,3 cm breit, grünlich-gelb, weibliche grünlich, etwas größer. Zapfen (links) eiförmig, gestielt, 1,2–2,5 cm lang, reift von Grün nach Braun im Oktober. Nadeln (S. 14) flach, auf der Zweigoberseite kürzer als unterseits, 10–15 mm lange Nadeln beiderseits vom Zweig abstehend. Die kurzen Nadeln auf der Zweigoberseite liegen mit der weißen Unterseite nach oben.

Carolina-Hemlock

Tsuga caroliniana
Heimisch in den südöstlichen USA, gelegentlich als Zierbaum in Nordamerika und Westeuropa angepflanzt. Höhe bis 15 m. Blüten (links außen) Ende April, männliche dunkelkarmesinrot, weibliche blaß-rötlich-violett, beide 0,6 cm lang. Zapfen (links) 2,5 cm lang, öffnen sich bei der Reife. Nadeln (S. 14) stehen unregelmäßig nach allen Seiten des Triebes ab, enger als bei anderen Tsugaarten, leuchtend weiße Stomatabänder unterseits.

Chinesischer Hemlock

Tsuga chinensis
Heimisch in Mittel- und Westchina, in Arboreten angebaut. Höhe bis 12 m, auch buschig. Blüten (links außen) Ende April, männliche gelb mit purpurrot, weibliche kräftig rötlichpurpur, beide 0,6 cm breit. Zapfen (links) bis 2,5 cm lang, dunkelpurpurrot, später braun. Nadeln (S. 14) ähnlich wie bei *T. heterophylla*, aber oberseits heller grün und unterseits kräftiger grün.

Nördliche Japanische Hemlock

Tsuga diversifolia
Heimisch im mittleren und nördlichen Japan, vor allem in den Bergen, angebaut in botanischen Sammlungen und einigen Gärten. Höhe bis 24 m, in Europa strauchig. Blüten (links außen) im April, männliche dunkelkarmesinrot, weibliche rosa, 0,3 cm. Zapfen (links) 1,8 cm lang, reift von Grün nach Braun. Nadeln (S. 14) dichtgepackt, oberseits dunkelgrün mit 2 hellen, weißen Streifen unterseits, Nadelspitzen eingebuchtet.

211

Westliche Hemlock

Tsuga heterophylla
Heimisch an der pazifischen Küste von Nordamerika, von Südalaska bis Nordkalifornien bis in das Felsengebirge im Inneren, bis 2300 m ü. d. M. Als Zierbaum in Gärten und Parks angebaut, in Europa weniger häufig als *T. canadensis*. Höhe 40–60 m, Gipfeltrieb hängend, Seitenzweige abstehend. Blüten (links außen) Ende April bis Mai, männliche dunkelkarmesinrot, weibliche rötlichpurpur, beide 0,3 cm lang. Zapfen (links) fast sitzend, 2,5 cm lang, reifen von Bräunlich-Grün zu Braun. Nadeln (S. 14) gescheitelt, aber auch nach oben und unten gebogen, von unterschiedlicher Länge, oberseits dunkelgrün, unterseits mit undeutlichen Stomatastreifen, Spitze rund, stark aromatisch. Rinde relativ dünn, grau, fein längsrissig mit kleinen Borkenschuppen.

Berg-Hemlock

Tsuga mertensiana
Heimisch im westlichen Nordamerika in den Bergen von Südalaska bis Nordkalifornien, östlich bis Idaho und Montana, von der Küste bis 3300 m Seehöhe. Als Zierbaum angebaut in Gärten, Parks und Arboreten. Höhe über 30 m in Kahllagen, buschförmig an der Baumgrenze. Blüten (links außen) Ende April, männliche dunkelrosa-purpur, 0,3 cm lang, weibliche dunkelviolett oder auch gelblich-grün, etwas länger. Zapfen (links) 5–8 cm lang, reifen von Grün oder Purpur nach Braun, öffnen sich am Zweig. Nadeln (S. 14) am Trieb gehäuft und nach allen Seiten abstehend, an der Spitze nicht gekerbt, oberseits dunkelgrün, unterseits graugrün oder gleichfarbig, 1,5–2,2 cm lang, Triebe behaart.

Südliche Japanische Hemlock

Tsuga sieboldii
Heimisch im südlichen Japan, mehr im Tiefland, weniger hart als *T. diversifolia*. Gelegentlich in Gärten und Parks angebaut. Höhe bis 30 m, langsamwüchsig. Blüte (links außen) im April, männliche dunkelkarmesinrot, 0,2 cm, weibliche blaßrötlich oder purpur, 0,4 cm lang, hängend, Zapfen (links) 2,5 cm lang, reifen von Grün nach Braun. Nadeln (S. 14) ziemlich breit, Spitze gekerbt, 2 weiße Längsstreifen unten. Die Benadelung sieht weniger gleichmäßig aus als bei *T. diversifolia*.

Ulmus, **Ulme;** Familie Ulmaceae
Sommergrüne Bäume, charakteristisch
die flache, scheibenförmige, reutige Frucht.
Same mehr oder weniger exzentrisch, Blätter
wechselständig, doppelt-sägezähnig, an
der Basis unsymmetrisch.

Ulmus americana, **Amerikanische Weißulme**
Wie alle anderen Ulmenarten nur im
östlichen Nordamerika vorkommend. Höhe
bis 40 m. Blüten im März an ungleich langen
Stielen. Frucht elliptisch, 1,2 cm lang, an
der Spitze gekerbt. Blätter (S. 33) oberseits
verkahlend, unterseits spärlich weißhaarig.

Bergulme

Ulmus glabra
Heimisch in Europa und Westasien,
besonders in Gebirgswäldern. Gutes
Nutzholz, als Zierbaum in Parks angebaut.
Höhe 10–30 (40) m. Blüten (oben, rechts)
im März vor Blattausbruch, zwitterig, in
Büscheln. Frucht (oben, rechts außen)
2–3 cm breit, Same in der Fruchtmitte,
reift blaßbraun im Juli. Blätter (S. 34)
oberseits grau, unterseits kurzhaarig, am
Grunde breit geöhrt, kurzgestielt. Rinde
glatt, grau und bräunlich-grau, an alten
Bäumen rissig und mit Furchen.

Camperdown-Ulme

Ulmus glabra 'Camperdown'
Vielfach in Europa in Städten, Parks und
Gärten, gelegentlich auch in den USA
angebaut. Höhe bis 12 m, knorriger Wuchs,
Krone pilzförmig. Blüten und Frucht (rechts
und rechts außen) ähnlich wie bei *U. glabra*.
Blätter größer als bei *U. glabra*, bis 20 cm
lang, oft stärker unsymmetrisch.

Ulmus x *hollandica* 'Hollandica', Syn.
U. major, **Holländische Ulme**
Ein Beispiel einer Gruppe von Hybriden
zwischen *U. glabra* und *U. minor*. Höhe
bis 35 m. Blüten Ende März, Früchte 1,8 cm
lang, Same randständig. Blätter (S. 34)
breit, mit dunkelgrüner, rauher Oberseite
und hellerer Unterseite mit behaarten
Nerven. Jungtriebe haarig, Rinde dunkelgrau
und abschilfernd.

Huntingdon-Ulme

Ulmus x *hollandica* 'Vegeta', Syn. *U. vegeta*
Hybride, an Straßen, in Parks und Gärten
angepflanzt. Höhe bis 35 m mit
kugelförmiger Krone. Blüten (rechts)
Anfang April, Frucht (rechts außen) Ende
April, 1,8 cm lang, Same in der Mitte,
gewöhnlich mit einem rötlichen oder
karmesinroten Flecken. Blätter (S. 34)
länger und schmaler als bei *U.* x *hollandica*
'Hollandica' und länger gestielt (1,2–1,8 cm).
Blätter oberseits glatt und glänzend,
unterseits mit Haarbüscheln in den
Nervenachseln. Jungtriebe leuchtend grün
und nur wenig behaart. Borke ist grau
oder braun und gerieft.

Flatterulme

Ulmus laevis
Heimisch in Mitteleuropa und Westasien, angebaut in Arboreten und Parks. Höhe 20–35 m. Blüte (rechts) im März auf sehr langen Stielen flatternd. Frucht (rechts außen) im Mai, 1,2 cm breit, weißlich behaart am Rand, Same ziemlich in der Mitte. Blätter (S. 34) auffallend unsymmetrisch, oberseits etwas feinhaarig, unterseits stärker behaart. Rinde grau oder braun mit breiten Rippen und tiefen Rinnen, oft mit Büscheln von Wasserreisern.

Feldulme
Glattblättrige Ulme

Ulmus minor, Syn. *U. carpinifolia*
Heimisch in Europa, Nordafrika und Südwestostasien. Höhe bis 30 m mit aufrechten Zweigen, Krone kugelförmig. Blüten (rechts) im März, Frucht (rechts außen) 1,8 cm breit, Same nahe der eingekerbten Spitze. Blätter (S. 34) variabel, aber stets leuchtend, glänzend grün oberseits, feinbehaart in den Nervenachseln unterseits und am Blattstiel. Borke graubraun mit langen Rippen und Rinnen.
U. minor var. *cornubiensis*, **Kornische Ulme,** hat eine lockere, konische Krone und glänzende, grüne, löffelförmige Blätter, Höhe bis 35 m.
U. minor var. *sarniensis*, **Jersey-Ulme** oder **Wheatley-Ulme,** hat eine kompakte, gleichförmig konische Krone und dunkelgrüne Blätter, Höhe bis 38 m.

Englische Ulme

Ulmus procera, Syn. *U. campestris*
Heimisch in Großbritannien, früher weitverbreitet in Knicks, Feldgehölzen und Wäldern, angebaut in Parks und an Straßen, aber fast völlig vernichtet durch die Ulmenkrankheit und von anderen Arten ersetzt. Gutes und gesuchtes Nutzholz, vor allem für den Innenausbau von Häusern und zur Möbelherstellung. Höhe bis 40 m, Ausläufer und Wurzelschößling bildend, vor allem entlang von Knicks. Blüte (rechts) Ende Februar bis März, Frucht (rechts außen) April bis Mai, kleiner als bei *U. glabra*, Same nahe der Spitze. Blätter (S. 29) sehr unterschiedlich in der Form, oberseits dunkelgrün und grau, unterseits blaßfeinhaarig entlang der Mittelrippe, Blattstiel sehr kurz-feinhaarig. Rinde (S. 220) dunkelbraun und rissig mit kleinen, rechteckigen Platten. Viele lokale Formen kommen in Großbritannien vor.

Felsenulme

Ulmus thomasii, Syn. *U. razemosa*
Heimisch im nordöstlichen Nordamerika, gelegentlich in botanischen Gärten in Europa. Liefert das wertvollste Ulmenholz der Welt. Höhe bis 30 m. Blüte (rechts) im März in wenigblütigen, dünnstieligen Trauben, 3–5 cm lang. Frucht (rechts) 1 × 2 cm, elliptisch, gekerbt, Same oberhalb der Mitte. Reift im Mai. Blätter (S. 33) beidseitig verkahlend, dunkelgrün, oberseits glänzend, unterseits zerstreute, matte Haare. Zweige gelegentlich mit Korkleisten. Rinde dunkelbraun-grau, breitschuppige Rippen, gefurcht, Innen-Rinde zitronengelb.

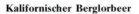

Kalifornischer Berglorbeer

Umbellularia californica; Familie Lauraceae
Einzige Art der Gattung, immergrüner Strauch bis Kleinbaum, heimisch im küstennahen Kalifornien, in warmen, geschützten Lagen in Gärten und Arboreten auch in Mitteleuropa. Blätter aromatisch, sollen Kopfschmerzen erzeugen. Höhe bis 20 m. Blüte (links außen) im Januar, in kühlen Klimaten später, bis Mai, grünlich-gelb, unbedeutend, 0,6 cm breit, in Büscheln. Früchte (links) 2–3 cm lang, reifen im August bis September, bei uns nur ausnahmsweise. Blätter (S. 32) dünn-lederartig, kahl, oben dunkelgrün, unten heller bläulich-grün, ähnlich *Prunus laurocerasus.* Vor Abfall im 2. Jahr gelb oder orange verblassend.

Gemeine Dornenesche
Amerikanisches Gelbholz

Zanthoxylum americanum, Syn. *Xanthoxylum a.;* Familie Rutaceae
Sommergrüner Halbbaum oder Strauch, heimisch im östlichen Nordamerika, gelegentlich in Gärten und Parks in Europa. Die Indianer sollen Triebe und Früchte als Mittel gegen Zahnschmerzen gekaut haben. Höhe bis 8 m als Baum. Blüte (rechts) Mai bis Juni, unscheinbar. Frucht (rechts außen) 0,6 cm lang, reift schwärzlich im Herbst. Blätter (S. 55) unpaarig gefiedert, 5–11 Blättchen, aromatisch, ganzrandig oder feinzähnig gekerbt. Junge Zweige behaart, gepaarte Stacheln, 1 cm lang, unter den Knospen.

Zelkova; Familie Ulmaceae
Eine kleine Gattung sommergrüner Bäume, in der gleichen Familie wie die Ulmen *(Ulmus).* Äußerlich sind die Bäume beider Gattungen sehr ähnlich, *Zelkova* hat jedoch getrenntgeschlechtliche Blüten und kleine, steinfruchtartige Nüßchen.

Kaukasische Zelkova

Zelkova carpinifolia
Heimisch in den Bergen des Kaukasus, angebaut in Parks, Gärten und Arboreten in Europa und Amerika. Höhe bis 35 m, oft mehrstämmig und stark verzweigt (s. o.). Blüte (links außen) im April, männliche Blüten 0,6 cm breite Büschel von Staubgefäßen, weibliche Blüten kleiner an der Spitze von Jungtrieben, beide in Blattachseln. Früchte (links) 0,6 cm lang, mit 4 Rippen. Blätter (S. 29) mit 6–12 Nervenpaaren, großkerbig gesägt, oben tiefgrün und etwas rauh, unten an den Nerven weich behaart. Stiel ca. 0,3 cm lang. Rinde (S. 220) glatt, schuppig aufbrechend und dabei gelbrötliche Ringe freilegend.

Japanische Zelkova

Zelkova serrata
Heimisch in Japan, angebaut in Gärten und Parks in Europa, Amerika und Ostasien. Härter als die Kaukasische Zelkova. Höhe bis 30 m. Blüte (links außen) April bis Mai, männliche Blüten 0,4 cm lang in basalen Blattachseln der Jungtriebe, weibliche Blüten kleiner, grün, im oberen Teil der Jungtriebe. Frucht schiefe Steinfrucht, 0,3–0,5 cm dick, breiter als hoch, grün. Blätter (S. 29) 6–9 cm lang, scharf gesägt, Zähne nach vorn gerichtet, 8–14 Nervenpaare, Blattstiel rötlich, 0,3–0,4 cm lang. Herbstfärbung gelb, orange und rötlich-braun. Rinde (links) glatt, später schuppig.

Die Baumrinde schließt den Holzkörper nach außen ab. Bei älteren Bäumen bildet sich eine oft rauhe, verkorkte Borke. Farbe und Form der Rinde und Borke sind oft gute Erkennungsmerkmale von Baumarten. Manche Rinden brechen in senkrechte Rippen auf (z.B. Eiche), andere bilden Platten (z.B. Platane) oder bleiben als Ganzes erhalten und schilfern außen mehr oder weniger dünn ab (z.B. Birke).
Das Aussehen der Rindenoberfläche wird von der Veranlagung des Baumes und von der Umwelt bestimmt.
Luftverschmutzung schwärzt die Rinde und tötet Moose und Flechten, die sehr üppig sein können. Trockene Standorte fördern die Verkorkung. Genetische Veranlagung führt zur Steinrinde bei der Buche und zu verschiedenen Borkentypen bei der Kiefer.
Die folgenden Farbbilder beschränken sich auf einige typische Rinden, deren Erkennung einfach ist.

Griechische Tanne *Abies cephalonica* (S. 61)

Nikko-Tanne *Abies homolepis* (S. 62)

Schlangenahorn *Acer capillipes* (S. 66)

Papierahorn *Acer griseum* (S. 69)

Roßkastanie *Aesculus hippocastanum* (S. 81)

Schwarzerle, Roterle *Alnus glutinosa* (S. 83)

Araukarie *Araucaria araucana* (S. 85)

Blaubirke *Betula coerulea-grandis* (S. 88)

217

Seestrand-Kiefer *Pinus pinaster* (S. 160) **Pinie** *Pinus pinea* (S. 160) **Gemeine Kiefer** *Pinus sylvestris* (S. 162)

Gemeine Platane *Platanus acerifolia* (S. 165) **Graupappel** *Populus canescens* (S. 167) **Mandschur. Kirsche** *Prunus maackii* (S. 172)

Gemeine Birne *Pyrus communis* (S. 179) **Zerr-Eiche** *Quercus cerris* (S. 181) **Stechpalmen-Eiche** *Quercus ilex* (S. 183)

Korkeiche *Quercus suber* (S. 190) **Scheinakazie** *Robinia pseudoacacia* (S. 192) **Küstensequoie** *Sequoia sempervirens* (S. 196)

Vogelbeere *Sorbus aucuparia* (S. 198) **Scheinkamelie** *Stewartia sinensis* (S. 202) **Sumpfzypresse** *Taxodium distichum* (S. 203)

Gemeine Eibe *Taxus baccata* (S. 204) **Englische Ulme** *Ulmus procera* (S. 213) **Kaukas. Zelkova** *Zelkova carpinifolia* (S. 215)

Register

Halbfett gedruckte Ziffern verweisen auf den beschreibenden Text.

Abies 15, **60ff.**
Acacia 59, **65**
Acer 43, **65ff.**, 76
Aesculus 51, **79**
Ahorn, Amerikanischer Berg- 45, **78**
– – Fels- 42, **69**
– – Weinblättriger 46, **67**, 76
– – Amur- 43, **69**
– – Balkan- 43, **70**
– Berg- 45, **74**
– Eschen- 53, **72**, 77
– Fächer- 46, **73**, 76
– Feld- 43, **65**, 76
– Felsen- 43, **72**
– Flaum- 46, **70**
– Forrests 43, **68**
– Grauer Schlangen- 43, **75**, 77
– Grossers 43, **70**, 189
– Heldreichs 45, **70**
– Italienischer 44, **73**
– Japanischer Hainbuchen- 26, **66**
– – Mond- 46, **70**
– – Weinblättriger 50, **67**
– Kappadozischer 42, **66**, 76
– Kaukasischer Samt- 45, **79**
– Kreidiger 44, **71**
– Kreta- 43, **78**
– Lappenblättriger 46, **68**
– Lindenblättriger 39, **68**
– Miyabes- 43, **71**
– Nikko- 50, **72**, 77
– Oregon- 43, **71**
– Papier- 50, **69**, 216
– Pennsylvanischer 43, **74**
– Purpur-Fächer- **73**
– Roter 43, **75**
– Schlangen- 43, **66**, 216
– Schwarzer 42, **72**, 78
– Silber- 46, **75**
– Spitz- 45, **74**, 189
– Tatarischer 39, **78**
– Vater Davids 34, **68**
– Weißdornblättriger 38, **67**
– Zoeschen- 45, **79**
– Zucker- 45, **78**
Ailanthus 58, **82**
Albizia **82**
Albizie, Persische **82**
Alnus 34, **83f.**
Amberbaum 44, **132**
Amberbaum, Orientalischer 44, **132**
Amurahorn 43, **69**
Aralia **84**
Araucaria 13, **85**
Araukarie 13, **85**
Arbutus 26, **85f.**
Arve 22, **154**
Asimina 28, **86**
Aspe 40, **169**
Athrotaxis 11, **87**
Austrocedrus 11, **88**

Balkanahorn 43, **70**
Baumaralie 59, **84**
Baumhasel 39, **105**
Baummispel, Himalaja- 32, **105**
Bergahorn 45, **74**
Bergahorn, Amerikanischer 45, **78**
Berglorbeer, Kalifornischer 32, **214**
Betula 38, **88ff.**
Birke, Amerikanische Weiß- 38, **90**
– Besen- 38, **91**, 217
– Blau- 38, **88**, 216
– Gelb- 38, **89**
– Grau- 38, **90**
– Haar- 38, **91**, 217
– Hänge- 38, **90**
– Himalaja- 38, **91**
– Moor- 38, **91**, 217
– Papier- 38, **90**
– Rot- 38, **89**
– Sand- 38, **90**
– Schwarz- 38, **88**
– Warzen- 38, **90**
– Wasser- 38, **89**
– Weiß- 38, **90**
Birne, Gemeine 37, **179**, 219
– Mandelblättrige **179**
– Weidenblättrige 24, **180**

Bitternuß 54, **94**
Blasenbaum 57, **128**
Blauglockenbaum 42, **144**
Broussonetia 39, **91**
Buche, Blut- 33, **117**
– Farnblättrige 47, **117**
– Hänge- **117**
– Ost- 33, **116**
– Rot- 33, **116f.**
– Säulen- **117**
– Weiß- 33, **93**, 217
Buchsbaum, Balearen- 32, **92**
Buxus 32, **92**

Calocedrus 10, **92**
Carpinus 33, **93**
Carya 53f., **94**, 95
Castanea 26, **95**
Catalpa 42, **96f.**
Catalpa, Hybrid- 42, **96**
– Mississippi- 42, **97**
Cedrela 58, **97**
Cedrus 23, **97f.**
Celtis 27, **98f.**
Celtis, Mississippi- 29, **99**
Cephalotaxus 13, **99f.**
Cercidiphyllum 39, **100**
Cercis 39, **100**
Christusdorn 56, **121**
Chamaecyparis 10, **101**
Chrysolepis 24, **102**
Cladrastis 53, **103**
Cornus 35, **103f.**
Corylus 39, **104f.**
Cotinus 32, **105**
Cotoneaster 32, **105**
Crataegus 32, **106ff.**
Cryptomeria 12, **109**
Cunninghamia 13, **109**
Cupressocyparis 10, **110**
Cupressus 11, **110f.**
Cydonia 32, **111**

Dattelpflaume 27, **112**
Davidia 41, **112**
Diospyros 27, **112**
Dipteronia 57, **113**
Dornenesche, Gemeine 55, **214**
Douglasie, Graue 16, **178**
– Großzapfige 16, **177**
– Grüne 16, **177**
– Küsten- 16, **177**
Drimys 24, **113**, 217

Edelkastanie 26, **95**, 217
Eibe, Chinesische 14, **204**
– 'Fastigiata' **204**
– 'Fastigiata Aureomarginata' 14, **204**
– 'Fructo-Luteo' **204**
– Gemeine 14, **204**
– Irische 14, **204**
– Japanische 14, **204**
– Pazifische 14, **204**
– Prinz-Albert- 13, **196**
– Nuß- 13, **209**
– Stink- 13, **209**
Eiche, Algerische 49, **181**
– Armenische 29, **186**, 189
– Bambusblättrige 26, **185**
– Daimio- 49, **182**
– Flaum- 48, **187**
– Gelb- 48, **191**
– Haar- 48, **187**
– Immergrüne Canyon 24, **182**
– Kastanien- 49, **186**
– Kalifornische Immergrüne 29, **180**
– Kalifornische Schwarz- 48, **184**
– Kastanienblättrige 26, **181**
– Kaukasische 49, **185**
– Kork- 29, **190**
– Leas Bastard- 49, **184**
– Libanon- 26, **184**
– Lorbeer- 24, **184**
– Lucombe- 48, **183**
– Ludwigs- 48, **184**
– Mazedonische 49, **191**
– Mirbecks 49, **181**
– Moosbecher- 49, **185**
– Nagel- 48, **185**, 189
– Pontische 29, **186**, 189

– Pyrenäische 48, **187**
– Rot- 48, **190**
– Scharlach- 48, **182**, 188
– Schwarzer-Peter- 49, **185**
– Shumard- 48, **189**, 190
– Spindel- 28, **183**
– Stechpalmen- 29, **183**, 219
– Stiel- 48, **187**
– Sumpf-Weiß- 49, **181**
– Trauben- 48, **186**
– Turners 49, **191**
– Ungarische 49, **182**
– Weiden- 24, **186**, 189
– Wasser- **185**
– Weiß- 48, **180**
– Winter- 48, **186**
– Zerr- 49, **181**
Eisenholz, Persisches 32, **144**, 218
Elaeagnus 24, **113**
Elsbeere 47, **201**
Embothrium 24, **114**
Erdbeerbaum 26, **86**
Erdbeerbaum, Europäischer 27, **85**
Erdbeerbaum-Hybride 26, **85**
Erle, Grau- 34, **83**
– 'Imperialis' **83**
– Italienische 39, **83**
– Oregon- 34, **84**
– Rot- 39, **83**, 216
– Schwarz- 39, **83**, 216
Esche, Amerikanische 53, **120**
– Arizona- 53, **120**
– Blumen- 53, **119**
– Einblättrige 33, **119**
– Gemeine 55, **119**
– Gemeine Dornen- 55, **214**
– Hänge- **119**
– Oregon- 53, **119**
– Schmalblättrige 55, **118**
– Weiß- 53, **118**
Eschenahorn 53, **72**, 77
Essigbaum 58, **192**
Eßkastanie 26, **95**, 217
Eucalyptus 24, **114f.**, 217
Eucalyptus, Dreh- 24, **115**
– Mostiger 24, **114**
– Schnee- 24, **114**
Eucommia 33, **115**
Eucommia, Ulmenblättrige 33, **115**
Eucryphia **115**
Eucryphia-Hybride, Nymans 50, **115**
Euodia 33, **116**
Euodia, Koreanische 53, **116**

Fächerahorn 46, **73**, 76
Fächerblattbaum 12, **120**, 217
Fagus 33, **116f.**
Feige 44, **117**
Feldahorn 43, **65**, 76
Feldulme 34, **213**
Felsenahorn 43, **72**
Felsenahorn, Amerikanischer 42, **69**
Felsenbirne 37, **84**
Feuerbusch, Chilenischer 24, **114**
Feuerzeder 10, **101**
Fichte, Amerikanische Rot- 18, **150**
– Blaue Engelmann- 17, **148**
– Blaue Stech- 18, **150**
– Colorado- 18, **149**
– Drachen- 18, **145**
– Kanadische Weiß- 17, **146**
– Kaukasus- 18, **149**
– Koyama- 17, **147**
– Likiang- 17, **147**
– Viorinda- 18, **151**
– Östliche Himalaja- 18, **151**
– Orientalische 18, **149**
– Rot- 17, **145**
– Sapindus- 18, **149**
– Sargent- 17, **145**
– Schimmel- 17, **146**
– Schwarz- 17, **148**
– Serbische 18, **148**
– Sibirische 18, **148**
– Sikkim- 18, **151**
– Siskiyou- 17, **146**
– Sitka- 18, **150**, 218
– Stech- 18, **149**
– Tigerschwanz- 18, **149**
– Torano- 18, **149**

– Westliche Himalaja- 18, **151**
– Wilsons 18, **151**
– Yedo- 17, **147**
Ficus 44, **117**
Flaumahorn 46, **70**
Flügelnuß-Hybride 54, **179**
Flügelnuß, Kaukasische 54, **178**
Flußzeder, Chilenische 11, **88**
– Kalifornische 10, **92**
Föhre 20, **162**
Forche 20, **162**
Fraxinus 53, 55, **118ff.**

Gelbholz 53, **103**
Gelbholz, Amerikanisches 55, **214**
– Chinesisches 53, **103**
Gerbrindeneiche 26, **133**
Geweihbaum 59, **121**
Ginkgo 43, **120**, 217
Ginkgobaum 43, **120**, 217
Gleditsia 56, **121**, 217
Götterbaum 58, **82**
Goldregen, Adams 50, **128**
– Alpen- 50, **129**
– Gemeiner 50, **129**
– Voss- 50, **129**
Gurkenbaum 28, **134**
Gurkenbaum, Gelber 32, **134**
Gymnocladus 59, **121**

Hainbuche 33, **93**, 217
Hainbuche, Amerikanische 33, **93**
– Japanische 33, **93**
Halesia 26, **121**
Hartriegel, Blumen- 35, **103**
– Gelber 35, **104**
– Japanischer 35, **103**
– Pazifischer 35, **104**
– Wechselständiger 35, **103**
Haselnußstrauch 39, **104**
Hemlock, Berg- 14, **211**
– Carolina- 14, **210**
– Chinesische 14, **210**
– Nördliche Japanische 14, **210**
– Östliche 14, **209**
– Südliche Japanische 14, **211**
– Westliche 14, **211**
Hickory, Behaarter 54, **95**
– Schweinsnuß- 53, **94**
– Weißer 53, **95**
Hirschkolbensumach 58, **192**
Holler 53, **195**
Holunder, Schwarzer 53, **195**
Hopfenbaum 50, **178**
Hopfenbuche, Amerikanische 33, **143**
– Europäische 33, **143**
Hornbaum 33, **93**, 217
Hülse 36, **122**, 217

Ilex 36, **121ff.**

Judasbaum, Gemeiner 39, **100**
Juglans 54, 57f., **125**
Juniperus 12, **125ff.**

Kalopanax 44, **128**
Kastanie, Edel- 26, **95**, 217
– Eß- 26, **95**, 217
– Goldene 24, **102**
– Roß- 51f., **79ff.**
Katzurabaum 39, **100**
Kiefer, Aleppo- 19, **156**
– Amerikanische Rot- 20, **161**
– Banks 19, **154**
– Berg- 20, **163**
– Bischofs- 19, **158**
– Bordeaux- 20, **160**, 219
– Borsten- 21, **152**
– Chinesische Tafel- 20, **163**
– – Weißborken- 21, **154**, 218
– Davids 22, **153**
– Dreh- 19, **155**
– Gelb- 21, **161**
– Gebirgs- 22, **158**
– Gemeine 20, **162**
– Grannen- 21, **152**
– Himalaja- 22, **164**
– Holfords 22, **157**
– Japanische Schwarz- 20, **163**
– – Weiß- 22, **159**
– Jeffrey- 21, **157**

- Knopfzapfen- 21, **153**
- Korsische 19, **159**, 218
- Krim- 19, **159**
- Mazedonische 22, **160**
- Mexikanische Stein- 21, **155**
- Weiß- 22, **153**
- Monterey- 21, **161**
- Nördliche Pech- 21, **162**
- Österreichische Schwarz- 19, **158**
- Radiata- 21, **161**
- Riesenzapfen- 21, **156**
- Schlangenhaut- 19, **157**
- See- 19, **156**
- Seestrand- 20, **160**, 219
- Strand- 19, **155**
- Tränen- 22, **164**
- Virginia- 20, **164**
- Weich- 22, **156**
- Weißborken- 21, **152**
- Weymouth- 22, **162**
- Zirbel- 22, **154**
Kirsche, Große Weiß- 30, 176
- 'Hillieri' 31, **171**
- Hülsenblättrige 36, **171**
- Japanische 30, **174**
- - Frühlings- 31, **176**
- - Herbst- **176**
- - Lorbeer- 26, **172**
- - Portugiesische 26, **172**
- Mandschurische 31, **172**, 219
- Pennsylvanische Wild- 25, **173**
- Sargent- 31, **173**
- Tibetanische 25, **174**
- Trauben- 31, **173**
- - Schwarze 31, **174**
- Virginia- 31, **176**
- Vogel- 31, **170**
- Weichsel- siehe Steinweichsel
- Yoshino- 31, **177**
Kirschlorbeer, siehe Lorbeerkirsche
Koelreuteria 57, **128**
Königsnuß 54, **94**
Kohuhu 27, **164**
Kopfeibe, Chinesische 13, **99**
- Japanische 13, **100**
Korkbaum, Amur- 55, **144**
- Japanischer **144**
Kornelkirsche 35, **104**
Kretaahorn 43, **78**
Küstensequoie 13, **196**

Laburnocytisus 50, **128**
Laburnum 50, **129**
Lackessigbaum 58, **192**
Lärche, Dahurische 23, **130**
- Europäische 23, **129**
- Hybrid- 23, **130**
- Japanische 23, **130**
- Ostamerikanische 23, **131**
- Tibetanische 23, **131**
- Westamerikanische 23, **131**
Larix 23, **129ff.**
Laurus 32, **132**
Lebensbaum, Abendländischer 10, **205**
- Hiba- 11, **206**
- Japanischer 10, **206**
- Orientalischer 10, **205**
- Riesen- 10, **206**
Lederhülsenbaum 56, **121**
Libocedrus 88, 92, **132**
Ligustrum 32, **132**
Linde, Amerikanische 41, **207**
- Krim- 41, **207**
- Oliver- 41, **208**
- Trauer- 41, **208**
- Sommer- 41, **208**
- Ungarische Silber- 41, **209**
- Winter- 41, **207**
- Zwischen- 41, **208**
Liquidambar 44, **132**, 188
Liriodendron 43, **133**, 188
Lithocarpus 26, **133**
Lorbeerbaum 32, **132**
Lorbeerkirsche 26, **172**

Maclura 35, **133**
Madrona 27, **86**
Magnolia 27f., 32, **134ff.**
Magnolie, Campbells 28, **134**
- Fraser- 28, **134**
- Großblütige 27, **135**
- Japanische Großblättrige 28, **135**
- 'Leonard Messel' 32, **135**

- Nördliche Japanische 27, **135**
- Schirm- 28, **136**
- Soulange- 27, **135**
- Veitchii- 28, **136**
- Virginia- 27, **136**
- Weidenblättrige 24, **135**
- Wilsons 27, **136**
Malus 37, 47, **136ff.**
Mammutbaum 12, **197**
Mandel, Echte **171**
Maßholder 43, **65**, 76
Maulbeerbaum 39, **91**
Maulbeere, Gemeine 39, **141**
- Schwarze 39, **141**
- Weiße 39, **140**
Mehlbeere 34, **197**
Mehlbeere, Foxs 34, **202**
- Pyrenäen- 47, **200**
- Schwedische 47, **199**
Mespilus 26, **140**
Metasequoia 13, **140**
Mimose 59, **65**
Mispel 26, **140**
Mittelmeerdorn **106**
Morus 39, **140f.**
Muskatnuß, Japanische 13, **209**
- Kalifornische 13, **209**

Nesselbaum 29, **99**
Nesselbaum, Südlicher 25, **98**
Nikkoahorn 50, **72**, 77
Nothofagus 29, **141**, 142
Nyssa 35, **142**

Ölweide 24, **113**
Oregonahorn 43, **71**
Osage-Orangenbaum 35, **133**
Ostrya 33, **143**
Oxydendrum 27, **143**

Pagoda-Baum 57, **197**
Papaw 28, **86**
Papierahorn 50, **69**
Pappel, Amerikanische Zitter- 40, **169**
- Balsam- 40, **166**
- Behaarte Schwarz- 40, **168**
- Chinesische Halsband- 42, **168**
- Grau- 40, **167**, 219
- Großzähnige 40, **167**
- Lombardische 40, **168**
- Regenerata- 40, **166**
- Robusta- 40, **167**
- Schwarz- 40, **168**
- Weiß- 47, **166**
- Westliche Balsam- 40, **169**
- Zitter- 40, **169**
Parrotia 32, **144**, 218
Parrotie 32, **144**, 218
Paulownia 42, **144**
Persimmon, Gemeiner 27, **112**
Perückenbaum, Europäischer **105**
Perückenstrauch, Amerikanischer 32, **105**
Pfirsich 25, **173**
Pflaume, Amerikanische Rot- 31, **170**
- Kirsch- 31, **171**
- Rotblättrige Kirsch- 31, **171**
Phellodendron **144**
Picea 17, **145ff.**
Picrasma 55, **152**
Pinie 20, **160**, 219
Pinus 21f., **152ff.**
Pinyon 21, **155**
Pittosporum 27, **164**
Platane, Gemeine 46, **165**, 219
- Orient- 46, **165**
Platanus 46, **165**
Podocarpus 13, **165**
Podocarpus, Chilenischer 13, **165**
Populus 40, 47, **166ff.**
Prunus 31, **170ff.**
Prunus 'Accolade' 30, **170**
- 'Amanogawa' 30, **174**
- 'Autumnalis' **176**
- 'Hokusai' 30, **174**
- 'Kanzan' 30, **175**
- 'Mikurama-Gaeshi' 30, **175**
- 'Pink Perfection' 30, **175**
- 'Plena' **170**
- 'Shirofugen' 30, **175**
- 'Shirotae' 30, **175**
- 'Tai-Haku' 30, **176**
- 'Ukon' 30, **176**

Pseudotsuga 16, **177f.**
Ptelea 50, **178**
Pterocarya 54, **178f.**
Pyrus 37, **179f.**, 219

Quercus 49, **180ff.**, 219
Quitte 32, **111**

Rainweide 32, **132**
Rhus 58, **192**
Rizinusbaum 44, **128**
Robinia 57, **192f.**
Roßkastanie 'Briottii' **80**
- Gelbe 51, **80**, 188
- Gemeine 52, **81**, 216
- Haar- 51, **80**
- Indische 52, **81**
- Japanische 52, **82**
- Kalifornische 51, **79**
- Rote 51, **80**
- Rote, Stiel- 52, **81**
Rotholz, Chinesisches 13, **140**

Sadebaum, Virginia- 12, **127**
Salix 24f., 32, **193ff.**
Sambucus 53, **195**
Sassafras 47, **196**
Sauerbaum, Sorrels 27, **143**
Saxegothaea 13, **196**
Scheinakazie 57, **192**, 220
Scheinakazie, Klebrige 57, **193**
Scheinkamelie, Japanische 26, **202**
- Chinesische 26, **202**, 220
- Sawara- 10, **102**
Scheinzypresse, 10, **102**
Schierlingstanne 14, **209**
Schirmtanne 18, **196**
Schlangenahorn 43, **66**, 216
Schlehe 31, **176**
Schneeballbaum 35, **203**
Schneeballbaum, Großblättriger 39, **203**
Schuppenfichte, Selaginella- 11, **87**
- Gipfel- 11, **87**
- Zypressen- 11, **87**
Schwarznuß 58, **125**, 218
Sciadopitys 18, **196**
Sequoia 13, **196**, 220
Sequoiadendron 12, **197**
Sicheltanne 12, **109**
Silberahorn 46, **75**
Silberakazie 59, **65**
Silberglocke 26, **121**
Sorbus 34, 56, **197ff.**
Speierling 56, **198**
Speierling, Fontainebleau- 47, **200**
Speierling-Hybride 47, **201**
Spießtanne 13, **109**
Spirke 20, **163**
Spitzahorn 45, **74**, 189
Sporenblattbaum 42, **205**
Stechpalme, Amerikanische 36, **124**
Stechpalme, Gemeine 36, **122**, 217
- - 'Argentea Marginata' 36, **123**
- - 'Aurea Marginata' 36, **123**
- - 'Bacciflava' **123**
- - 'Ferox' 36, **123**
- - 'Recurva' 36, **123**
Stechpalme, Himalaja- 36, **124**
Stechpalme, Hybriden- 36, **121f.**
- - 'Camelliifolia' 36, **121**
- - 'Golden King' 36, **122**
- - 'Hendersonii' 36, **122**
- - 'Hodginsii' 36, **122**
- - 'Wilsonii' 36, **122**
Stechpalme, Pernys 36, **124**
Steinweichsel 31, **172**
Stewartia 26, **202**
Strobe 22, **162**
Strobe, Gebirgs- 22, **158**
Styrax 39, **203**
Südbuche, Antarktische 29, **141**
- Dombeys 29, **141**
- Rauli- 29, **142**
- Roblé- 29, **142**
Sumpfzypresse 13, **203**, 220

Tamarack 23, **131**
Tanne, Algier- 16, **64**
- Colorado- 15, **61**
- Delavays 15, **61**
- Edel- 15, **60**
- Forrests 15, **61**
- Griechische 15, **61**, 216
- Große Küsten- 15, **62**

- Koreanische 16, **63**
- Lows **61**
- Momi- 15, **62**
- Nikko- 15, **62**, 216
- Nordmanns- 16, **64**
- Numidische 16, **64**
- Pazifische Edel- 16, **64**
- Pazifische Weiß- 15, **60**
- Pracht- 16, **63**
- Purpur- 15, **60**
- Santa-Lucia- 15, **60**
- Veitchs- 16, **65**
- Weiß- 15, **60**
- Zwitter- 13, **109**
Taiwania 12, **203**
Taiwanie 12, **203**
Taschentuchbaum 41, **112**
Taxodium 13, **203**, 220
Taxus 14, **204**
Tetracentron 42, **205**
Thuja 10, **205f.**
Thujopsis 11, **206**
Tilia 41, **207ff.**
Torreya 13, **209**
Trompetenbaum, Gelber 42, **96**
- Gemeiner 42, **96**
Tsuga 14, **209ff.**
Tulpenbaum 43, **133**
Tulpenbaum, Chinesischer 43, **133**
Tupelo 35, 77, **142**

Ulme, Amerikanische Weiß- 33, **212**
- Berg- 34, **212**
- Camperdown- **212**
- Englische 29, **213**
- Feld- 34, **213**
- Felsen- 33, **214**
- Flatter- 34, **213**
- Glattblättrige 34, **213**
- Holländische 34, **212**
- Huntingdon- 34, **212**
- Jersey- **213**
- Kornische **213**
Ulmus 34, **212ff.**
Umbellularia 32, **214**
Urweltmammutbaum 13, **140**

Vogelbeere 56, **198**, 220
Vogelbeere, Amerikanische Berg- 56, **197**
- Chinesische Scharlach- 56, **199**
- Hupeh- 56, **199**
- Japanische 56, **198**
- 'Joseph Rock' 56, **200**
- Sargent- 55, **201**

Wacholder, Chinesischer 12, **125**
- Gemeiner 12, **126**
- Himalaja- 12, **127**
- Kirsch- 12, **126**
- Mexikanischer 12, **126**
- Stech- 12, **127**
- Syrischer 12, **126**
- Tempel- 12, **127**
Walnuß, Amerikanische 58, **125**
- Gemeine 54, **125**
- Japanische 57, **125**, 218
Weide, Asch- 25, **194**
- Goldene Trauer- 25, **194**
- Knack- 25, **194**
- Korb- 24, **195**
- Lorbeer- 25, **195**
- Mandel- 25, **195**
- Sal- 32, **193**
- Schwarz- **195**
- Silber- 25, **193**
- Trauer- **193**
- Zickzack- 25, **194**
Weihrauchzeder 10, **92**
Weißbuche 33, **93**, 217
Weißdorn, Behaarter 38, **108**
- 'Biflora' **108**
- Breitblättriger 37, **109**
- Chinesischer 47, **107**
- Eingriffeliger 47, **108**, 217
- Hahnenfuß- 37, **106**, 109
- 'Paul's Scarlet' **107**
- 'Punica Flore Pleno' **107**
- Scharlachroter 38, **108**
- Schwarzfrüchtiger 38, **106**
- Zweigriffeliger 47, **107**
- Weißdornhybride, Hahnenfuß- 37, **108**
Weißpappel 47, **166**
Wildapfel, Chinesischer **139**

– Gemeiner 37, **139**
– Hupeh- **138**
– Japanischer 37, **137**
– 'Magdeburg' 37, **138**
– Oregon- 37, **138**
– Prärie- 37, **138**
– Purpur- 37, **139**
– Sibirischer 37, **136**
– Süßer 37, **137**
– Weißdornblättriger 47, **137**

Winters Drimys 24, **113,** 217

Yulanbaum **134**

Zanthoxylum 55, **214**
Zeder, Atlas- 23, **97**
– Bleistift- 12, **127**
– Chinesische 58, **97**
– Himalaja- 23, **97**
– Libanon- 23, **98**

– Zypern- 21, **98**
Zelkova 29, **215,** 220
Zelkova, Japanische 29, **215**
– Kaukasische 29, **215**
Zoeschen-Ahorn 45, **79**
Zuckerahorn 45, **78**
Zwittertanne 13, **109**
Zypresse, Glattborkige Arizona-
11, **110**
– Hinoki- 10, **101**

– Kugel- 10, **102**
– Lawson- 10, **101**
– Leyland- 10, **110**
– – 'Haggerston Grey' 10, **110**
– – 'Leighton Green' **110**
– Mittelmeer- 11, **111**
– Monterey- 11, **111**
– Nutka- 10, **101**
– Patagonische 11, **118**
– Rauhborkige Arizona- 11, **110**

Erlebnis Natur

Mit **Welcher Baum ist das?** lassen sich Bäume und Sträucher in Wald, Park und Garten rasch und sicher bestimmen. Erstklassige Farbfotos und knappe, übersichtliche Tabellen beschreiben Aussehen, Eigenschaften und biologische Besonderheiten. Durch die Gliederung der Pflanzen nach Kennfarben, sind die großen Gruppen leicht aufzufinden.

286 Seiten
785 Abbildungen
ISBN 3-440-06570-7

Der **Kosmos-Waldführer** beschreibt die wichtigsten Pflanzen und Tiere, die der Naturfreund im Wald antreffen kann. Verständliche Texte und hervorragende Bilder regen zum eigenen Beobachten an, erklären ökologische Zusammenhänge und führen ein in den Lebensraum Wald.

383 Seiten
578 Abbildungen
ISBN 3-440-05981-2

Der unentbehrliche Pilzführer für jeden, der Pilze bestimmen, sammeln und verwenden möchte. Die Einteilung der Pilze nach Fruchtkörperformen, der Farbcode sowie ein übersichtlicher Schlüssel ermöglichen eine schnelle Zuordnung. So erfahren Pilzsammler auf einen Blick, ob der Pilz eßbar, ungenießbar oder giftig ist.

448 Seiten
660 Abbildungen
ISBN 3-440-06706-8

Der ideale Naturführer für die ganze Familie: Von der Blattlaus bis zum Elch werden fast 900 Tierarten Mitteleuropas in über 1300 brillanten Farbfotos der besten Naturfotografen vorgestellt. Detaillierte Beschreibungen nennen wichtige Merkmale, zusätzliche Bilder zeigen verschiedene Entwicklungsstadien oder Geschlechtsunterschiede.

448 Seiten
1489 Abbildungen
ISBN 3-440-07067-0

kosmos

Bücher • Videos • CDs • Kalender
zu den Themen: Natur, Garten- und Zimmerpflanzen, Astronomie, Heimtiere, Pferde, Kinder- und Jugendbücher, Eisenbahn/Nutzfahrzeuge